主 编:陈 恒

光启文库

光启随笔

光启随笔　光启讲坛　光启学术　光启读本
光启通识　光启译丛　光启口述　光启青年

主　编：陈　恒
学术支持：上海师范大学光启国际学者中心
策划统筹：鲍静静
责任编辑：周小薇

社会心理学家
是一种生活方式

周晓虹 著

商务印书馆
The Commercial Press

图书在版编目（CIP）数据

社会心理学家是一种生活方式/周晓虹著.—北京：商务印书馆，2025.—（光启文库）.— ISBN 978 - 7 - 100 - 24854 - 9

Ⅰ.I267.1

中国国家版本馆CIP数据核字第2025YB6172号

权利保留，侵权必究。

社会心理学家是一种生活方式
周晓虹 著

商 务 印 书 馆 出 版
（北京王府井大街36号 邮政编码100710）
商 务 印 书 馆 发 行
山东临沂新华印刷物流
集团有限责任公司印刷
ISBN 978 - 7 - 100 - 24854 - 9

2025年3月第1版	开本 889×1194 1/32
2025年3月第1次印刷	印张 12¾

定价：88.00元

出版前言

梁启超在《清代学术概论》中认为,"自明徐光启、李之藻等广译算学、天文、水利诸书,为欧籍入中国之始,前清学术,颇蒙其影响"。梁任公把以徐光启(1562—1633)为代表追求"西学"的学术思潮,看作中国近代思想的开端。自徐光启以降数代学人,立足中华文化,承续学术传统,致力中西交流,展开文明互鉴,在江南地区开创出海纳百川的新局面,也遥遥开启了上海作为近现代东西交流、学术出版的中心地位。有鉴于此,我们秉承徐光启的精神遗产,发扬其经世致用、开放交流的学术理念,创设"光启文库"。

文库分光启随笔、光启学术、光启通识、光启讲坛、光启读本、光启译丛、光启口述、光启青年等系列。文库致力于构筑优秀学术人才集聚的高地、思想自由交流碰撞的平台,展示当代学术研究的成果,大力引介国外学术精品。如此,我们既可在自身文化中汲取养分,又能以高水准的海外成果丰富中华文化的内涵。

文库推重"经世致用",即注重文化的学术性和实用性,既促进学术价值的彰显,又推动现实关怀的呈现。文库以学术为第一要义,所选著作务求思想深刻、视角新颖、学养深厚;同时也注重实用,收录学术性与普及性皆佳、研究性与教学性兼顾、传承性与创新性俱备的优秀著作。以此,关注并回应重要时代议题与思想命题,推动中华文化的创造性转化与创新性发展,在与国外学术的交流对话中,努力打造和呈现具有中国特色的价值观念、思想文化及话语体系，为夯实文化软实力的根基贡献绵薄之力。

文库推动"东西交流"，即注重文化的引入与输出，促进双向的碰撞与沟通，既借鉴西方文化，也传播中国声音，并希冀在交流中催生更绚烂的精神成果。文库着力收录西方古今智慧经典和学术前沿成果，推动其在国内的译介与出版；同时也致力收录汉语世界优秀专著，促进其影响力的提升，发挥更大的文化效用；此外，还将整理汇编海内外学者具有学术性、思想性的随笔、讲演、访谈等，建构思想操练和精神对话的空间。

我们深知，无论是推动文化的经世致用，还是促进思想的东西交流，本文库所能贡献的仅为涓埃之力。但若能成为一脉细流，汇入中华文化发展与复兴的时代潮流，便正是秉承光启精神，不负历史使命之职。

文库创建伊始，事务千头万绪，未来也任重道远。本文库涵盖文学、历史、哲学、艺术、宗教、民俗等诸多人文学科，需要不同学科背景的学者通力合作。本文库综合著、译、编于一体，也需要多方助力协调。总之，文库的顺利推进绝非仅靠一己之力所能达成，实需相关机构、学者的鼎力襄助。谨此就教于大方之家，并致诚挚谢意。

清代学者阮元曾高度评价徐光启的贡献，"自利玛窦东来，得其天文数学之传者，光启为最深。……近今言甄明西学者，必称光启"。追慕先贤，知往鉴今，希望通过"光启文库"的工作，搭建东西文化会通的坚实平台，矗起当代中国学术高原的瞩目高峰，以学术的方式阐释中国、理解世界，让阅读与思索弥漫于我们的精神家园。

上海师范大学光启国际学者中心
2020年3月

社会心理学家是一种生活方式（代序）*

社会心理学进入中国始于1919年五四新文化运动前后，它是中国这个古老的社会朝向现代转型的诸多尝试之一，或者用社会学家吉登斯的话说，是现代性的后果之一。1919年，中国现代心理学的先驱、北京大学心理学教授陈大齐撰成《民族心理学之意义》一文，采纳冯特的观念，将社会心理学与民族心理学并置[1]；1924年，时任南京大学之前身东南大学心理学教授的陆志韦出版了第一部中国人自著的《社会心理学新论》[2]；1929年，时任南京大学之前身第四中山大学心理学教授的潘菽也写成了《社会的心理基础》一书[3]；1946年，时任南京大学之前身中央大学社会学系教授的孙本文则出版了上下两卷本的《社会心理学》[4]……社会心理学这一现代社会科学在南京、北

---

* 本文为作者2014年11月16日在中国社会心理学会第八届理事会上当选为第六任理事长时的就职讲演，后经修改选作《社会心理学系列（五种）》的"代序"（参见周晓虹主编：《中国社会心理学文选》，北京：社会科学文献出版社2022年版，第1—12页）。

1 陈大齐：《民族心理学之意义》，《北京大学月刊》1919年第1卷第2号，第27—33页。
2 陆志韦：《社会心理学新论》，上海：商务印书馆1924年版。
3 潘菽：《社会的心理基础》，上海：世界书局1929年版。
4 孙本文：《社会心理学》（上下卷），上海：商务印书馆1946年版。需要说明的是，南京
（转下页注）

京、上海、广州、昆明等逐步现代的都市里开始了缓慢但顽强的生长。

1949年后，尽管在中国大陆，社会心理学同社会学、人类学一道被视为"资产阶级伪学科"而遭取缔，但却依旧在海峡对岸获得了某种形式的接续和发展，并于20世纪80年代在杨国枢、金耀基、李亦园和文崇一诸教授的引领下，在台港地区酝酿出轰轰烈烈的心理学、社会学及整个社会科学的中国化运动。

1978年的改革开放，在为我们的民族带来伟大转机的同时，也赋予中国社会心理学以新生：1979年5月31日，《光明日报》发表了王极盛的《建议开展社会心理学的研究》一文；紧接着，北京市心理学会于1981年夏召开了"社会心理学学术座谈会"；1982年4月，在北京成立了由陈元晖教授担任会长的"中国社会心理学研究会"（同年9月改名为"中国社会心理学会"），中国社会心理学的重建由此拉开帷幕。[1]

（接上页注）

大学肇始于1902年创建的三江师范学堂，此后历经两江师范学堂、南京高等师范学校、国立东南大学、国立第四中山大学、国立中央大学、国立南京大学等历史时期，于1950年更名为南京大学。所以，上述各校名都是南京大学在1949年前不同时期的名称。追思陆志韦、潘菽和孙本文诸教授的贡献（包括1920年南京高等师范学校建立了中国第一个心理学系），再考虑到1993年南京大学又由我主持、翟学伟教授协助建立了中国大陆最早的社会心理学研究所（同期建立的还有沙莲香教授领导的中国人民大学社会心理学研究所），这也从一个侧面反映了南京大学与社会心理学这一学科在20世纪的邂逅堪称一场风云际会。

[1] 需要说明的是，论及中国社会心理学的重建，有部分学者以王极盛撰写的上述《建议开展社会心理学的研究》一文为标志（李庆善：《中国社会心理学十年回顾》，《理论与现代化》1990第4期）；但多数学者以为，一个学科的重建起码涉及某一学术共同体的共同认识，所以更恰当的标志应是1981年夏由北京市心理学会主办、有50余位学者参加的"社会心理学学术座谈会"（周晓虹：《现代社会心理学——多维视野中的社会行为研究》，上海：上海人民出版社1997年版，第68页；乐国安：《中国社会心理学研究进展》，天津：天津人民出版社2002年版，第1页）；更正式一点也可以1982年中国社会心理学研究会的成立为标志。当然，宽泛一点，将1979—1982年发生的一系列相关事件视为一组标志也未尝不可。

最为重要的是，当年年底，第五届全国人民代表大会第五次会议批准了《中华人民共和国国民经济和社会发展第六个五年计划》（1981—1985），明确提出"……社会心理学等，也要加强研究"。

400多年前，莎士比亚在《暴风雨》中写下了那句妇孺皆知的名言："凡是过往，皆为序章。"上述所有历史节点，在几十年后的今天尽管大多不再被人提及，有些濒于被遗忘，却镶嵌在这一学科后来重建的历史经纬之中。今天，我所以选择"社会心理学家是一种生活方式"作为就职讲演的主题，是因为我希望通过我自己的经历和感悟，说明社会心理学与一个急速变迁的时代的关联、社会心理学学科的独特之处，以及社会心理学家在社会变迁中应该扮演的角色。

一

其实，我最早写下"社会心理学家是一种生活方式"作为自己的学术格言，是在1993年《江苏社会科学》杂志的一次采访中。从1984年考入南开大学社会学系师从费孝通、孔令智两位教授攻读社会心理学硕士学位起，到此时不过10年，那时的我刚刚36岁，正是好高骛远、激扬文字的年龄。在此前一年，邓小平的"南方谈话"引来"东方风来满眼春"，整个中国社会尤其是年轻一代在邓公的激励下兴奋异常，而且这种兴奋第一次与政治无涉：市场经济催生了中国人"下海"经商的大潮，一时间几乎所有智商稍高一些的青年知识分子都扑腾着入"海"，让我们这些还待在"岸"上的人在羡慕之余，确实第一次产生了深深的"认同"危机。借用莎士比亚《哈姆雷特》的语式，留下还是出走，这确实成了一个问题！

我所以留下了，在相当的程度上不仅源于我对大学校园里自由而富于挑战的生活深怀渴慕，而且也因为我对自己此时从事的专业——社会心理学——"情投意合"。虽然我在大学本科的时候最初学的是医学，但从中学时代起我就对文科有着浓厚的兴趣——尽管在改革开放前选择人文社会科学是一个相当危险的决定。1977年高考的时候，因为某种缘故我没有选择文科，而是去报考了南京医学院。不过，我在南京医学院的生活称得上"身在曹营心在汉"，对那所现在发展得相当不错的母校缺乏应有的认同。如此，这样一种学科背景和个人经历，在后来考上南开大学社会学系的研究生并有机会以社会心理学为志业时，对这门本来就充满了人生奥秘和大众魅力的学科的倾心之情自然就会坚定不移。

我们说社会心理学是现代社会科学中最富有魅力的学科之一，理由当然可以列举许多，但我觉得最重要的还是**社会心理学家既是人类社会行为的观察者，同时又是社会生活中的行动者**。我们完全有理由相信，正是这样一种双重角色，使得社会心理学家既是一种现代职业或谋生手段，同时又是一种独特的生活方式——因为他对人类社会行为的动力及其规律有着清醒的了解和认识，他的行为及其结果就不可能不受到这种了解和认识的影响。换言之，对行为的领悟常常支配着他自己的行为，这不能不赋予社会心理学家自身的行为以独特性。正如美国社会心理学家埃利奥特·阿伦森（Elliot Aronson）在其自传《绝非偶然》中所言，每一位杰出的社会心理学家都生活在社会的激流之中，他们醉心于研究"个人的改变以及人们如何适应社会的巨大变迁"[1]；其实，他们本身也最为充分地体现了这种影响和改

---

[1] 埃利奥特·阿伦森：《绝非偶然：社会心理学家阿伦森自传》，沈捷译，杭州：浙江人民出版社2012年版，第Ⅷ页。

变，这使得他们的人生对普通人充满了巨大的吸引力，他们对人类行为的关注，使得他们本人的行为看起来尤为浓墨重彩、特立独行。

尽管阿伦森最终成为一名杰出的社会心理学家"绝非偶然"，但我在1984年选择社会心理学作为自己一生的志业时却纯粹是一种"偶然"。因为在大学毕业时对心理学产生了浓厚的兴趣，我一开始是想报考山东师范大学章益教授或南京师范大学高觉敷教授的心理学史研究生的，但在随意翻阅南开大学的招生简章时却意外发现，1984年费孝通和孔令智两位教授在国内第一次联袂招收社会心理学方向的研究生。虽然这时的我除了对心理学尤其是心理学理论和学说史有着比较好的基础以外，对社会学可以说几乎是一窍不通，但好在那时的南开大学社会学系提倡有教无类、兼容并蓄，我记得社会心理学方向甚至可以选考生理学，而那正好是我的长项，所以想都没再想，当即决定报考南开。我后来才知道，这一年报考南开大学社会学专业研究生的有400多人。现在人们常常抱怨考研不认识导师、没有途径获得相关信息，我要感谢1984年考研之前我与南开大学、费孝通和孔令智两位教授以及社会心理学都没有任何瓜葛，不然作为社会学和社会心理学的"门外汉"，我决然没有勇气去赶一趟几乎注定翻船的"潮流"。

我们现在每每招收研究生或博士生时，总是为学生的素质不佳而大为感慨。其实，在我们刚刚进南开大学攻读硕士学位时，社会学和社会心理学的知识基本为零。但是，当时的南开或者说南开社会学最大的优点在于，她就是能够使一个"门外汉"通过自由的阅读和无羁的交流，对一门学科发生真正的兴趣。当时的南开社会学虽然师资也十分匮乏（全职教师拥有副教授职衔的只有一个孔令智），但却请来了诸多社会学和社会心理学的名家大师，包括费孝通、彼得·布劳、阿列克斯·英格尔斯、波波维奇、富永健一、林南、蔡文辉、陈元晖……尽管大师们的课程有的只有一次两次，但它却使我们这些学子接触到了真正的社会学，并为这门学科树立了高山仰止的学术标杆。这其实也是从南开大学毕业的人，为什么在相当长的时间中一直被认为是接受过正宗的社会学"洗礼"的缘故。

其实，现在想来，南开社会学的品质和1978年以后那个弥漫着改革开放之风的时代有着密切的联系。在那个百废待举的时代，校园里洋溢着激奋的年代才有的特殊气息，而社会学这个被取缔多年、同改革与开放时代有着天然联系的学科一出现，便赢得了校园和整个社会的高度关注。那情景和19世纪末20世纪初，经验社会学在美国这个天然的实验场中的际遇如出一辙。记得有一次南开研究生会组织研究生上街头咨询，几百个研究生按系科分组，唯独社会学系大有"包打天下、无所不能"的气势。究其原因有两方面：其一，市民们提出的各种问题中经验层面的居多，而无论是婚姻、家庭、儿童教育、家政理财、相处之道，还是改革态势、社会问题、社会舆论、社情民意，社会学专业的研究生回答起来都如数家珍；其二，我们那个班的研究生本科除了学社会学的没有，其他学科应有尽有：有学哲学的、教育的、中文的、历史的、政治的，也有学医学的、计算机的、数学的、物理的，甚至还有造船的。这种来源虽然有些庞杂，但也有诸多优势互补的好处。以至于我在毕业很久以后，还常常怀念南开大学的这种自由之风，抱怨我后来任教的南京大学过于沉闷。但此后几番回校时，发现这种气氛已大不如前。这时我才领悟，南开的品质是20世纪80年代那个大变革的时代造就的，并不是她私藏或独有的。我们的幸运就在于，我们是在一个令人激奋和五色斑斓的时代，邂逅了一门同样令人激奋和五色斑斓的学科；这样一门学科和我们年轻而敏感的心灵高度契合，它自然而然地成为我们一生愿意与之相伴的志业。

二

最近这些年，我先后参加了南京医学院1977级同学毕业30周年、入校40周年的聚会和庆典，当年的同学大多成了大小医院的院长或是科室的主任医师：他们或促成了许许多多的孩子们顺利地来到这个世界，或帮助那些在不同的生命阶段中遭遇痛苦的人重见光明、恢复健康、驱逐病魔，再或妙手回春挽救了无数在生命边缘挣扎的人免于过早离世。15岁时，当我原本欲做一名电子工程师的"蓝色梦想"被母亲"击碎"之后[1]，在相当一段时间里，我又回到自己初中时的人生理想——做一个米丘林[2]式的农学家或生物学家。我在父亲部队的家属大院空地上种满了瓜果蔬菜，对种植植物、嫁接和改良品种的浓厚兴趣，导致我20世纪70年代中期在当生产队队长期间做过一系列称不上成功但却执着的试验。在这里，我所以谈及自己青

---

[1] 在我的《学术小传》中，我曾交代过这一事件的来龙去脉：初中时代迷上了装半导体收音机（这是那个时代城市青年具有的一种"奢侈性"爱好），不但白天逃课，而且晚上常常先是装睡、半夜再爬起来捣鼓收音机。结果，有一天被抓个正着，要求严格的母亲一气之下将我的全套家当（包括电烙铁和电子元件）从二楼阳台扔到楼下，并自此严格控制我的"经济往来"。于是，后来我曾戏谑式地说道："'家庭政治的高压'和经济制裁最终埋葬了20世纪70年代一个'类IT青年'的'蓝色梦想'。"（参见周晓虹：《学术小传》，《江苏社科名家文库·周晓虹卷》，南京：江苏人民出版社2017年版，第5页）

[2] 伊万·米丘林（1855—1935），苏联园艺学家、生物学家，在生物遗传学方面做出了卓越的贡献，但他提出的获得性状能够遗传的理论缺乏科学的依据，后被李森科过度发挥成为伪科学，并因此对包括中国在内的生物学研究造成了长期的消极影响。

年时代的志向，以及我大学时代的同学们后来"悬壶济世"的成就，是因为在大学毕业几十年后，在我的鬓发无可逆转地过早苍白之后，我常常会思考自己这一生所选择的职业及其社会价值。显然，拜邓公倡导的改革开放之赐，同上一代人相比，我们没有在无穷无尽的政治运动中耗尽自己的青春，我们也没有在北大荒或夹边沟的劳动改造中钝化自己的灵魂。我们有时甚至过早幸运地晋升为副教授或教授，过早地收获了职业的回报和相应的荣誉，过早地体验到了人生的完满和生活的馈赠。但是，同投身科学技术、国防工业、医学或者农学那些对社会进步或人民福祉有着直接和可感贡献领域的同辈相比，作为一个社会心理学家，或者说作为一位社会科学的从业者，我们也常常会扪心自问：我们的位置在哪里？或者说，我们究竟对人类社会有怎样的价值和意义？

我们知道，人类真正能够解决自己的温饱问题，实现物质生活的丰裕，不过一两百年的时间。自17—18世纪开始，那场席卷欧美的社会大转型造成了传统农业社会自然进程的断裂。工业社会或者说资本主义的来临，用马克思、恩格斯的话来说，在100年内创造的生产力"比以往一切世代创造的全部生产力还要多，还要大"[1]。单就人类日常生活而言，机器的发明、化学物品的广泛使用、交通工具的改善，以及20世纪后半期各种电子、电器甚至数码产品的蜂拥而至，不仅使人类终于填饱了肚子，而且使我们的生活也变得丰富多彩起来。尽管自1840年以来，内忧外患使得古老的中国在相当长的时间内一直远离包括物质在内的人类文明发展的大道，但1978年后的改革开

---

[1] 马克思、恩格斯：《共产党宣言》，《马克思恩格斯选集》第1卷，北京：人民出版社2012年版，第405页。

放终于也使大多数中国人摆脱了饥饿与贫困,其中相当一部分人的生活也变得丰裕起来。

人类物质生活的丰裕与科学技术的进步有关,当然也关乎社会制度的健康变革。但是,几乎无可争辩的是,在物质生活的丰裕之后,人们常常并没有同步地感受到幸福感的增长,几乎在短短40年即在人类历史的长河中堪称"一瞬"的时间里富裕起来的中国人尤为如此。有关中国人幸福感降低的讨论比比皆是,其中不乏各种严谨的研究。八年前,盖洛普公司的调查就发现,尽管中国人经济上的乐观情绪(82%)远远超过美国人(50%),但他们的生活满意度却只有21%,其中收入满意度更是只有10%(这两项美国人皆为58%)[1];理查德·A.伊斯特林(Richard A. Easterlin)等人的研究发现,1990—2010年的整整20年里,尽管中国经济出现了飞速的增长,人均消费水平提升了四倍之多,但是"丝毫没有迹象显示人们的生活满意度也在增长"[2]。

有关富裕起来的中国人幸福感较低的解释各式各样:有人说,中国社会的变迁导致人们安全感的丧失,包括缺乏社会保障都是人们感受不到幸福感的主要原因;也有人认为中国的贫富差距过大、没有洁净的空气和安全的食品,以及公正的法律,是人们缺乏幸福感的主要原因。事实上,尽管这些客观的物质和制度的缺失都是导致人们幸福感缺失的重要原因,但是中国人幸福感缺失的更为重要

---

[1] Dugan, Andrew, "Opinion Briefing: U.S. vs. China—Strengths and Weaknesses", http://www.gallup.com/poll/162965/opinion-briefing-china-strengths-weaknesses.aspx, 2013.

[2] Easterlin, Richard A., Robson Morgan, Malgorzata Switek & Fei Wang, "China's Life Satisfaction, 1990−2010", *Proceedings of National Academical Sciences of the United States of America*(PNAS), 2012, Vol.109, No.25, pp. 9775−9780.

的原因可能是精神性的或心理性的：其一，社会变迁的速度过快，过快的变迁在改变一切的时候也提升了人们对变迁的期待，由此，即使变化快的人群或阶层对变迁带来的个人生活的变化依旧可能不满；其二，不同的人群或阶层的变迁速率不一致，变迁慢的人群或阶层因变迁带来的个人生活的积极变化，抵御不住同他人比较后产生的相对剥夺及因此而生的消极不满。[1]

中国人幸福感的缺失，充分说明了幸福感不仅关乎物质生活的改善，同样关乎精神世界的成长，关乎我们的人民是否能够从物质的丰裕中获得生活的意义。我以为，意义或意义感是人们对某种物质生活条件、某种社会行为，再或某种生活状态的价值认同，是一种关乎日常生活及其价值理性的独特的社会心理。如果我们承认，幸福感等于物质的丰裕加上生活的意义，这本身就证明了社会心理学学科的存在所具有的社会价值，证明了社会心理学家作为人们日常生活意义的探索者与阐释者的职业价值，同样也证明了200多年前从传统社会向现代社会的转型过程中诞生的社会科学对人类来说已经变得不可或缺。

从这样的意义上说，在人类数千年的文明史上，那些以这样或那样的方式推动了人类进步的先哲们，都是能够凭借有限的物质资源成功打造生活或行为意义感的伟大人物。他们虽然称不上是专业的社会心理学家，但却无一不凭借着对人类社会心理的出色洞悉，或直接赋予单调的生活以意义感，或在人们的日常生活和意义感之间建立起了常规的逻辑联系，再或通过各式各样的典范或榜样，带动起了芸芸众生矢志不渝地追求意义感。即使在我们现时的社会生

---

[1] 周晓虹：《焦虑：迅疾变迁背景下的时代症候》，《江苏行政学院学报》2014年第6期。

活中，那些成功的艺术家、体育明星、专业工作者甚至商人们，也无一不是打造意义感的能工巧匠。比如，那些销售房屋或路易·威登提包的商人们，都知道如何将这些有形的商品作为某种无形的社会地位或阶层的符号或象征，从而赋予其能够促使人们追求的意义感。但是，部分正是因为商业社会对社会心理学知识的过度借用，增添了我们为今日之丰裕生活寻找意义感的专业难度。在我们的生活中充斥了越来越多的商品之时，人生的意义越发变得枯萎，或单向度地指向物质本身。历史学家阿诺德·汤因比曾经说过，"西方文明的命运将取决于我们和麦迪逊大道所代表的一切作斗争的结果"[1]。不幸的是，今天我们的或东方的命运似乎一样归咎于此。单单就此而言，不但社会心理学家今天还远远没到退场的时候，在中国这个舞台上还有着一系列的大剧等着我们去一一开演。

三

众所周知，自现代社会科学诞生以来，包括社会心理学家在内的无数学者都以解释社会变迁及其动因作为自己毕生的志业。正是鉴于变迁及其相关思考与现代社会科学有着这样或那样的天然联系，现时已有人充分意识到，我们应该努力将改革开放40年来中国社会发生的巨大变化转换为学术资源，否则"无论对中国还是对西方都是巨大的损失"[2]。为此，人们一再论及"中国经验"及其意义，但事

---

[1] 转引自大卫·奥格威：《一个广告人的自白》，林桦译，北京：中国友谊出版公司1991年版，第148页。引文中所提及的麦迪逊大道，位于美国纽约曼哈顿区，因美国诸多广告公司的总部集中于此，而成为美国乃至世界广告业的代名词。

[2] 黄万盛、刘涛：《全球化时代的中国价值》，《开放时代》2009年第7期。

实上总结"中国经验"只是这种"转换"的可能路径之一。从社会心理学的角度说,"转换"的另一路径是关照"中国体验"——在这个翻天覆地的时代13亿中国人民的精神世界所经历的巨大的震荡,他们在价值观、生活态度和社会行为模式上的变化。因为中国体验在精神层面赋予了中国经验以完整的价值和意义,它也自然成为理解中国社会变迁的一扇最佳的观景之窗。由此,生活在社会变迁的激流之中的中国社会心理学家,自然担负着为中国人精神世界的嬗变"背书"的历史使命。[1]

我们所以说,中国体验是社会变迁的观景之窗,首先是因为任何社会或任何时代的变迁,都不会仅仅表现为经济关系的重建和社会结构的变化,在这些人们生存于其间的所谓"社会"发生结构性变化的同时,作为社会生活主体的活生生的"人",其价值观、生活态度和行为模式也会发生相应的变化。在社会心理学的历史上,德国社会学家马克斯·韦伯的《新教伦理与资本主义精神》和美国社会心理学家英格尔斯的《从传统人到现代人——六个发展中国家中的个人变化》,都以自己的方式,揭示了处在不同的历史发展阶段的不同民族或国家所发生的特殊的历史进程对其人民的精神塑造,从而成为人们观察社会变迁会对人类社会心理的改变发生怎样影响的优秀范例。显然,如果中国社会心理学家不能揭示1978年改革开放以来的大转型对中国人精神世界嬗变的影响,我们就无法避免这场转型沦为一场单纯的物质积累或GDP的堆积,从而降低它的精神或历

---

[1] 周晓虹等:《中国体验——全球化、社会转型与中国人社会心态的嬗变》,北京:社会科学文献出版社2017年版;Zhou, Xiaohong (ed.), *Inner Experience of the Chinese People Globalization, Social Transformation, and the Evolution of Social Mentality*, Singapore: Springer, 2017。

史意义。

我们所以说，中国体验是社会变迁的观景之窗，其次是因为和中国宏观的社会结构具有鲜明的二元特征一样，我们所说的"中国体验"即转型时代中国人的社会心态也具有鲜明的边际性——人格和社会心态的两极化。这种边际性的存在一方面说明中国体验本身就是人们对急速的社会变迁的精神感悟或心理感受，另一方面也为理解当代中国社会的变迁提供了独特视角或观景之窗。整整半个世纪之前，美国政治学家F. W.雷格斯在研究泰国和菲律宾的社会变迁时就提出，转型社会都具有异质性、重叠性和形式主义的特征。[1] 异质性，指的是转型社会中杂然并存的现象，它更带褒义的说法是"多元"，比如，当今之中国，不但计划经济制度和市场经济制度杂然并存，在分裂的价值观领域更是"五味杂陈"。重叠性，即旧制度与新方案的重叠，旧风俗与新潮流的重叠，一句话，传统与现代的重叠，它既为社会和个人生活的变革提供了可能，也使得生活于其间的个人或群体或"朝秦暮楚"或"无所适从"。最后，形式主义，即在"应然"和"实然"之间发生了脱节，比如说，交通规则本应该是用来维持交通秩序的——红灯是制止汽车和行人穿越的，斑马线是方便行人行走的——但在转型中的中国，复杂的交通制度，甚至包括完善的设备都无法完满承担维持交通秩序的功能，以致交通规则在所有人群眼中，最后都像金耀基所言，"只是一套白纸黑字"。[2]

我们所以说，中国体验是社会变迁的观景之窗，再次是因为其既具有相当的独特意义，又具有一般的普适价值。所谓中国体验

---

[1] Riggs, F.W., *The Ecology of Public Administration*, Bombay: Asia Publishing House, 1961.
[2] 金耀基：《从传统到现代》，北京：中国人民大学出版社1999年版，第74页。

的独特意义，指的是在这场规模浩大的社会变迁或转型过程中，中国人精神世界的嬗变有着不同于其他国家尤其是西方发达国家人民曾经经历过的精神嬗变的内在特点与逻辑。显然，如果中国人精神世界的嬗变，不过是西方国家在现代化进程中曾经经历过的心理嬗变的一种重演或复现，那么这种嬗变就没有自己的独特意义，所谓"中国体验"自然也就成了一种伪命题。而所谓中国体验的普适价值，指的则是中国人精神世界的嬗变是否具有普遍性的一面，对其他国家尤其是那些与中国相似的发展中国家的人民是否具有预示或借鉴意义？如果中国人精神世界的嬗变只是一种个案，那么这种嬗变就没有自己的普适价值，中国体验自然也就成了一种无法与"人类普遍性的行为律则相衔接"的"例外"，要想建立林南设想的"有可能超越社会界限去解释经验现象"[1]的理论图式就成了一种费尽心机的枉然。

"中国体验"的独特性是无可怀疑的。这种独特性不但涉及沧桑巨变、成就斐然、梦想成真，而且也和人口众多、传统厚重、转型剧烈有关，甚至和刚性的体制利弊和不受制约的权力体系相互交织。我们承认，这40多年的变化改变了整个中国的面貌，但我们也看到伴随着这巨大改变的不仅有欣快、愉悦，也有艰涩甚至痛楚，有时它还为未来留下了茫然和困惑。其实，中国体验的独特性，不仅取决于其所经历的精神世界的震荡和磨砺的广度与深度，而且取决于其所生存的国度——中国——的独特性。中国体验的普适性同样也无可怀疑。这种普适性一方面意味着，对那些和中国一样具有相似

---

1 林南：《中国研究如何为社会学理论做贡献》，载周晓虹主编：《中国社会与中国研究》，北京：社会科学文献出版社2004年版，第91页。

或相近的文化传统或历史遭遇的民族或国家来说，13亿中国人民今天所经历的复杂而剧烈的精神世界的嬗变，或许也是他们未来将经历的嬗变的一种预示；另一方面则意味着，鉴于在人类及人类文化中存在某些普遍性的因素，就像我们已经习惯了用在西方形成的理论图式解释中国或东方的经验现象一样，在中国或东方形成的理论图式，也同样具有不同程度的解释西方或其他民族或国家的经验现象的可能——前提只取决于不同国度之间经济与社会结构的相似程度。基于此，完全有理由相信，今天中国社会心理学家对"中国体验"的"背书"越加详尽，我们未来在世界社会心理学的讲坛上所具有的话语叙事能力就越强。而这，就是中国社会心理学家无法回避的历史宿命。

目录

想象的锻造

智者如炬,仁者如山	3
城市文化与城市性格的历练与再造	7
女裙长短:经济与社会文化的风向标	20
"社会学想象力"的锻造	28
上海社会学:进步与未来的可能方向	33
"脱单",或融入社会	44
中国体验:大变迁时代的精神感悟	48

阅读的快乐

米德与她的《文化与承诺》	59
理解国民性:一种社会心理学的视角	74
边际人:概念、特点及其他	93
《白领》、中产阶级与中国的误读	106
东亚的审读与傅高义的人生	120

群氓：勒庞与大革命的余悸 142
解释犯罪：锻造社会学想象力的特殊之途 167

学术的踪影

模仿与从众：时尚流行的心理机制 181
谣言、恐慌与风险社会 189
"中国体验"两极化震荡国人心灵 205
中国人的精神漂泊何时终结 213
开放：中国人社会心态的现代表征 219
焦虑：迅疾变迁背景下的时代症候 228
摒弃无聊，或意义感的再造 237

理解的艰涩

终看后浪推前浪 249
性格就是命运 258
韶华不为年少留 273
找回对土地的感觉 280
八月长江万里晴 289
向天再借五百年 298
薄暮时分留夕照 306

过往的浮标

大学、同侪群体与现代性的建构	317
汽车大潮与中产阶级的兴起	331
中国中产者：从浮现走向精神存在	340
在母校寻找逝去的青春	351
我的学生凯琳	354
我与商务印书馆的非商务性往来	359
校庆120周年贺	366
跋　六六之年，或重启新的人生	373

想象的锻造

智者如炬，仁者如山
——忆费孝通先生

去年以来，就一直听说费先生身体不好住院了。是呀，2002年之后，费先生就再也没有来过江苏，或者说再也没有回过家乡了。一个90多岁的老人，上了年纪，尽管心中总是揣着"青春作伴好还乡"的愿望[1]，毕竟岁数不饶人。不过，尽管见到先生的机会越来越少，我却总是希望他的身体能够好起来，能来家乡走动走动，能再和我们聊聊中国社会和中国社会学。

今天上午在家赶稿，关了所有的通信工具，一直到近午时分系里派人来敲门，才知道北京大学邱泽奇教授来电，告知先生已于昨日夜间去世了。霎时间，我意识到，他最后的那块钱也用完

---

[1] 1998年，这位进入耄耋之年的老人还以杜甫的这句诗为题，借许让（L.L.Schram）的《甘肃土人的婚姻》（费孝通、王同惠译，沈阳：辽宁教育出版社1998年版）一书出版之际，写过一篇怀念前妻王同惠女士的文章。

了[1]，他实现了为中国社会学和中国人民的丰裕生活再奋斗20年的愿望，轻松上路了。敲门人走后，我却一直在"敲"自己的心灵。虽然多多少少已有预感，但真正知道先生撒手西归，那心中的痛楚还是无法释去。直到拟成唁电，写成"燕京上下，英伦三岛，承济世之学，留英名于社会学界；华夏南北，江南一村，展鸿鹄之志，遗赤诚于人民心间"的挽联并发出，心里才慢慢平静下来。想着先生95岁的一生著述等身、育人无数，为文、为人都留下了不可企及的标尺，真的是智者如炬、仁者如山啊！

我初识费孝通先生是在近20年前。当年，为了能够考上费先生的研究生，来自全国的400多位不同专业的莘莘学子，都立志改换门庭，决意以社会学为志业。1984年夏，经过几番奋斗，十五分之一的人终于获得了南开大学社会学系的通知书（费孝通先生最早是在南开大学招收研究生的）。9月入学，30余位同学就一直盼着能够有机会见到先生，当面聆听他的教诲。那年秋天，先生来了，我记得他的讲演既生动活泼，又不失深奥学理。课间，大家围着老人家，拍了张合影。前些日子搜索网络，还在浙江大学冯钢教授的网页上见到这张照片。那时的先生，尽管头发已经花白，但神采奕奕。那时他的"20块钱"还刚刚发还到手上，社会学的大业也才刚刚重新开张。

从南开大学毕业后的10多年中，尽管也见过几次先生，但都是在会议上，来去匆匆。直到四年前担任南京大学社会学系的系

---

[1] "文革"后重建社会学时，费先生曾比喻说自己还有20块钱，意思是还可以再工作20年。

主任后（用先生的话说，南京大学是他家乡的最高学府），因为工作上的事情找先生的机会多了起来。说来惭愧，单是请先生题字的事情就有四次：两次是为了系里，两次是为了我所居住的南京市。系里的两次，一次是为了题写系训，一次是为民营书商钱晓华捐建的"社会学人类学资料馆"题写馆名；市里的两次，一次是为下关区的"政务超市"题字，先生写下了"公正高效、以民为本"八个大字，后来还高高兴兴地参观了政务超市，和不少市民聊得十分高兴，另一次是为我所策划的"市民论坛"的开办题字。先生没有架子（这是一般大师的特点），总是有求必应，当然这也养成了我或者说纵容了我"挑剔"的毛病。记得请先生为社会学系题写系训那次，第一次寄来的题字我觉得有几个字写得不好，就寄了回去，请先生再写一份寄来。几天以后，先生新写的系训——"创造健康社会"——寄来了。现在，它镌刻在社会学系大厅的花岗岩墙壁上，令人肃然起敬。

最后一次见先生，是在2002年南京大学百年校庆期间。为了校庆期间费先生的访问和讲演，我在北京新街口外大街先生的寓所、南京鸡鸣寺先生下榻的地方，以及学校里前前后后见了先生五次。记得在南京大学讲演时，因为先生的盛名，逸夫楼20层400人的报告厅里挤进去了上千人，还有几百人在楼道里和电梯里不得而入。原定一小时的讲演，先生整整讲了近百分钟。他从文化论中人与自然的关系讲起，谈社会学、人类学，谈中西文化的差别，谈沙尘暴和"9·11"。谈兴所致，这位可爱的老人"固执地"打断劝他休息、不要再讲的亲属，继续慷慨陈词："多元文化的接触和交流是不可避免的历史过程,怎样取得人类持续发展的机会,必须尽力接受'9·11事件'和'阿富汗战争'所提出的警告,避免同归于尽的前途。""我愿在祝贺我故乡的高等学府成立100周年纪念的时刻做出这个呼吁。同时也想表白,我坚信我们东方文化能在这个矛盾中做出化凶为吉的大事,做出对历史的贡献。"

今天,在我写下上述文字的时候,我知道,我们已经失去了精神上的泰斗,失去了聆听大师教诲的机会。记得曾有人问过先生,你觉得还要多长时间在中国社会学界才能再产生一个"费孝通"?先生答曰:"50年。"而我现在觉得,先生贡献的道德文章恐怕再过100年也是一个令人难以企及的高度。不过,面对大师,我们虽然知道自己的矮小,但他却激励我们不断攀爬。

(原载《南方人物周刊》2005年第9期,后收录于《费孝通与中国社会学人类学》[马戎、刘世定、邱泽奇、潘乃谷编,北京:社会科学文献出版社2009年版])

城市文化与城市性格的历练与再造
——全球化背景下的本土关怀

城市是人类历史与人类文明的结晶，而且伴随着现代化的进程越来越快，城市也越来越充分地体现出我们文明的主流与核心价值。尽管在不同的语言和文化中、在不同的历史时期和不同的国家与地区，城市（city）、都市（metropolis）以及城市化（urbanization）所涉及的现象不尽相同，但在一块块有限的土地上集中居住着的这些互为关联、有着共同或相似的生活方式的人群，还是引起了现代社会科学的广泛注意：人们一方面关注城市这一独特的人群共同体在整个社会中的影响与作用，另一方面则关注这一人群共同体内部的构造、功能与特征。我们这里的主题直接涉及现代城市的两个基本特征，这就是它独有的文化与性格。

一、城市是现代文化最适宜的载体,而城市性格就是每一时代最突出的文化性格

每一个熟悉城市和城市发展历史的人都知道,在不同的历史时期,城市的形态和功能迥然相异。人类历史上最早的城市,大多是一些礼仪和政治中心。在这些"圣地"之中,呕心沥血地建造了大量的纪念碑式的建筑群落,宫殿、神庙、金字塔、天坛和宫院……这些最早的城市突显出对周边乡村的组织和控制能力,并且首先是因为战争及与其相关的政治控制需求,使得原先因祭祀和从事其他礼仪活动而偶然进城的人群定居下来,城市的规模逐渐扩大。但是,这样的以权力和消费为主要运作轴心的古代帝国和城市在历史的进程中不可避免地会先后衰落,尽管它留给我们大量的历史和文化遗存。

现代城市的雏形出现在中世纪的欧洲。这种新的都市主义按汉纳尔兹的说法,是建立在商业文明的基础上的。[1] 换言之,后来日益发展起来的工商业成了这种新的城市文明的主要成分,也正是凭借这一成分,城市具有了越来越多的自主性和独立性,并开始摆脱封建社会结构的掣肘,成为一种现代性的力量。德国社会学家马克斯·韦伯敏锐地看到了经济或市场因素在现代城市形成中的作用,他提出了一种有关城市的"理想类型"(ideal type):

---

[1] 汉纳尔兹:"城市",载亚当·库珀、杰西卡·库珀主编:《社会科学百科全书》,上海:上海译文出版社1989年版,第98页。

这个都市人群共同体首先必须具备一个市场作为它的中心制度，在市场以外，一个城堡（或一个特定的区域）、一个至少是部分自主的法律和行政系统，以及一种反映都市生活的特殊面貌的社群（community）形式。[1]

认真想来，在韦伯的奠基于经济制度之上的城市的理想类型中，已经隐含着某种文化面向：首先，在共同的城市生活实践中，在城市这个区域中活跃着的各式各样的社会群体像古代的那些城市居民一样，必然会形成自己独特的价值观、生活与行为方式和物质表现形式，他们一样会为自己生存的城市留下独特的精神气质、文化品位、艺术作品以及民间与口头传说。当然，生活在19世纪尤其是19世纪和20世纪之交的那些卓越的思想家们，都敏锐地感受到了资本主义的兴起与都市文化间的密切联系。他们的区别仅在于，一部分人如马克思、韦伯、齐美尔看到了货币在塑造城市文化和城市性格中的力量。比如，齐美尔就出色地论述过以"事本性"（matter of fact）为特征的理性主义都市价值观和货币经济相互共生的景象。在他的眼中，在"英国历史的全部进程中，伦敦起的作用从来就不是它的心脏，而是它的理智，也是它的钱包"[2]。另一部分人如桑巴特则干脆说明，13—19世纪，在欧洲各国发展出的一种完全以奢靡为基础的高度世俗化的都市文化

---

[1] 比如，行会就是一种与现代工商业发展密切相关的都市社群。参见 Weber, M., *The City*, New York, 1921/1958。

[2] Simmel, G., "The Metropolis and Mental Life", in Simmel, G., *The Sociology of Georg Simmel*, New York: The Free Press, 1950, p. 412.

是资本主义诞生的重要原因。[1]

其次,尽管19世纪的许多思想家都指出过,在资本主义社会,个人及文化的创造力都不可避免地面临衰落;但他们又都承认,也是自资本主义社会开始,科学技术、文化艺术和知识的利用获得了前所未有的发展。资本主义不仅像马克思所言在它的短短一二百年的历程中所创造的生产力大过了以往所有时代创造的生产力,而且凭借着无与伦比的生产效率创造了现代城市和城市文化,并赋予现代城市以鲜明的性格。正是在现代城市的形成和扩张过程中,城市成了人类文化最适宜的载体。正是从这样的意义上而言,李欧梵会将现代城市文化本身视为"生产和消费过程的产物"[2]。现代都市文化最重要的特征之一恐怕就是它与生产和消费这类经济过程有着本质的联系。与此相应,银行和办公大楼、饭店、俱乐部、电影院、博物馆、餐馆、咖啡馆、豪华公寓、会议中心、市政广场以及跑马场、教堂这些现代城市的公共空间,替代了先前的宫殿、庙宇、金字塔、天坛和宫院,成为最具文化意义的都市象征。

如果说一百多年以前现代资本主义及现代都市的崛起曾使人类感受到了前所未有的文明危机(从这个意义上说,前述那些经典大师们的思考,就是对这种危机做出的回应),那么在其后的历史发展中也正是城市赋予了人类新的认同力量:我们开始凭借

---

[1] Sombart, W., *Luxury and Capitalism*, Ann Arbor: University of Michigan Press, 1967.
[2] 李欧梵:《上海摩登:一种新都市文化在中国》,毛尖译,北京:北京大学出版社2001年版,第7页。

普遍主义而不是特殊主义原则来选择行为；我们坚信科学技术的进步能够改善人类的生活；我们崇尚工业文明和以GDP为指标的经济增长带给我们的一切；我们同样也认为消费是促进人类前行的内在动力……一句话，正是这个富有活力的现代都市赋予了或建构起了整个20世纪行动的逻辑意义。

但是，今天，伴随着全球化的历史进程，我们再一次遭际文明与文化的冲突，而不同的价值观和文化的竞技场还是这个现代都市。在20世纪的最后20年中，在整个世界因全球贸易、互联网、便利的交通和世界性的媒介，以及越来越频繁的居住地的迁徙而成为一体的时候，在我们遭际所谓"全球化"的浪潮的时候，文化的矛盾和冲突变得更为激烈：急速的社会变动激励着一部分人去创造更加普遍的、世界主义的认同，而同样是这种变动使得另一部分人强化了坚守自己民族和社群的文化和认同的信念，许多人开始意识到了包括GDP崇拜在内的20世纪的所谓现代价值观正在面临危机。单以城市为例，当风靡于整个20世纪的所谓"国际化浪潮"在相当程度上抹杀了每个城市的特色，城市千篇一律成为钢筋水泥浇筑的"森林"的时候，人们也比先前任何时候都清楚地意识到，每一个城市的价值就在于它能够彰显出与其他城市的不同，因为恰恰是这种不同赋予了巴黎为巴黎、纽约为纽约、圣彼得堡为圣彼得堡、南京为南京的自我认同的力量。而构成一个城市独特的自我认同内涵的，恰是这个城市与众不同的历史和文化，以及在此基础上形成的这个城市的性格。就一个人而言，性格就是命运，因为他的性格规定了他的价值观、举手投足的方式，自然也就规定了他未来的人生轨迹；而对一个城市来说，命运就是性格，因为它的性格就是经由命运或历史积淀而成的。

二、城市是一种现代生活方式

城市不仅是人群集聚之地，不仅是建筑物、林荫大道和公园的展示和组合，也不仅是政治、经济和文化中心，城市同时也是一种现代生活方式。

我们说城市是一种现代生活方式，是对应于作为传统生活方式之体现的农村而言的。城市生活的体验对生活于其间的人们现代性的培养，是我们应该讨论的一个方面。这种讨论必须涉及的一个问题是，城市生活尤其像罗伯特·帕克所言的作为"一种心理状态"的城市生活与农村生活的区别究竟是什么？这种区别又代表了什么？如果没有这种区别，或者这种区别与传统或现代两方面都没有什么必然的联系，那么生活在城市与生活在乡村就不会有什么不同。但是，事实上，城市与尚未现代化的乡村是有区别的，并且在城乡经济与社会结构呈现出严重的二元对立的中国，这种区别尤为明显。具体说来，这种区别不但表现在摩天大厦、厂房、公园和其他生活与娱乐设施上，而且也表现在价值观和生活方式的诸多层面上。为了表达乡村与城市的这种区别，其实也就是传统与现代的区别，滕尼斯创造了Gemeinschaft（社区）和Gesellschaft（社会），涂尔干划分了"机械团结"（mechanical solidarity）和"有机团结"（organic solidarity），雷德菲尔德创用了乡民（folk）社会与市民（urban）社会，最后，费孝通则用中国文化将这种对立比喻为礼俗社会和法理社会。[1]我们这里不去讨论乡村以及传统乡民的特性，这里需要讨论的是城市，是作为现代标志的城市同乡村的区别。早在20世纪20年代，沃思便发现："城市已形成自身特有的城市心理，与乡村心理迥然不同。城市人的思维方式是因果论的，理性方式的；而农村人的思想方法则是自然主义的，幻想式的。"[2]沃思力图证实后来英格尔斯考虑的问题，"城市在现代化的过程中扮演了一个特殊的角色"[3]；作为对这一观点的一种回应，赫斯利兹干脆将城市化同现代化相提并论，他写道："城市展示出一种不同于乡村的精神，城市是引进新观念和新行事方法的主要力量和主要场所。"[4]

城市与乡村的不同，对每一个从乡村进入城市的人来说会构成一种全新的社会化力量。城市会对生存于其间的人产生无所不在的影响，城市中庞大的科层组织、工作机构、社会位置、制度规范和各类角色会对在其间工作与生活的人提出严格的要求，要求他们适应城市里的一切，要求他们同城市里生活着的庞大的人群打交道，并相互适应。100多年前在美洲大陆、几十年前在日本

---

[1] 周晓虹：《西方社会学历史与体系》第一卷，上海：上海人民出版社2002年版，第2—3页。

[2] 罗伯特·帕克等：《城市社会学》，宋俊岭、吴建华、王登斌译，北京：华夏出版社1987年版，第5页。

[3] 英克尔斯、史密斯：《从传统人到现代人——六个发展中国家中的个人变化》，顾昕译，北京：中国人民大学出版社1992年版，第333页。

[4] 同上，第321页。

等东亚新兴国家和地区出现的场景，现在正有声有色地在中国这片广袤的土地上上演。我们已经看到，城市生活所特有的建立在劳动分工基础上的细致的职业划分和相互合作，给成千上万刚刚进城或在城市中虽然已经生活了几代但却有着鲜明的传统烙印的人们带来了深刻的洗礼。

城市所以能够对人们的现代性产生这样深刻的影响，首先是由城市本身的特性所决定的。城市是由高密度的、多元异质的人群组成的人类共同体，它规模大、专业性功能强、科技发达、交通运输速度快、通信便捷，这种独特的环境特征极大地拓展了生存其间的都市人的生活空间和交往范围，使他们在纵向和横向两个方面能够自由地实现社会流动，并产生了人类关系的极端复杂性。在这种极端复杂的人际关系中，大量的是那种间接形成的次属关系，而不是原先那种直接的、面对面的首属关系。城市不是人口的简单聚集，因为聚集于城市的人群的异质性和多元化，使得这种聚集具有亚里士多德所说的那种"整体大于部分之和"的效果。在《英国工人阶级状况》中，恩格斯高度评价过因伦敦人口聚集产生的巨大效益："这种大规模的集中，250万人这样聚集在一个地区，使250万人的力量增加了100倍。"[1]通过这种聚集而导致的人们之间的相互刺激，城市的各种社会文化功能得以千百倍的扩大，并且由这种具有不同文化背景和行为模式的人群的聚

---

[1] 恩格斯：《英国工人阶级状况》，《马克思恩格斯全集》第2卷，北京：人民出版社1957年版，第303页。

集，会频繁地孕育出新的、更有活力的价值观念和宽容、进取的现代品质。19世纪的伦敦、巴黎和柏林是这样，20世纪初的纽约、芝加哥是这样，20世纪30年代的上海也是这样，而今天的香港、北京和深圳同样是这样。

城市对人们的现代性产生影响的另一种途径，自然同城市中的大量的现代性因素有关，其中包括学校、工厂和各种经济组织、大众传播媒介以及便利的交通、通信设施。这一切使得城市更容易成为思想交流的平台和现代时尚的策源地，更容易成为具有竞争、进取、开放、博爱、宽容、自律等现代性格的锻造炉。在城市中一切都成为"见怪不怪"之物，而这种"见怪不怪"之气度正是创造、发明和创新的最有力的推进器。

三、城市的开放：全球化与本土关怀

最初的城市是封闭的，由此不可避免地形成了所谓"城堡意识"。但是，自近代以来，尤其是自商业文明成为城市文明的主要成分之后，开放就成为任何一个城市都具有的共同的精神特征。那些最具活力的现代城市，都是在经济、社会、文化和政治上最为开放的城市。开放对一个城市保持其活力的重要性，从上海100年的历史命运中能够获得最为全面的诠释：早在20世纪30年代，上海这个中国最大的港口和通商口岸，就成了一个融繁忙和繁华为一体的国际大都会——世界第五大城市，以至于茅盾会为他那本描写上海都市生活的小说《子夜》加上一个"1930年，一个中国罗曼史"的副标题;而1949年之后的30年中,闭关锁国的政策使得上海如白先勇所言,"从一个风华绝代的少妇变成了一个人老珠黄的徐娘"[1];而这个"半老徐娘"重新惊艳世界则是在1978年的改革开放之后。

但是,开放,或者准确说我们尚不能真正准确理解的"开放"也给我们带来了许多前所未有的困惑。单就这里的城市而言,在20世纪最后的20年里,当全球化的浪潮扑面而来之际,那些在发展中国家现代化的进程中都普遍遭遇过的问题在中国获得了最为充分的演绎:与大规模的城市建设中千篇一律的"国际风格"相伴而生的,是我们的城市传统、城市文化和城市认同的失落(当一个城市到处都是以欧美地名或风格命名的建筑物时,你自然会对"我是谁""我栖身于何处"产生认同危机)。在我们城市的建筑风格、设计理念一直到普通市民的日常生活都力图与"国际风格""国际惯例""国际标准"对接的急切企盼中,我们不仅丧失了自己民族的和地区的灵魂,而且事实上离所谓"国际"也越来越远。

具有反讽意味的是,在我们民族的和地区的特色和认同不断丧失的过程中,我们似乎从来没有忘记申明我们民族文化的意义。"只有民族的,才是世界的",这样一句流传甚广的口号至今仍被许多人误认为是对民族与世界关系、本土化与全球化关系的最为恰当的表述。事实上,这种对本土化与全球化关系的理解是

---

[1] 转引自李欧梵:《上海摩登:一种新都市文化在中国》,毛尖译,第4页。

有错误的，起码是不全面的。因为这一表述的潜在含义是，"民族的"只有成为"世界的"才是具有意义的。

首先，我们说这种理解是错误的，是因为并不是所有民族的都能够成为世界的。一个民族的文化传统、行为规范、发明创造、学术成就、人生理想甚至日常爱好要成为世界的共同财富和共同标准，起码需要具备这样一个条件：这个民族当下必须处于走在世界发展的前列并能够对世界或其他民族产生影响的地位上。一个民族的政治、经济、文化的发展状况，是这个民族在世界上有何种地位、何种形象以及何种影响力的前提条件。15世纪以前的中国、18—19世纪的英国、法国和德国，以及进入20世纪之后的美国对其周边国家及整个世界的影响，无一不是奠基于本国的政治、经济和文化甚至军事实力之上的。尽管我们都承认，一个国家、民族，或一个城市的文化都有其存在的价值或理由，但这个价值或理由显然不必然构成影响其他民族、国家或城市的文化的价值和理由。如此，虽然摩天大楼和蒙古包对地价昂贵的纽约和辽阔而又多迁徙的蒙古草原来说都是合理的，但在今天全球"城市化"的浪潮中，能够对其他国家或民族或城市构成影响的显然是摩天大楼而不是蒙古包。

其次，我们说这种理解是不全面的，是因为并不是所有民族的都有必要成为世界的。任何民族的文化及其内部的要素和品质，都是在一个民族的历史活动中积淀下来的。在过去，它对这个民族有着鲜明的经济、社会或文化意义。即使这种意义在今天日渐式微，它对维系这个民族的心理认同仍然不无意义。这些文化遗存或文化传统的意义是自洽的，它可能不会成为世界的甚至可能根本不为世界所了解，但这并不能够否定它的价值和意义。因此，并不是我们的东北二人转只有上中央电视台或凤凰卫视才是艺术；也不是我们的民族音乐只有进维也纳金色大厅才是音乐；同样也不是我们的南京明城墙或北京故宫只有获得"世界文化遗产"的称号才有保存的价值。在一个倡导多元文化的社会里，面对全球化的文化主流，任何民族的和地区的本土文化都应该获得自己的生存空间。

再次，我们说这种理解是不全面的，是因为也不是所有世界的都有必要成为民族的。换言之，世界的来自民族的并不意味着世界的就等于民族的，更不意味着世界的就能够代替民族的。现在，在全球化的潮流席卷整个世界之时，那些能够代表世界文化走势的主流文明确实都有其流行的道理，有些毫无疑问还会流传千古成为人类文明的瑰宝。但是，所谓"世界的"，其价值并不是无限的。今天，有许多堪称"世界的"文明或文化是与世界性的市场联系在一起的，而市场对利润最大化的追求及因这种追求而产生的品质的克隆和复制，是与文化价值的唯一性和稀缺性相背离的。这也是包括麦当劳快餐在内的一系列文化现象本身不具备深刻的文化含义的原因所在。而巴黎的埃菲尔铁塔、埃及的金字塔、印度的泰姬陵以及中国的长城所以是"世界的"，是因为它们不仅对这些民族而且对整个世界来说都是唯一的，任何重建或复制这些人类瑰宝的企图都是没有意义的。我们可悲的地方在于，虽然我们都知道艺术的真品和赝品之间的天壤之别，但我们就是走不出城市建设中的克隆怪圈。其实，道理也很简单，并不是只有去了香榭丽舍大街或枫丹白露才叫旅游；也不是只有听了意大利歌剧或古典音乐才叫有品位；更不是住进了"威尼斯城"或拉德芳斯（这类楼盘名称在现在的中国随处可见）才叫改善生活。我同意，世界真精彩！但我们没有必要在一个人的生活或一个城市的历史中诠释世界的全部精彩。

中国的改革开放和改革开放的成就已经为我们再造城市、城市文化甚至再造整个中国创造了可能，但是一座城市、一座城市的文化和性格的历练和再造同样应该是一个自然的历史过程。在全球化的背景之下，如果我们能够给我们的城市更多一点本土的关怀，我们的历史就能够续写，我们的文化就能翻开新的一页。

（本文为2004年5月2日参加由周晓虹与张鸿雁联袂担任总策划的首届"南京历史文化名城博览会"之"文化与城市性格"研讨会上的讲演，后收录于《文化与城市性格》［江苏省文化厅编，南京：南京出版社2005年版］）

女裙长短：经济与社会文化的风向标

研究或关注时尚的人都知道，周期性循环是时尚最为鲜明的特征之一。不过，最能生动地反映时尚的这一特征，同时又能充分地表达其社会文化内涵的，恐怕并不是裤腿的粗细、"颂歌"的隐现、色彩的变换以及"马尾"的再度流行，而是女人裙子的长短兴替。美国服装心理学家伊丽莎白·赫洛克在论述服饰时尚的循环性周期变化时曾不无幽默地说："关于裙子适当长度的争论持续了4000年之久，直到今天也未能解决，因为它一直在长短之间变化……"[1]

更使人感兴趣的是，女裙不但始终处在长短变化之间，而且这种长短变化似乎也不是随意的。"经济繁荣时，女人裙子短；

---

1 伊丽莎白·赫洛克:《服饰心理学》，孔凡军、黄四清、王志明译，北京：中国人民大学出版社1990年版，第54页。

经济萧条时，女人裙子长"，在社会学家眼中并不是一句笑话。1970年，当半长裙开始呈现出要取代当时极为流行的超短裙的趋势时，美国社会历史学家吉尔曼·奥斯特兰德尔就曾认认真真地将半长裙的流行归因于证券行市的下跌。他这样写道："喜欢长裙的中年人，在萧条和衰退时期，决定社会的各种标准。而喜欢短裙的年轻人在繁荣时期决定各种标准。"[1] 据此，奥斯特兰德尔推论，只要经济不能很快地复苏，半长裙就会流行下去。

由于资料的缺乏，我们不可能像赫洛克所说，去论述4000年来女裙的长短变化，但谈论女裙在20世纪内的变化却不是太难的事。西方服装心理学家根据对近80年来女裙款式变化的资料分析发现，从1913年到1975年，女裙的长短大约经历了三个循环变化周期。具体一些说，1913年、1933年和1947年西方世界三次流行长裙，而1929年、1943年和1969年则三次流行短裙。

其实，女裙的长短变化不仅受到经济兴衰的影响，也与整个社会文化的变迁休戚相关。认真审视20世纪内女裙的长短变化，能够发现其间充满了男女两性之间的对立与较量。显然，服装对人类来说并不单单是御寒或遮羞的物品，而且也是一种符号或文化象征。在男权主义的社会中，男性对女性的性别压抑造成了女性能够表现自己的领域是十分狭窄的，通过服饰打扮来体现自己有时甚至成了女性的唯一权利。这样，女性往往会有意或无意

---

[1] 转引自威廉·曼彻斯特：《光荣与梦想——1932—1972年美国实录》第4卷，朱协译，北京：商务印书馆1988年版，第1680页。

地通过着装来表现自己的意志，同时借助服装来反抗男性社会施予的压抑。西方女权主义的现代斗士、法国存在主义作家和哲学家西蒙·波伏娃，在她那本被誉为女权主义的奠基之作的《第二性》一书中，曾以自己的女性敏感和隽永揭开了女性心理的这一奥秘："打扮的社会意义，是允许女人以她个人的穿着方式来表达她对社会的态度。她若服从社会习俗惯例，那么她会穿得体面入时……反之，她若蔑视世俗，她的穿戴就可能标新立异了。"[1]

从这样的意义上说，短裙确实是女性寻求解放和摆脱男性束缚的一种象征。大面积的体肤暴露，寓意着女性欲图掌握对自己身体的支配权利。说简单一点，女性穿短裙不但是为了显示自己的身材，而且也是为了向世人宣告，穿多穿少是女人自己的事，这事既用不着男人操心，更用不着男人来做出合理与否的判定。这样一来，尽管许多人一再明说或暗示，短裙是街头粗俗女人的标志，是"笨伯的头脑创造出来的"，"短裙不能自夸于堂皇的《阿宫第》"（一种高档的时尚杂志），甚至其合理性从未得到正式的承认，但这一切都"不足以阻碍它的普遍全球的胜利"。[2]

当然，正如女权主义几经奋斗方登上政治殿堂一样，女子短裙的流行也经历了诸多起伏。从某种意义上说，女裙的长短变化不但是女性自己的兴趣和爱好变动的结果，也是男女两性之间限制与反限制的斗争结果。20世纪40年代初，当女子短裙十分盛行

---

[1] 西蒙·波娃：《第二性——女人》，桑竹影、南珊译，长沙：湖南文艺出版社1986年版，第315页。
[2] 弗留葛尔：《服装心理学》，台北：大林出版社1978年版，第136页。

之际，它对旧的社会规范的冲击和蔑视，就几番引起了包括服装设计师在内的男性世界的惊慌。1947年，法国著名时装设计师克里斯汀·迪奥在巴黎的豪华沙龙里展示了他新设计的名为"新形象"的女子长裙。这一尝试一出现，立即遭到了欧美社会具有独立意识的上层妇女的反抗：英国妇女穿着夸张意味十足的"新形象装"，举着"迪奥先生，不许你张狂！"的标语牌示威游行；在美国，一位得克萨斯州的年轻女性带头成立了"刚过膝俱乐部"，作为反抗长裙运动的一部分。俱乐部的成员怀着像参加政治运动一样的热情，散发传单，搞宣言签名，并使自己的组织迅速扩大到其他城市，人员也很快增加到30万人。尽管后来在积极推广"新形象装"的服装设计师、生产厂家、经销商和广告制作人的联合阵线面前，这个由女权主义的"先驱"们组成的俱乐部终告败北，但这些新女性们毕竟显示了自己的独立意向和不可忽视的力量。

10多年以后，伴随着西方女权运动的兴起，一度被打入冷宫的女子短裙又再次复出。1963年，肯尼迪遇刺之后，女权主义运动在美国继而在整个西方狂飙突进，两性之间的关系发生了极大的改变，激进分子开始毫无顾忌地向两性间的旧有规矩挑战。1964年，加利福尼亚州的时装设计师鲁迪·根赖希大胆地推出了裸胸的"上空泳装"，并因此使半裸体成为20世纪60年代的一种时髦的社会风尚；紧接着，一贯保守的英国人在美国人的激励下，大出了一次他们已经很久未出过的风头。1965年，自称"要创造真正的20世纪时髦"的英国时装设计师玛丽·昆特，根据从古代希腊和罗马的壁画与雕塑中运动员的束腰带上得到的启发，设计了一种下摆高过膝盖15—20厘米的女裙,即后来人们所称的"迷你裙"(mini,英文为"微小"之意)。"迷你裙"的出现在整个西方世界引起了一场轩然大波:有人认为,这是明显的"胡闹行为",它会使淑女们坐相不雅,做事不便;也有人斥责"这是侮辱女性的时装","一种展现自己肉体的时装";甚至连教皇保罗二世都愤然指责"迷你裙"会使人们误入歧途。但是,指责归指责,正是在一片指责声中,"迷你裙"从伦敦到巴黎,从罗马到纽约,迅速遍及整个世界,并且到了"60年代后期,一英寸又一英寸逗弄人地越缩越短……至此,除了最漂亮的大腿,全都失去了诱惑性"。"越少越好",一时间几乎成了女性时髦的代名词。

相比而言,更富于戏剧性的恐怕不是"迷你裙"的出现,而是它在20世纪70年代的低落,以及新的一代女性为继续"拯救"这种短裙所做的努力。在法国1968年的"五月风暴"和美国1969年8月的"伍德斯托克事件"[1]之后,西方社会的全面动荡进入尾声。社会的保守趋向,加之证券市场的不景气,使得一进入70年代,设计师们又开始考虑推出稍长的裙子。詹姆斯·加兰诺斯说:"加长是方向";阿·辛普森说:"再会吧,大腿";而利奥·纳杜奇则说:"妇女们现在肯定已准备改换模样了。"他们都深信,短裙或超短裙的末日就要到来。

但这次设计师们的算盘却打错了。几乎在他们刚刚谈出自己

---

[1] "伍德斯托克事件",指1969年8月在美国纽约州伍德斯托克市举行的一次盛大的"爆破"音乐节,参加人数达50万之众。这一事件突出代表了20世纪60年代的美国所经历的社会价值观念上的危机。

的打算的同时，从洛杉矶就传出了一片反抗声。当地的"维护妇女女性气质和财产委员会"的主席对记者说："我们决不能让他们既蒙住我们的眼睛又遮住我们的腿了。我知道有一些女人只要加兰诺斯一说是时髦的，她们连铁皮盒子都肯穿的。我认为这是一种病态，我们要求的只是可以有所选择。"反长裙少女会的成员游行时扛在肩头的标语上写着"市场必须继续供应超短裙"和"大腿！大腿！大腿！""她们中有些人认为，半长裙是反对妇女解放运动的一个阴谋，服装设计师企图用恢复女性气质的办法来孤立女权运动者；另一些人则指责那些大腿已经失去性感的年长妇女不该想要把二八少女的腿也遮掩起来。"

这一次，历史的天平开始倾向女性。20多年前"刚过膝俱乐部"的"悲剧"未再重演，吉尔曼·奥斯特兰德尔的预言也未能兑现。到了1970年的冬天，证券市场又出乎意料地回升了，时装工业对长裙的兴趣也随后急剧下降。《纽约时报》进行的一次市场调查发现，虽然有少数商店对经销半长式样信心十足，但大多数人承认这种式样已经遭到惨败。半长裙只占售出的裙子的20%左右，而到了年底穿这种裙子的妇女仅仅只有5%了。

长裙与短裙在20世纪70年代的这种对峙和较量，也非常充分地体现在同一时期日本的市场和社会生活中。从下面引述的这一时期日本报刊的一些标题中能够发现，推销长裙与维护短裙的都大有人在，在70年代初的几年里，这两种裙式确实处在一种胶着状态：

《长裙正在失宠》（《朝日新闻》1970年12月30日早刊20版）

《裙子长度的收敛》(《每日新闻》1971年1月1日早刊24版)

《削价市场再降价——大长裙之死(即便超短裙也只有五年寿命)》(《每日新闻》1971年1月24日早刊17版)

《超短裙永在》(《朝日新闻》1974年1月8日早刊8版)

《30年代的复兴——长裙方显真正女性》(《朝日新闻》1974年2月27日早刊13版)

《再见,膝盖骨——流行长达十年的超短裙尾声》(《每日新闻》1974年3月7日晚刊3版)

这场较量的结局十分有趣。尽管大规模推行长裙的企图失败了,但它却引起了一种未曾预料的时装上的转变。《纽约时报》评论说,"半长裙实际上消灭了女式整套衣裙……一转眼就出现了各式各样的裤子,裤子、裤子、裤子!"年龄稍大的妇女购买整套衣裤,她们的女儿则穿起和超短裙一样短的短裤,一样把膝盖露在外面。一开始人们将这种短裤称作"凉裤",但对女性心理更为了解的《妇女时装日报》却把它叫作"热裤"。刹那间,这名字就流行开来了……

在中国,裙子的长短变化一样具有波澜起伏的戏剧性。在1966—1976年的"文化大革命"中,中国妇女在服装上与男子已无明显的区别。黄军装当时是中国男女老幼首选的"时装",连漂亮的年轻女孩在冬日里也常常用肥大的男式军装套在以格和小花为主的稍稍有些色彩的棉袄外面,并且无一例外地紧扣着风纪扣。考虑到这样的世所罕见的背景,你再看到在"文化大革命"

结束后仅仅五六年的时间里，中国大城市里的时髦姑娘到20世纪80年代初已经穿上了和西方世界一无二样的超短裙，一无二样地露着以往遮得严实的大腿，怎能不感到心悸和震撼？记性稍稍好些的人也许还记得，随后在1983—1984年开展的"反对精神污染"的运动中，这超短裙连同牛仔裤、"盲公镜"和小胡子，也曾被人一并归入了"清扫"之列。不过，仅仅几年工夫，到了1988年中国的经济如日中天之时，上海、北京、广州和南京的姑娘们不但再度穿上了短了又短的超短裙，而且她们还第一次穿着以往连男人都很少穿着上街的黑背心上了大街。至此，在中国这个素以传统悠久、戒律森严闻名的古国里，女子着装的暴露程度有史以来第一次超过了男子。而到了1994年，在现时早已算不上时尚中心的南京，一家刚刚开业的娱乐中心竟别出心裁地在发行80万份的《扬子晚报》上登出广告：穿超短裙者来中心娱乐不必付费。

尽管预测女裙长短变化的意义比不上预测中国经济的未来走向的意义，但前者的难度却一点也不逊于后者。其实，如果你真能够准确无误而又十分快捷地预测女裙的长短变化的话，那么，你对中国经济和社会文化的发展与走向也不会茫然无知。因为，女裙的长短确实能够称得上是经济与社会文化的风向标。

（原载《金三角》1995年第5期。20世纪90年代，应发小及中学同学、原政论性刊物《金三角》执行主编、现中国最大的民营书商邹进董事长的邀请，为杂志撰写了一系列的随笔，现选一篇，以为纪念）

"社会学想象力"的锻造

对以社会学为志业的人来说，自开始接受专业教育的第一天起，就会被告诫要培养和训练自己的社会学想象力。在社会学家眼中，具备"社会学想象力"比掌握体系庞杂的社会学理论或设计精良的社会学方法更为重要。具体到下面将要述及的我先后承担的两项国家社科基金课题，它们所讨论的最初议题，都不过是一种个体性的焦虑，但一个人如果具备社会学想象力，就能够体会到其背后所潜伏着的社会性困扰。也就是说，这两项课题所分别讨论的中国农民的社会心理变迁或中国社会代际关系的变化，实际上都不过是1980年之后发生的迅疾的社会变迁的一种投射。

先来看第一项研究课题。1994年的一个春天，我从上海返回南京，搭上了一列上海至齐齐哈尔的火车，就座以后发现对面坐着三位来江浙打工的东北民工。其中一对年轻夫妇在温州打工，另外一位约莫50多岁的男子，在苏南打工。他们好像先前并不认识，但上车以后却找到了共同话题："控诉"江浙人。年长一些的男的说，苏南人"抠门儿"，我打工的那家那么有钱，早饭也天天是泡饭加腌黄瓜；年轻一些的男的说，温州人更过分，孩子不过十四五岁就被撵了出去，背个擦皮鞋的箱子满世界自己谋生；年轻男子的妻子说，南方人连孩子吃奶都不舍得，孩子刚刚一岁就断奶了，父母拿着非常硬的"米饭疙瘩"往孩子嘴里塞，哪里像我们北方人，四五岁的孩子还有吃奶的呢！

我边听三人的对话，边坐在对面控制不住笑起来。这一笑不打紧，引起了那位50多岁的民工反问："你笑什么？不同意我们的讲法？一看你就是南方人！"我笑道："请问你们哪里人？"三人回："哪里人？东北人，辽宁铁岭人！"（嚯，赵本山小品中的"大城市"！）我再笑道："哦，三位南方人！"三人再回："南方人？你哪里人？"我就差拍胸脯了："哪里人？我黑龙江尚志人呀！"（心想，比你们仨要更北了吧！）一句话，差点把人噎过去（笑）。

因为学社会学的缘故，多少年来我都习惯与不同阶层的人"搭讪"。和这三位民工的搭话引起了我的兴趣。他们提出的江浙人又能干、又"抠门儿"的话题，更让我产生了通过调查去了解中国农民尤其是处在改革开放前列的沿海农民精神世界嬗变的冲动。从东北农民对江浙农民的"抱怨"中能够看出，因为文化传统和经济社会发展状况不同，北方农民和江浙地区的农民在价值观和生活方式上有着相当大的差异。这一差异使我产生了探究江浙农民的社会心理及其嬗变的想法。在接下来的几年里，我以江苏昆山周庄镇和浙江乐清虹桥镇及由虹桥镇流动农民组成的北京

"浙江村"为研究对象，探究江浙农民的社会心理及其近代以来的嬗变，并申请到国家社科基金的支持。通过田野调查和历史比较，我收集了大量的资料，也使我发现，就价值观和社会行为而言，不仅江浙农民与北方农民大相径庭，即使江浙农民之间也不尽相同。

具体说来，在近代以来尤其是最近30年来的现代化的进程中，一方面，周庄和虹桥两地农民都表现出了人格和社会心理现代性的一面，他们或在当地办企业，或在外经商，成为时代的"弄潮儿"；另一方面，由于地域、土地资源、经济发展模式等的不同，两地农民人格和社会心理现代性的层面也不一样。比如，在乡镇工业中锻造出来的周庄农民，行为更为有序，纪律感和时间观念强，具有男女平等的意识；而经受了流动和创业考验的虹桥农民，则更富有创造性，更有流动和风险意识。

再来看第二项研究课题。最早在1985年，还是在南开大学读硕士的时候，刚刚退下来的父亲从离休所发的服装费中给了我这个"穷学生"200元人民币，让我买些自己用的衣物。不过，有40年军龄的父亲专门叮嘱，"不准买西装"，因为在他们那一代人的头脑中，西装是资产阶级生活方式的代名词。三年以后，我在父母家过春节，一大早父亲就将我叫起来，拿出一套西装，让我教他如何打领带。这让我非常惊讶，同时也意识到因为改革开放，在价值观和行为方式上，年轻一代开始影响到年长一代。为此，我撰写了一篇题为《试论中国青年文化的反哺意义》的论文，在文中提出了后来流传甚广，甚至成为2010年浙江省高考作文试题的那个概念——"文化反哺"。此后，因为忙于其他研究，我一直未再论及这一主题，一直到10年后发生的另一件事情。

1998年前后，正是学校里盛行"换笔"的年代，教师们都尝试着用电子计算机写作、上网和发邮件。记得是春节后集体改研究生考卷的时候，中文系的周宪教授在和同事讨论计算机的使用问题时，为了反驳同事使用了"杀手锏"："不对不对，你说得不对，我儿子说……"几乎在他的话音刚落的瞬间，我头脑中蛰伏了10年的灵感或者说"社会学想象力"又一次复苏了。换句话说，我倏地意识到了这句话中蕴含的"革命性"意义。可以毫不夸张地认为，周宪教授的论证方式不但证明了新的文化传承方式的出现，甚至还预示了一个全新社会的到来。任何一个认真观察社会并稍稍有些敏感的人都会发现，在网络社会和数字化时代，在电子计算机面前，父母心甘情愿地"拜"子女为师的现象，不过是我们这个急剧变化的世界亲子两代人之间传统的教化者与被教化者关系出现"颠覆"的无数事件中的一件特例罢了。

感谢国家社科基金的再一次支持，在2002年以后的几年里，我先后在北京、上海、南京、重庆和广州采取焦点组（focus group）访谈的方式，围绕文化反哺的主题采访了77户人家。在根据访谈资料写成的著作《文化反哺：变迁社会中的代际革命》中，分别讨论了中国社会代际关系自近代以来的嬗变，改革开放30年来年轻一代在价值观、社会行为模式和器物层面对年长一代的影响，社会变迁、同辈群体和大众媒介赋予年轻一代"反哺"父辈甚至祖辈的能力，以及文化反哺的社会影响等问题。我认为,"文化反哺"是变迁社会的产儿,它所代表的新文化传承模式的出现以及对现有模式的改变,不仅为年长一代顺应社会生活、继续追赶历史潮流提供了可能,同时也增加了年轻一代的历史责任感。

幸运的是,上述两项国家社科基金在结项中都被评为"优秀",获得了广泛的好评。前一项的最终成果《传统与变迁——江浙农民的社会心理及其近代以来的嬗变》被列入"哈佛燕京学术丛书",1998年由生活·读书·新知三联书店出版;后一项的最终成果《文化反哺:变迁社会中的代际革命》还在修改过程中,但已经列入商务印书馆的出版计划[1]。与两项课题相关的诸多阶段性成果则分别发表在《中国社会科学》(中英文版)和《社会学研究》等杂志上,也有一些获得了不同的奖项。从这些年来的研究中,我深深地体会到,依照自己的研究兴趣申请国家社会科学基金课题,关注我们这个时代急速的社会变迁,确实是锻造我们的社会学想象力的绝佳路径。

(原载《光明日报》[理论版]2011年7月13日,原题为
《锻造"社会学想象力"》,发表时有删节)

---

[1] 这部50万字的著作2012年入选"国家哲学社会科学成果文库",并顺利出版(周晓虹:《文化反哺:变迁社会中的代际革命》,北京:商务印书馆2015年版);2018年入选"中华学术外译项目",由英国罗特里奇出版公司分上下两卷出版(Zhou Xiaohong, *Culture Reverse [I]: The Past and Present of Intergenerational Revolution*; *Culture Reverse [II]: The Multidimensional Motivation and Social Impact of Intergenerational Revolution*, London: Routledge, 2020)。

上海社会学：进步与未来的可能方向

"沪外著名学者评议上海学术"年度学术论坛，是一个很有意义的学术创新活动，起码现在我们还没有看到其他地方有类似的举措，这说明上海学术界有雅量，他们不怕听到沪外学者的批评；也说明上海学术界有眼光，他们意识到这种批评是学术进步的动力。当然，在这里我首先要感谢邓正来教授的邀请，也要感谢致力于上海学术发展的同仁们。在这些年里，我们可喜地看到在上海诸多学者的努力下，上海的学术取得了长足的发展。因为我研究的领域是社会学，在这里谈论的主题自然是上海社会学的进步与未来可能的发展方向。具体来说，包括三个方面：其一，我们有没有必要提"上海社会学"；其二，上海社会学的进步以及相应的局限；其三，上海社会学未来有哪些可能的发展方向。

一、何谓"上海社会学"?

"上海社会学",我们有必要这样提吗?换句话来说,我们讲"上海社会学"这个概念,有什么样的学理基础?

我所说的"上海社会学",无非指两个方面:其一,中外学者对上海社会所做的研究;其二,上海的社会学家所从事的社会学研究。上海自近代以来在中国社会的现代化进程中的地位举足轻重,如果真像白先勇所说,1949年后的上海从一个风华绝代的少妇变成了半老徐娘,那么1978年后的上海正在经历"今年20,明年18"的青春化过程。这30年来,伴随着上海经济社会的发展,上海的社会结构发生了明显的变化,中产阶级或白领阶层在快速成长;上海的经济活力在增长,这为上海人和其他各地的涌入者提供了越来越多的生活机遇;上海的社区建设首屈一指,不仅政府的管理有水平,市民社会也开始了相对自由和成熟的生长;上海人的意识超前,他们的社会心理成熟,价值观和社会行为体现出了越来越鲜明的理性化特征。当然,作为现代性的另一部分,如同其他国际性大都市一样,上海也出现了许多都市病、社会问题。比如,流动人口大规模的增加带来了就业生存压力的加剧、流动人口犯罪增多;人文精神的失落也侵蚀着人际关系、导致了人际信任的危机;城市规划失调则引起了空间压抑、交通堵塞以及水资源匮乏和环境污染等。[1]都市文明的生长与社会问题的滋生

---

1 邓伟志:《当代"城市病"》,北京:中国青年出版社2003年版。

相并行的这种现代性，自然会引起人们尤其是社会学家的深刻思索。我听过很多国外学者包括社会学家说，他们一到上海就很兴奋[1]，我想上海吸引他们的也正是这种"现代性"，这就像20世纪初的巴黎和柏林对涂尔干和韦伯具有巨大的吸引力一样。从这个角度来讲，上海有自己的特点，所以上海的学者凭借对上海的研究，完全可以在中国社会学界自立门户。

上海社会学家做的研究跟别的地方做的研究有什么不同呢？总体来说，2000年之后，上海社会学界的同仁做了大量的研究，社会学也呈现出一种整体上的繁荣景象。学术基础是上海社会学繁荣的第一个原因，众所周知，上海自社会学重建以来一直是中国社会学的重镇之一，现在的李友梅教授、张乐天教授、邓伟志教授、陈映芳教授、仇立平教授和徐安琪教授都是中国社会学界非常活跃的力量。杂志可能是推动学术繁荣的第二个原因，因为社会学在中国发展较晚，受制于现今的出版制度，迄今为止中国社会学严格意义上的杂志只有两本：一本是中国社会科学院社会学研究所出版的《社会学研究》，另一本是上海大学社会学系出版的《社会》。《社会》的改版，从一本大众读物发展成一本专业学术刊物，时间就在2005年，所以这在上海社会学的近年发展中确实是一个很重要的因素。第三个推动因素大概与社会学家的

---

[1] 比如，非常喜欢上海的美国社会学家、耶鲁大学教授戴慧思（Deborah Davis）就不止一次地对我说起这种兴奋。在上海，她做学术讲演、为自己的研究访谈居民，也逛各式各样的大小商店，甚至为当时上映的一部中国的"反腐"电影所激动。或许，在上海她找到了离耶鲁所在的纽黑文110千米的另一所繁华都市纽约同样的现代感觉。

迁移有关。2000年以后，繁荣的上海吸引了中国各地的很多社会学家，就我所知，邓正来教授是这段时间从北京来到上海的，在其前后落户上海的社会学家还有周怡教授、刘欣教授、张文宏教授、文军教授等。上海为什么会吸引这么多学者呢？还是那句话，这是由社会学的学科性质决定的。社会学的一个很重要的特点就是其本身就是现代性的产儿。[1]而上海这个城市在这个意义上跟社会学是同调的，它也是现代性的产儿。因为我们大家知道近代开埠以来才有上海，1843年上海开埠时还是一个不起眼的小渔村，1949年上海已成为中国最大的现代化都市，而今天的上海俨然已经成为一个国际化的大都市，所以社会学跟上海的命运在某种程度上是有同质性的，这个同质性就决定了对上海的观察有两个方面：一是我们对上海的观察本身可以作为中国社会转型的一个前兆或者风向标，上海新出现的结构或者行为方面的变迁，今后可能会在中国其他的地方接二连三地出现；二是由于生活在上海这样现代性的都市里面，可以更加深刻地感悟现代性的出现、社会变迁的断裂。如此，上海对社会学的意义确实很大！上海的学者在这样变迁的维度上，用这样的眼光来观察整个中国社会的变迁，也会有非凡的意义。

从这两点来讲，上海社会学是有意义的。你要说南京有没有意义？从独特性上说，南京可能没有。因为像南京一样的地方有

---

[1] 参见Giddens, Anthony, *Sociology*, New York: Norton, 1988, p. 1；杰弗里·亚历山大：《社会学二十讲：二战以来的理论发展》，贾春增、董天民等译，北京：华夏出版社2000年版，第280页。

很多，包括杭州、广州、武汉、天津、西安，不胜枚举，但是上海是唯一的，甚至在某种程度上比北京还要特殊，就是在上海我们能够更好地感受现代性的到来。

二、上海社会学的进步与局限

从社会学在中国的发展历程上来看：社会学最初在中国扎根发展，主要是在三个地方：北京、上海、南京。[1] 南京成为社会学发展的一个中心城市显然与国民政府定都南京有关，而上海则与上述现代性的发展有关。另外，南京和上海在地缘上的便利性，造成了两地社会学在某种程度的连续性，因为在当时这两地的人相互之间互动比较密切，很多人在南京做官，到了周末就跑到上海来。实际上执掌南京大学之前身中央大学社会学系多年的孙本文先生，就是在1926年以后自大夏大学到复旦大学，1928年再由复旦大学来到地处南京的中央大学社会学系的。加之江浙一带自古就是文人荟萃之地，老一辈社会学家也有很多都是在江浙一带长大的。比如，孙本文先生、费孝通先生都生长于江苏吴江，陈达先生在浙江余杭，潘光旦先生在江苏宝山（今上海宝山区），此外还有吴文藻先生、吴泽霖先生、严景耀先生等也都是江浙一带人。

当年，上述社会学家都受过很好的私塾教育，然后又接受现代文明的洗礼，大多是在上海的辐射之下。而上海大学还有一个

---

[1] 郑杭生、李迎生:《中国社会学史新编》，北京：高等教育出版社1999年版，第66—67页。

特点，她的前身，原上海大学[1]，即是在中国共产党的背景下发展的，而上海大学社会学系的首任系主任就是中共党员瞿秋白，当时的社会学宣传的也主要是唯物主义或马克思主义。改革开放以后，社会学教育的恢复与重建主要在四个城市：北京、上海、天津、武汉。在这个过程中，头筹被上海大学给拔走了。上海大学当时作为复旦大学的分校，可能因为它是分校，也就比较灵活，就把当年政治学三年级的学生改成了社会学的学生，于是这样就产生了中国改革开放以后第一批社会学的本科毕业生。[2]加之上海大学老校长钱伟长先生与费孝通先生的独特友谊，这些因素使得上海大学这样一个地方性高校，却在中国社会学的重建中起了重要作用。

从此之后，上海的社会学发展大致经历了三个阶段：第一个阶段就是改革开放的前十年，上海的社会学应该是比较热闹的；第二个阶段是90年代以后的上海社会学，其在全国的位置略有下降；第三个阶段，即2000年之后它的位置又在上升。2000年后上海社会学地位上升的原因是多重的：首先，这与上海本身的国际化大都市地位重新奠定有关，而我们讲这些年上海在全世界的影

---

[1] 在这里，原上海大学指1922年成立的上海大学，这是中国共产党主导创办并实际领导的第一所正规大学，1927年被国民党解散。1983年5月，经教育部批准，上海市人民政府决定复办上海大学，将复旦大学分校、上海外国语学院分校、华东师范大学仪表电子分校、上海科学技术大学分校、上海机械学院轻工分校、上海市美术学校等六所学校合并；1994年5月，再度由上海工业大学（成立于1960年）、上海科学技术大学（成立于1958年）、上海大学（成立于1983年）和上海科技高等专科学校（成立于1959年）合并组建新的上海大学。

[2] 郑杭生、李迎生：《中国社会学史新编》，第189页。

响那么大,那么多人对上海感兴趣,其实对这种地位的恢复是有关系的。在这种地位的恢复过程中,就使得上海的变迁为社会学家提供了很多舞台和窗口。其次,这与我们上面所说的近年来大批优秀的社会学家集聚于上海有关,这些学者加上原先的上海本地的学者,对上海社会学提升也是有很大帮助的。所以上海社会学在社会学研究方面,因为上海的独特性,产生了很多的研究,包括移民和城市社会学的研究[1]、社会流动与分层研究[2]、区域与文化研究[3]、社区研究[4],以及组织创新研究[5]、婚姻家庭研究[6],等等。

---

[1] 参见刘玉照:《"移民化"及其反动——在上海的农民工与台商"反移民化"倾向的比较分析》,《探索与争鸣》2005年第7期;张文宏、雷开春:《城市新移民社会融合的结构、现状与影响因素分析》,《社会学研究》2008年第5期;张文宏、雷开春:《城市新移民社会认同的结构模型》,《社会学研究》2009年第4期;陈映芳:《行动力与制度限制:都市运动中的中产阶层》,《社会学研究》2006年第4期;陈映芳:《城市开发的正当性危机与合理性空间》,《社会学研究》2008年第3期;陈映芳:《行动者的道德资源动员与中国社会兴起的逻辑》,《社会学研究》2010年第4期。

[2] 参见刘欣:《中国城市的阶层结构与中产阶级的定位》,《社会学研究》2007年第6期;李友梅:《社会结构中的"白领"及其社会功能》,《社会学研究》2005年第6期。

[3] 参见周怡:《文化社会学的转向:分层世界的另一种语境》,《社会学研究》2003年第4期;沈关宝:《历史·现实·模式:以上海社区文化为例的实证研究》,上海:上海人民出版社2007年版。

[4] 参见范明林、程金:《城市社区建设中政府与非政府组织互动关系的建立和演变》,《社会》2005年第5期;李友梅:《社区治理:公民社会的微观基础》,《社会》2007年第2期;桂勇:《邻里空间:城市基层的行动、组织与互动》,上海:上海书店出版社2008年版。

[5] 参见李友梅:《组织社会学与决策分析》,上海:上海大学出版社2001年版;刘玉照、应可为:《社会学中的组织研究——在研习和交流中走向规范》,《社会》2007年第2期。

[6] 参见邓伟志、徐榕:《家庭社会学》,北京:中国社会科学出版社2001年版;李煜、徐安琪:《婚姻市场中的青年择偶》,上海:上海社会科学院出版社2004年版;徐安琪:《夫妻权力和妇女家庭地位的评价指标:反思与检讨》,《社会学研究》2005年第4期。

即使在中国农民和农村研究方面,上海也有着很好的传统,其中曹锦清教授的《黄河边的中国》、周怡教授的《中国第一村:华西村转型经济中的后集体主义》和张乐天教授的《告别理想:人民公社制度研究》[1]都是公认的佳作。以上述这些学者为主构成的几所大学和研究机构,在国内社会学界也都是很有影响力的。

当然,上海社会学的发展不是没有局限性的。这种局限可以从两个方面来论述:其一,总体来讲,上海社会学现在国内的排名与上海的地位是不相称的。据2008年国家教育部第三次学科发展评估数据显示,在中国社会学学科排名中,位列第一的是中国人民大学,第二是北京大学,第三是南开大学、南京大学、中山大学(三家并列),第六是清华大学,第七才是复旦大学。在这里,虽然有些因素可能是偶然的,比如这次评估上海大学不知为何没有参加,但上海的社会学单个机构实力偏弱可能却是不争的事实(比如,在学科排名前十名的机构中,北京有三家,上海却只有一家,且还排在第七名)。其二,上海的学者对全国性问题的考虑跟北京相比是有弱点的,这点造成了上海社会学家的"老二"心态。也就是说面对北京的社会学家们"纵论天下"之时,他们往往只敢谈论上海,至多只敢谈论长三角或沿海地区,侧重研究那些与上海有关或和上海相似地区的问题。如此,在涉及中国社会转型与进步的大问题上,我们很难听到上海的社会学家发

---

[1] 参见曹锦清:《黄河边的中国》,上海:上海文艺出版社2003年版;周怡:《中国第一村:华西村转型经济背后的后集体主义》,香港:牛津大学出版社2006年版;张乐天:《告别理想:人民公社制度研究》,上海:东方出版中心1998年版。

声,更不用说与北京的社会学家"较劲",这削弱了上海社会学的影响力。

三、上海社会学未来发展的可能方向

上海是中国最大的现代化都市。借助这一优势,上海社会学未来取得最好的研究效果大概可能在城市化和移民化研究、社区研究、文化社会学、社会分层尤其是中产阶级研究这些方面。

第一个研究领域在城市化方面。上海本身从近代以来就是一个移民城市:据2000年人口普查数据显示,上海市流动人口总数达387.11万;2005年,在沪工作学习的常住外国人100 011人,实际就业的就有45 715人。[1] 现在光从人才走向来说,上海也成为一个人才聚集的高地。截止到2007年,上海引进的高层次人才达10 324名。[2] 包括社会学家在内的诸多社会科学家移居上海,充分说明了城市化和移民的力量,说明了上海的吸引力之大,而其他地方在城市化和移民化的研究是不具备这样的条件的。

第二个研究领域是上海的社区建设。自1949年一直到不久前为止,社区建设实际上就是国家政权建设的一个部分,而上海就是中国社区建设最早的一批城市之一。从时序上考察,"上海模式"是中国社区建设在各地最早出现的具有典型意义的社区建设

---

[1] 朱国栋、刘红、陈志强:《上海移民》,上海:上海财经大学出版社2008年版,第14—15页。

[2] 同上,第124页。

模式之一，而中国社区建设的实践一再表明，"上海模式"一直走在整个中国社区建设的前端，并产生着显著影响，起着示范作用。[1] 在中国社会学中，可以说有两个是最有特色的，一个是单位的研究，另外一个就是社区街道的研究，而最有特色的社区研究应该到上海来看。

第三个可能应该或者已经有的领域，目前相对来说还比较薄弱，就是文化社会学的研究。上海近代以来一直都是中国的时尚流行的集散地，在这个方面如果能加强研究的话，上海对中国社会的影响可能会在文化和时尚方面，包括未来在中国社会的宏大变迁中产生这样的影响。我想，几年前周怡教授的加盟会促进这一过程的加速。

第四个领域，涉及阶层尤其是中产阶级的问题，这方面的研究现在上海也有很多学者（如仇立平教授、刘欣教授等）[2] 在做，而且上海的学者在这方面得天独厚，甚至海外的学者都跑到上海来研究中国的中产阶级。在他们看来，谈论中产阶级不去上海，就如同谈论农民不去中国一样。所以，在我看来，上述这四个方面应该是未来上海社会学可能的发展方向。

大家都知道，整个社会科学事实上就是西方社会这200年来变迁的产物。而现在很重要的一点，中国社会现在面临着一个大

---

[1] 王青山、刘继同编著：《中国社区建设模式研究》，北京：中国社会科学出版社2003年版，第127页。

[2] 参见仇立平：《回到马克思：对中国社会分层研究的反思》，《社会》2006年第4期；刘欣：《当前中国社会阶层分化的制度基础》，《社会学研究》2005年第5期。

的变迁，甚至变迁的速率更快，所牵扯的人口更多，但是中国社会科学家现在面临着一个很重要的挑战，我们在这场大变迁结束之后，是否能为整个世界的社会科学做出自己应有的贡献？无论是普适性的还是特殊性的，如果没有做出这种贡献的话，那么这场变迁对于中国人的意义就仅仅是物质财富的积累，就不会有精神方面的积累。如此，我希望上海的社会学家能够在这方面真正和北京学者一起唱一出"双城记"，并且引领中国的学术向未来发展。

（本文为应时任复旦大学社会科学高等研究院院长、已故政治学家邓正来［1956—2013］教授之邀，2011年3月9日在"沪外著名学者评议上海学术"年度学术论坛上的讲演，借此机会再次感念邓正来教授）

"脱单"，或融入社会

这不仅仅只是巧合，我们确实在等着11月11日"Singles' Day"这天到来的时候"脱单"，推出学院共有的微信平台；这也不单单是作秀，对以社会科学为志业的我们来说，"脱单"不是一场个人的"狂欢"，而是一幕齐整的"成年礼"：自此原先由学院的师生们创建的大大小小的微信公共号，脱离了独处的孤单，在保持个体的自由和原有的面貌的同时，凭借着相互间的理解和认同，作为崭新的学术共同体，开始融入更为广阔的社会。

在这里，我们最为熟悉的字眼——"社会"——有着无限可能的含义：从小了说，它代表我们栖身其间的学院，这个包括了社会学、心理学、人类学和社会工作各系科的学院活跃着数十位学富五车的教师和数百位才华横溢的学生，对他们来说"社会"就是自己的人生驿站；往大了说，它代表我们生活其中的世界，这个由形形色色的人群组成的被称之为"社会"的共同体，赋予我们信仰和力量、知识和财富、友谊与爱，一句话，赋予我们基本的人类标识。

感谢我们这个伟大的时代，37年来的改革开放在改变我们这个古老的民族一穷二白的经济面貌的同时，也改变了我们的处世和交往方式，并将进一步改变我们的精神气质。单以这37年来的传播与沟通技术而言，电子媒介尤其是20世纪90年代后日渐普及开来的网络信息技术，将原本"独处"的中国纳入到与世界互动的网络之中。而2011年横空出世的"微信"或"WeChat"应用程序，更是以一种前所未有的力量，席卷中国，席卷亚洲，甚至席卷全球。至今微信的活跃用户量已经突破6.5亿，用户覆盖200多个国家和地区，超过20种语言，覆盖了中国90%以上的智能手机，成为中国电子革命最为成功的代表。

微信的成功不仅改变了我们的生活方式，也改变了我们奉为志业的学术活动的方式。2012年秋天，当我们从狭小的鼓楼校区和更为狭小的社会学院，进驻万余平方米的河仁楼，驻足3000亩空寂的仙林校区之时，体验过放飞心情的解放感之后，涌上心头的是独上高楼的孤寂和无人"Chat"的惆怅。甚至连原先逸夫管理科学楼里场场爆满的孙本文论坛或潘菽论坛的学术讲演，也瞬间变为饱读诗书者们的自弹自唱。

感谢腾讯，同样感谢微信，它让我们重拾学术传播的信心，也使我们的每场学术讲演通过微信的传播再度引得人声鼎沸、阅听者爆棚。没有微信，你不会想到每每论题偏窄的"博士餐叙"会将合美堂挤得水泄不通；没有微信，你更不会想到连分析"美洲小龙虾的社会历史"的人类学讲演,也会使"龙虾之都"盱眙的政府官员当即驱车数百里,来到我们的社会学院拜会讲演人。这一切真的使我们对社会心理学家米尔格拉姆的"六度分割"理论深信不疑:或许我们的学术推文和讲演广告经过6个人以上的接续推送,真的能够使世界上的每一个人聆听到我们的喧哗众声?

正是微信的成功,引发了社会学院师生们的学术传播兴趣,自"社会学吧"[1]起,群学书院、孙本文—潘菽论坛、合美博士餐叙、定量群学、社论、sociology前沿论文大推送、社工前沿论文大推送、南大社院学工处、南大社院研会、南大社调……一个个微信平台蜂拥而出,一时间英才辈出、群雄逐鹿。这小小的社会学院激发出了大大的学术能量,也使我们的声音变得洪亮而悠远。

正是基于这一切,使我们有了创建这个以"南京大学社会学院"为名的官方微信公众号的设想。所谓"官方",无非是它比较正式,也包括了(但绝不限于)学院的一些公务内容。因此,英文"official"所具有的广泛含义可能更为合适。不过,我们无意用这一微信公众号替代先前的那些传播半径广远不等的微信公众号或微信平台,我们只是想在传播学院的公务信息的同时,为所有师生们创建的微信平台添加一节推进器,以"脱单"的手法

---

[1] "社会学吧"由我曾经指导的研究生李斌先生创办,2012—2017年由李斌与南京大学社会学院共同打理。

加强彼此间的联系,由此助力我南京大学社会学院,助力我民族之学术精进!

(本文为2015年11月11日为南京大学社会学院微信公众号撰写的"卷首语")

中国体验：大变迁时代的精神感悟

中国社会的改革开放是20世纪最伟大的社会变迁，迄今已经整整40年。在这40年中，伴随着党的工作重心向建设社会主义现代化的全面转移，不仅中国经济迅猛发展，创造了令人瞩目的GDP增长奇迹，成为世界上仅次于美国的经济大国；而且中国原有的社会结构同样也发生了巨大的转型，一个拥有数亿人口的中产阶级的成长成为令人瞩目的世界级事件。对于同改革开放一起成长的中国社会学及其研究者来说，其所关注的社会转型的意义之大和影响之深，不仅表现在它浓缩了人类社会变迁的诸多历史进程，带有孙立平所说的文明转折的意蕴；而且在于生活在转型时期的这一代或数代中国人，在自己短短的生命周期中几乎以一种精神"填鸭"的方式，经历了和浓缩了原本需要几个世纪的嬗变，这对13亿人的精神或心理重塑称得上是旷古未有。这一切决定了以"中国体验"为学术观照，成了整个中国社会科学尤其是中国社会心理学无法回避的历史使命。

就像社会学乃至整个社会科学如英国人吉登斯所言本身就是现代性的结果,是17世纪开始的那场席卷整个欧美社会的大变迁的产儿,中国社会近40年来朝向现代的急速变迁一样促成了中国社会科学的真正进步。中国社会学界乃至整个知识界近来也越来越清晰地意识到,我们应该也有可能将改革开放数十年来中国社会发生的巨大变化转化为学术,这不但可以避免黄万盛所说的"学术损失",而且可以避免中国的变迁沦为单纯的GDP的增长与财富的堆积。为此,从中国模式、中国道路、中国奇迹……一直到最近几年学术界愈加频繁使用的"中国经验",都力图从这40年的巨大变迁中总结出与中国社会的独特发展道路相关的价值与意义,并由此呈现出与西方世界尤其是流行的"现代化图式"不同的一整套发展模式。尽管这一模式的独特性受到了来自包括中国学术界在内的质疑与批评,但也因其所取得的巨大成就为背书,而获得了广泛的使用。

正是在这样的背景下,在改革开放30年的时候,我们也顺势提出,在将中国社会的变革转化为学术资源的路径上,无论存在怎样的问题,中国经验的提出及其相应的研究,确实做出了积极的探索,也为进一步的发展打下了基础。但是,总结"中国经验"只是这种"转换"的可能路径之一,"转换"的另一路径是关照"中国体验"——在这个翻天覆地的时代13亿中国人民的精神世界所经历的巨大震荡,他们在价值观、生活态度和社会行为模式方面的变化。我们提出,将中国经验和中国体验视为理解中国社会变迁或转型的双重视角，单单研究或重视宏观的中国经验是不完整的，中国体验起码在精神层面赋予了中国经验以完整的价值和意义。

讨论"中国体验"，首先涉及唯名论和社会唯实论的争辩，即究竟承认还是不承认诸如阶级、民族、国民这样的人群共同体存在某种集体的或共同的社会心理或社会心态。唯名论者认为，只有个体是现实的，而社会只是一个虚幻的存在物，是标示这个虚幻存在物的一个名称，因此群体心理不过是人们通过想象建构起来的一种"群体谬误"；而唯实论者则认为社会固然是由个体组成的，但一旦个人组成了社会，社会就有了独立存在的特性，或者说成了一个实体的存在，具备了组成它的单个个人所不具备的"突生性质"。正因此，社会唯实论者认为，除个体意识之外，还存在着表征群体心理性质的某种东西，并且个体意识在某种程度上是由这种东西来决定的。为了探索群体心理，黑格尔使用过"民族精神"，涂尔干使用过"集体表象"，韦伯使用过"资本主义精神"，托克维尔使用过"群体习俗"……马克思和恩格斯也同样论述过那种"使广大群众、使整个整个的民族，以及在每一民族中间又使整个整个阶级行动起来的动机"。

回顾社会心理学的历史，可以发现起码有这样两项研究揭示了群体心理因社会生活的变迁而发生嬗变的现实性。第一项研究是德国社会学家马克斯·韦伯20世纪初写成的《新教伦理与资本主义精神》。显然，在韦伯那里，资本主义精神是一种精神动力，或者说是一种在宗教改革之后在欧美世界普遍出现的社会心态，它为近代资本主义的出现或者说为欧美社会的转型铺平了道路。具体说来,在新教改革之后,引发了传统主义的坍塌,在人们宗教信仰改变的同时,他们的价值观和社会心理也发生了朝向现代的改变,其中包括:(1)职业观念的改变,即从原先的天意观转变为天职(calling)观,这使世俗行为具备了宗教意义,拼命挣钱也有了某种神圣性;(2)金钱观念的改变,即勤奋挣钱的个人同时又必须具备禁欲的能力,将节省下来的金钱作为新的资本进行投资,只有意识到金钱的孳生性,才真正具备了现代资本主义的金钱观念;(3)时间观念的改变,既然我们的世俗生活能够增添上帝的光耀,那么每一刻就都没有懈怠的理由,这种时间观不仅促进了时间度量的精确化(包括机械钟表的发明),而且后来也成为整个资本主义管理体系中最重要的一个维度。

第二项研究是美国社会学家阿列克斯·英格尔斯和戴维·史密斯20世纪70年代完成的《从传统人到现代人——六个发展中国家中的个人变化》。这项始于1962—1964年的研究,其对象是阿根廷、智利、印度、以色列、尼日利亚和孟加拉6个国家的6000名农民、产业工人,以及在城镇从事比较传统的职业的人。两位社会学家想通过这项大规模的经验研究说明,人并不是生来就具有现代性的,促成人们向现代成功转向的是他们后天的特殊经历。为此,他们围绕工厂制度、大众传播媒介、城市生活和现代教育对人的现代性生成的影响进行研究,用两位社会学家的话说:"我们首先强调工厂是培养现代性的学校……城市生活以及同大众传播媒介的接触会产生可以同工厂相提并论的影响。在强调这种经历形式更代表现代世界的特征的同时，我们没有忽视教育，更早的研究表明教育是个人现代性的一个有力的预报器。"

作为社会唯实论者，我们同上述学者一样，承认包括阶级、民族和国民心理在内的群体心理存在及其嬗变的现实性，由此承认"中国体验"是40年来中国社会巨大变迁的必然反映。我们将中国体验视为一种生发于特殊历史时代的"国民性"，它反映了改革开放时代中国人整体上具有的社会心态、精神感受与情绪氛围，是一种与时代走向密切相连的时代精神。当然，同英格尔斯等社会心理学家一样，我们一方面承认"中国体验"是中国国民的一种整体社会心理，但另一方面也意识到由于阶级阶层地位不同、生活的城乡环境不同、接受的文化教育不同、从事的职业类型不同，中国体验并不是一种单一的精神状态，它本身也是多元复杂的。所以，从一开始我们讨论中国体验所具有的积极进取的主导层面的时候，也没有忽视中国体验同样具有消极甚至忧伤的纬度。比如，毋庸讳言，由巨大的贫富差异带来的心理刺激或精神感受也是一种中国体验。

讨论"中国体验"，其次涉及中国人的精神嬗变所具有的鲜明特质究竟是什么？我们在不同的地方论证，正是中国社会目前所经历的这场转型同先前的时代相比、同西方发达国家相比，具有转型速度快、转型动力强劲、转型持续时间长、涉及的人口规模大、原有历史传统深厚、现有体制具有刚性、国家及政府权力的制约度低等特点，都决定了中国人民在价值观和社会心态上的感受和转变具备了鲜明的独特性,其基本标志是社会心理或精神世界的二元性更为突出,或者说它的两极化特征更为鲜明。并且,我们欲图证实,中国体验或中国人社会心态嬗变的两重性或边际性,本身就是转型的一种精神景观。

在中国体验的本质特征的讨论中,我们采取了源自齐美尔的"陌生人"、后经帕克改造而来的"边际人"一词,这是置身于"传统—现代"连续统上的人格特征。具体说来,"中国体验"或中国人精神世界嬗变的二元性或两极化特征有如下表现:(1)传统与现代的颉颃,这种精神上的传统与现代的重叠或颉颃,既为社会和个人生活的变革提供了可能,也同时使得生活于其间的个人或社会群体"无所适从"或"朝秦暮楚",以至于如金耀基教授所言,"整个社会表现出来的现象是,每种人都多多少少有'不守其分'或'不安其位'的行为,每种组织都多多少少有越界逾限的作风"。(2)理想与现实的落差,一方面,理想所以还会激励着每一个中国人,是因为中国社会在不断地进步,尤其是改革开放40年来的进步,让人们感受到了希望;但是,现实又常常令人不满。(3)城市与乡村的对峙,由此形成了两种不同的人格模式:都市人格是与工业化和城市化相一致的价值观和行为模式,具体表现为精明、开放、享乐,自我取向,行为方式上的异质性、积极进取、业缘本位;乡村人格则是与传统的小农生产方式和生活方式相吻合的价值观和行为模式,具体表现为敦厚、耐劳、封闭,他人取向,行为方式上的同质性、消极自保、血缘与地缘本位。(4)积极与消极的共存,变迁的迅疾,既可能造就中国人积极能动的社会心态,当然也会孕育焦虑、浮躁、物欲、炫富甚至暴戾。记得费孝通先生生前曾以传统中国社会为蓝本,设想在今日中国建立一个人人都能"安其所,遂其生"的美好社会,但现在看来,只要我们的社会未能从转型中相对固定下来,我们的"中国体验"不能去除这二元性或两极化特征——换句话说,中国人不能从精神上解决"漂"的问题——这一理想的实现就依然待以时日。

讨论"中国体验",最后涉及这一研究的独特意义和普适价值。所谓中国体验的独特意义,指的是在这场规模浩大的社会变迁或转型过程中,中国人精神世界的嬗变是否有自己不同于其他国家尤其是西方发达国家人民曾经经历过的精神嬗变的内在特点与嬗变逻辑?如果中国人精神世界的嬗变,不过是西方国家在现代化进程中曾经经历过的心理嬗变的一种重演或复现,那么这种嬗变就没有自己的独特意义,所谓"中国体验"自然也就成了一种伪命题。而所谓中国体验的普适价值,指的则是中国人精神世界的嬗变是否具有普遍性的一面,对其他国家尤其是那些与中国相似的发展中国家的人民是否具有借鉴意义?如果中国人精神世界的嬗变只是一种个案,那么这种嬗变就没有自己的普适价值,中国体验自然也就成了一种无法与"人类普遍性的行为律则相衔接"的"例外"或特殊的"他者",要想建立林南设想的"有可能超越社会界限去解释经验现象"的理论图式就成了一种费尽心机的枉然。

检视中国社会这40年来的变化，以及这一变化对中国人精神世界的影响，我们意识到，其独特性是无可怀疑的。诚然，这个世界上不乏人口众多的国家（如印度），也不乏经济与社会结构发生了重大转型的国家（如俄罗斯），同样不乏拥有悠久的历史传统的国家（如印度和埃及），但是既历史悠久，又人口众多，在面对共时态的全球化冲击的同时，也在经受历时态的社会转型，并且取得了举世瞩目的成就的国家，大概只有中国一个。这种多重因素交织在一起的广泛而深入的变迁，不仅对中国人民来说是独特的，是我们先前五千年的历史中不曾有过的，而且对世界各国来说也是独特的，是其他民族或国家未曾经历的。而在这种奇特的变迁背景下，中国人的价值观和社会行为，或者说他们的精神世界所经历的震荡和嬗变，无论在广度还是深度上，自然也会具有自己鲜明的特点。

但是，中国体验具有自己的鲜明特点，并不意味着中国人及其精神世界只是具有特殊意义的"他者"，中国体验一样具有普遍性的一面，或者说具有某种普适价值。我们可以从两个方面来表述这种普适价值：其一，对那些和中国一样具有相似的文化传统和历史遭遇的东方世界的各个民族和国家来说，13亿中国人民所经历的复杂而剧烈的精神世界的嬗变，或许可以为他们未来所经历的嬗变提供一种借鉴或参照；其二，鉴于在人类及人类文化中存在某些普遍性的因素，就像我们已经习惯了用在西方形成的理论图式解释中国或东方的经验现象一样,在中国或东方形成的理论图式,也完全具有解释西方或其他民族或国家的经验现象的可能。事实上,东方和西方也许并没有我们想象的那么多的不同,以往在西方形成的理论图式和未来在东方形成的理论图式的差异,可能只是我们在不同的发展时期触摸到的人类不同的发展侧面而已。

(原载《探索与争鸣》2018年第12期)

阅读的快乐

米德与她的《文化与承诺》

《文化与承诺》是一本小书,但是读后却不能不使人为玛格丽特·米德(Margaret Mead, 1901—1978)这位当代声誉卓著的女性人类学家的语言、思想乃至内在的情感所震慑。年轻的一代和年老的一代在行为方式、生活态度、价值观念方面的差异、对立、冲突被人们称之为"代沟"。近几十年以来,有关"代沟"的讨论销蚀了政治学家、社会学家、心理学家及一般社会科学家大量的笔墨和口舌。1970年,当以1968年的"五月风暴"和1969年的"伍德斯托克事件"为标志的美国60年代青年运动刚刚退潮之际,米德,身为一位即将迈入古稀之年的老人写出了她晚年的压卷之作《文化与承诺》。这卷不足七万字的小册子不仅对代沟问题做了迄今为止最具说服力的阐释,而且本身就是一部气势恢宏的宣言。

玛格丽特·米德,1901年生于美国费城一个世代书香之家。

父亲是经济学教授，母亲是社会学博士、坚定的女权主义者。这一素来真有盛产"活泼但无价值的男人"和"严肃但给人以深刻印象的女人"传统的家庭，自幼就给予了米德日后成为杰出人物所必需的勃然进取的精神。

在米德的孩提时代，家庭的经常搬迁养成了她日后能够迅速适应环境的能力。从具有不同的政治、种族、宗教背景的各个社区的生活中，年幼的米德学到了许多一般孩子学不到的东西。在成年之前，她学过纺织、音乐、雕刻、绘画，甚至学会了一般人视为卑下的木匠活儿。22岁那年，当她从巴纳德学院毕业后成婚时，没有人会想到，房间里设计别致的家具竟出自娇媚的新娘之手。

不过，在这个家庭中对米德的一生影响最大的，却既不是敏捷、幽默但多少有些冷漠的父亲，也不是聪明、漂亮但过于理性的母亲，真正的启蒙之师是她那位早年受过高等教育的外祖母。这位深谙育人之道的老太太独自包揽了外孙女的全部早期教育。虽说当其他同龄的小姑娘已经能够熟练地背诵乘法表时，她才不紧不慢地向外孙女传授算术的技艺，但她一直通过故事、诗歌、游戏及至简单的家务劳动培养了小米德的观察能力。让八岁的米德尝试着有选择地记录两个姐姐的语言习惯，大概是由这位外祖母给予未来的人类学家最早的专门训练。

中学毕业以后，米德先就读于印第安纳州的迪堡大学，随后转往纽约的巴纳德学院。在那里，她获得了英语和哲学的双学士学位。1923年9月，同一位神学院的毕业生卢瑟·克里斯曼结婚以后，米德旋即转入纽约的哥伦比亚大学，攻读心理学硕士学位。当时，社会科学的每一个领域都呈现着诱人的希望之光，因此，选择属于人文科学的心理学专业，使这位一贯有主见的姑娘也颇感踌躇。

1924年，是她一生的转折。一次偶然的机会，使她有幸结识了近代人类学的一代宗师弗朗兹·博厄斯和他的女助手鲁思·本尼迪克特。博厄斯和本尼迪克特的渊博学识和巨大的人格力量，给了米德投身人类学研究的勇气和信心。她迅速完成了心理学专业的硕士学位论文，和比她年长14岁的师姐本尼迪克特一样，成为博厄斯麾下一员骁勇的战将。

20世纪20年代，在人类学的田野研究中还没有留下过女性的足迹。当本尼迪克特深入美洲印第安人的居住地研究民俗和宗教时，米德却不顾博厄斯的劝告，执意孤身奔赴南太平洋上的波利尼西亚群岛，研究更为荒蛮而陌生的萨摩亚人的青春期问题。在1925—1926年的9个月中，她经历了文明社会的女性无法想象的艰辛。从学习萨摩亚人的语言、生活方式，到果敢地摆脱那些注意到"白人女子有一双漂亮丰满的大腿"的土著求爱者，都显示了这位23岁的女性所具有的智慧和胆略。

1928年，米德的第一部力作《萨摩亚人的成年》出版，该书的副标题是"为西方文明所作的原始人类的青年研究"[1]。在这本著作中，她力图说明"人类野蛮而未经教化的原始人类所赖以生存

---

[1] 玛格丽特·米德：《萨摩亚人的成年——为西方文明所作的原始人类的青年研究》，杭州：浙江人民出版社1988年版；台北：桂冠出版公司1990年版；北京：商务印书馆2006年版。

的丰富多彩的文化环境是如何塑造人格的"[1]。简言之，她力图找出决定人格的文化因素。

在米德之前，美国心理学家斯坦利·霍尔根据他对西方社会的青年研究，率先于1904年在两卷本的《青春期》中提出了著名的"青春期危机"的理论。霍尔从"个体发生概括了种系发生"的重演论的角度出发，认为青春期象征着人类的一个动荡的过渡阶段。青春期的出现是一种"新的诞生"，意味着个人心理形态的突变和危机。沿着霍尔的思路，斯普兰格把青春期誉之为"第二次诞生"，而霍林沃思更是形象地喻之为"心理断乳"。但是，种种发轫于心理学的青春期理论都在重复着同一个主题，即遗传决定的生理因素引起了人的心理反应。因此，青春期的特征具有生物学的普遍性。

如果说在萨摩亚的9个月生活使她多少有些担惊受怕的话，那么，现在米德有了足够的勇气向先前的理论挑战。尽管她并不否认生物学因素对青春期的影响，但她指出文化因素对发育有着更为重要的意义。例如，那些身穿草裙的萨摩亚姑娘在青春期并不存在紧张、抗争和过失的阶段。"在萨摩亚，青春期的女孩子和青春前期的妹妹相比，确实有所不同，那就是在年龄较大的姐姐身上发生的某些变化，在年龄较小的妹妹身上尚无出现。但除此以外，处在青春期的人和两年以后才达到青春期或两年以前就

---

[1] Mead, Margaret, *From the South Seas: Studies of Adolescence and Sex in Primitive Societies*, New York: Morrow, 1939, p.vii.

达到青春期的人之间，并没有什么其他差异。"[1]萨摩亚人只有一种简单的生活方式，因此他们不会为前途的选择所困扰，生活的意义是既定的，因此也不会对人生发出痛苦的质疑，甚至在性的方面他们也有着较大的自由，因此同样不会有文明社会的一般年轻人都有的那种骚动和压力。儿童时期他们就被鼓励从事许多涉及"性爱"的游戏，到了青春期，他们对与异性的恋爱，也就丧失了文明人的热情与新奇。

萨摩亚之行是米德整个人生的里程碑。自此之后，从东部的波利尼西亚到西部的新几内亚，太平洋地区形态殊异的原始文化牵动着她此后整整50年的情愫。在她的早年生涯中，1929年对新几内亚三个原始部落的研究，以及在此基础上写成的《三个原始部落的性与气质》(1935)一书，被人们公认为是由人类学家对社会心理学所做的又一次严峻的挑战。

人类学家对文化与人格发展关系的关注，归功于弗洛伊德1913年发表的《图腾与禁忌》。如果说功能主义大师马林诺夫斯基随后于1914年起对特罗布里恩德群岛上土著人性行为的研究，不过是为了给弗洛伊德的性欲学说提供细节上的说明，那么米德的研究却恰恰是以对弗洛伊德理论的否定为标志的。

在弗洛伊德的理论中，男性是人类先天的行为模式，而女性不过是被阉割了的男性。男女两性不同的心理发展过程取决于男

---

[1] Mead, Margaret, *Coming of Age in Samoa, The Classic Study of Primitive Youth*, New York: Dell Publishing Company, Inc., 1961/1928, p. 196.

女两性所具有的不同的生理解剖结构。因此，文明社会的男女不同的人格特征也就同样具有了生物学上的普遍性。当弗洛伊德的学说蜚声于欧美大陆之际，1935年米德首先发难。通过对新几内亚境内三个毗邻而居，但相互间的性别角色规范却迥然相异的部落——阿拉佩什人、蒙杜古马人和德昌布利人的研究，米德以确凿的事实证明"所谓男性和女性的特征并不依赖于生物学的性差异，相反，它是特定社会的文化条件的反映"[1]。

无论是对萨摩亚人的青春期研究，还是对新几内亚三个原始部落的性与气质关系的探查，米德的早期研究都只有一个目的，即揭示文化对人格与行为模式塑造的决定性作用。对于以麦独孤和罗斯的两部同名著作为诞生标志的年轻的社会心理学来说，米德的研究不啻是一次大胆的冲击。在这以前，社会心理学完全是"一种关于十九世纪和二十世纪西方人的心理学"[2]。在这种理论面前，米德充分证实了文化的多样性对人格和心理塑造的决定性作用，从而表明，先前的社会心理学对人的行为模式的描述与阐释并不具有绝对普遍的意义。如同麦独孤时代的心理学家迫使社会心理学向生物学让步一样，米德开始迫使社会心理学向人类学让步。单从20世纪后期心理学家们每每谈及人类行为之时，都小心翼翼地冠之以"在我们的文化中"这样一句限定性短语，人们就

---

[1] Mead, Margaret, *Sex and Temperament in Three Primitive Societies*, New York: Morrow, 1960, p. 5.
[2] 加德纳·墨菲、约瑟夫·柯瓦奇：《近代心理学历史导引》，林方、王景和译，北京：商务印书馆1980年版，第615页。

不难感到米德的存在。

颠簸不定的生活先后导致了米德的三次婚变。但最后一次和人类学家格雷戈里·贝特森的结合却使她有了一个天使般的女儿凯瑟琳。30多年之后，当她撰写题为《黑莓的冬天：我的早年生活》的自传时，仍满怀深情地写道："凯茜的养育不仅是我激情中的冒险，也是我女性智慧的结晶。"20世纪40年代以后，米德的视野从原始文化转向了当代社会。作为一位人类学家，她的卓越之处在于，尽管她能够以生动、明晰、幽默的语言，在调侃和诙谐之中将原始文化中的珍闻野趣娓娓道来，但她从不有意强调这种异国情调。相反，她总是着眼于当代社会和人类的未来发展。从第二次世界大战中同盟国的联盟、战争中的士气涨落，到大战之后的社会变迁、家庭解体、种族矛盾以及学生运动、性解放和代沟问题，都引起了她极大的兴趣。她将早年从田野调查中获得的人类学知识运用于阐释当代社会的各类问题，《男人和女人：有关变迁世界中性别角色的研究》(1949)、《古老的新生：1928—1956年马努斯人的文化变革》(1956)、《文化进化的连续性》(1964)、《对种族的蹂躏》(1971，这是她和黑人作家詹姆斯·鲍德温有关种族问题的谈话录)，都是她后期负有盛名的扛鼎之作。而她在动手撰写自传《黑莓的冬天：我的早年生活》(1972)之前写成的平生最后一部著作《文化与承诺》，在她众多的后期著作中则更为出色。

《文化与承诺》的副标题"一项有关代沟问题的研究"，明白无误地标明了这本小册子所讨论的主题。但是，对于这个人人都能发几句议论的问题，米德独辟蹊径，她从整个人类文化史的考察出发，提出纷呈于当今世界的代与代之间的矛盾和冲突，即"代沟"，既不能归咎于社会和政治方面的差异，更不能归咎于生物学方面的差异，而首先导源于文化传递的差异。如果说此前15年米德写成的《文化进化的连续性》一书主要强调的是文化进化中的"连续性"，那么，作为该书的姊妹篇，在《文化与承诺》中，她首先强调的是史前文化、有史以来的文化和第二次世界大战之后的当代文化之间的基本差异，即强调了文化进化中的间断性。从文化传递的方式出发，米德将整个人类的文化划分为三种基本类型：前喻文化、并喻文化和后喻文化。"前喻文化，是指晚辈主要向长辈学习；并喻文化，是指晚辈和长辈的学习都发生在同辈人之间；而后喻文化则是指长辈反过来向晚辈学习。"这三种文化模式是米德创设其代沟思想的理论基石。[1]

前喻文化，即所谓"老年文化"，是数千年以前原始社会的基本特征，事实上也是一切传统社会的基本特征。原始社会的生

---

[1] 在《文化与承诺》一书中，米德使用了"post-figurative culture""co-figurative culture"和"pre-figurative culture"三个概念，用以指代三种不同的文化传承模式。如果要翻译的话，循规蹈矩的译法应译成"后（被）构型文化"（后由前构型）、"并构型文化"（互相构型）和"前（被）构型文化"（前由后构型）；但是，如果将figurative或其动词figurate解释成主动的"喻"，即动词"说明""表征"，那么前、后就正好要反过来，可将post-figurative culture译成为"前喻文化"（由前代向后代说明），co-figurative culture 译成互喻文化或并喻文化；而将pre-figurative culture译成"后喻文化"（由后代向前代说明）。在本书中文版《文化与承诺：一项有关代沟问题的研究》（周晓虹、周怡译）出版后，一直有读者对译者的译法提出质疑，故在重刊此文时借机予以说明。

产工具十分简陋，劳动主要靠人力进行，加之自然环境的险恶，使人们缺乏酿就生产与社会变革的必要的物质手段，因而整个社会如一潭死水，发展十分缓慢。人们从未奢望，也根本不可能设想自己的生活能和父辈、祖辈的生活有什么不同，在他们眼里，生活的意义是既定的，前辈的过去就是他们的未来，"他们的父辈在无拘的童年飘逝之后所经历的一切，也将是他们成人之际所将经历的一切"。从这里出发，米德阐释了前喻文化的基本特点，即尽管有可能发生这样或那样的微弱变化，但人们的生活道路是无从改变的。这种无从改变的文化之传递则依赖与生物学有关的世代接替。远古洪荒之际，人的寿命都十分短暂（2000多年前的古罗马人平均寿命也只有27岁），当时不要说曾祖父母一辈的人活在世上十分罕见，事实上祖父母一辈的人也不多见。但是，由于古往今来变化甚微，这人数极少的长者对他们生活于其中的文化了解却最深，他们的经历本身就是一种文化。因此，他们是整个社会公认的行为楷模，当然更是年轻一代的行为楷模。由此，虽然同时生活在世的祖孙三代构成了前喻文化的基础，但是最受尊敬的却是年龄最大的祖辈，公认的生活方式体现在他们的音容笑貌和举手投足之中。在这种以前喻方式为特征的文化传递过程中，老一代传喻给年轻一代的不仅是基本的生存技能，还包括他们对生活的理解、公认的生活方式以及简单的是非观念。为了维系整个文化的绵延不断，每一代长者都会把将自己的生活原封不动地传喻给下一代看成是自己最神圣的职责。如此，年轻一代的全部社会化都是在老一代的严格控制下进行的，并且完全沿袭着长辈的生活道路，他们当然也就"只能是长辈的肉体和精神的延续，只能是他们赖以生息的土地和传统的产儿"。

在这样的文化中，尊敬老人自然成了最为基本的一种美德。与此相连，就构成了前喻文化能够得以保持的两个基本条件：缺乏疑问和缺乏自我意识。祖孙三代都把他们生活于其中的文化视为理所当然的，孩子们在成长的过程中就能够毫无疑问地接受父辈和祖辈视之为毫无疑问的一切。这种文化的传递方式从根本上来说排除了变革的可能，当然也就排除了年轻一代对老一代的生活予以反叛的可能，排除了代沟产生的可能。"在无知的山谷里，古老的东西总是受到尊敬。谁否认祖先的智慧，谁就会受到正人君子的冷落。"[1] 房龙的两句妙语，恰如其分地道出了前喻文化的本质。

并喻文化，从根本上来说是一种过渡性质的文化，它肇始于前喻文化的崩溃之际。米德列举了战争失败、移民运动、科学发展等导致前喻文化崩溃、并喻文化诞生的诸多历史原因。所有这些原因都有一个共同的特点，即先前文化的中断使年轻一代丧失了现成的行为楷模。既然前辈无法再向他们提供符合时代要求的全新的生活模式，他们只能根据自己切身的经历创造之，只能以在新的环境中捷足先登的同伴为自己仿效的楷模，这就产生了文化传递的并喻方式。

在并喻文化的形成过程中，酿就了最初的代际冲突。对于年

---

[1] 房龙：《宽容》，迮卫、靳翠微译，北京：生活·读书·新知三联书店1985年版，第2页。

轻一代来说，在新的环境中，他们所经历的一切不完全同于，甚至完全不同于他们的父辈、祖辈和其他年长者，而对于老一代来说，他们抚育后代的方式已经无法适应孩子们在新世界中的成长需要。米德借移民家庭中的情况，充分证实了这种由于老一代不再能够继续引导青年前行而产生的、代表新与旧两种生活方式的两代人之间矛盾与冲突的必然性。移民家庭中的父母若想使子女能够尽快适应迁居国的文化，最为基本的途径就是接受迁居国的教育。由于孩子们能够较快地掌握迁居国的语言，往往可以反过来向父母介绍当地文化，迫使父母去接受子女们所做的有关什么是标准行为的解释。但是和年轻一代对新的行为方式的接受有一点不同，年老的一代首先必须面临先前的行为方式的丧失。这种丧失是痛苦的，因为这意味着对先前生活的否定，简言之，意味着对自身的否定。这就使老一代不能不和年轻一代产生龃龉抵触。

通过对前喻文化和并喻文化的描述，米德转入了对后喻文化的剖析。后喻文化是米德创设其代沟思想的一个最为重要的构件，因而也是全书的浓墨重彩之章。后喻文化，即人们所称的"青年文化"，这是一种和前喻文化相反的文化传递过程，即由年轻一代将知识文化传递给他们生活在世的前辈的过程。如果说在前喻文化即传统社会中，社会化的对象是社会中尚未成年的个人，那么，借用社会学的术语，后喻文化则是一种不折不扣的"反向社会化"。"在这一文化中，代表着未来的是晚辈，而不再是他们的父辈和祖辈。"

米德的后喻文化理论完全奠基于第二次世界大战以来迅猛的社会变迁之上。如果说战后世界确实跨入了一个新的时代（所谓"信息时代"或"核时代"），那么米德就是最早领悟到新的时代已经到来的少数几个天才人物之一。1945年，当《枕戈待旦》这本为了动员美国公民投身反法西斯战争而写成的有关美国人性格的小册子脱手之际，传来了美国在广岛和长崎投放原子弹的消息，米德在愤怒之中撕碎了手稿："每一句话都已经过时了，现代化战争已经把我们带入了一个全新的历史时代。"在当时做出这样的结论，充分体现了她的远见卓识。

第二次世界大战后，科技革命的蓬勃发展使整个社会发生了巨大的变革。以电子计算机为核心的电子技术，生物技术，激光和光导纤维为主的光通信技术，海洋工程，空间开发，以及新材料和新能源的利用，都使人与人的关系、人与自然的关系在几十年中发生了翻天覆地、无以逆转的变化。未来再也不是今天的简单延续，而是今天的发展之果。

在这全新的历史时代面前，年长者的很多经验不可避免地丧失了传喻的价值。人类已经将自己所熟知的世界抛在身后，开始生活在一个完全陌生的新时代中。这一情形和当年那些开拓新大陆的移民们的经历颇有几分相似之处。所不同的只是，如果说那些新大陆的开拓者经历的是空间上的迁徙，那么，所有在第二次世界大战之前成长起来的一代人所经历的则是时间上的迁徙；如果说开拓新大陆的移民只占世界总人口的极小的一部分，那么，今天由于时代巨变而经历时间上迁徙的则是整整一代人。基于此，米德在《文化与承诺》中一再强调："二次大战以前出生和长大的每一个人都是时间上的移民，正如他们的祖先曾是空间上的移民一样。"这种和美洲移民相类似的经历，决定了在当代世界之中，长辈"就像开拓新大陆的先驱们一样，缺乏应付新的生活环境所必须的一切知识"。事实上，由于当代世界与"二战"前的世界之间的差别，要比当时美洲与欧洲的差别大得多，因此，同那些新大陆的开拓者相比，长辈所面临的新生活的挑战要更为严峻。

但是，这新生活的挑战却激发了年轻一代前所未有的活力。如果说"过去存在若干长者，凭着在特定的文化系统中日积月累的经验而比青年们知道得多。但今天却不再如此"。古往今来，没有任何一代能像今天的年轻一代经历这样根本的变化，同样也没有任何一代能像他们这样"了解、经历和吸收在他们眼前发生的如此迅猛的社会变革"。"牛顿花了一生才发明的物理定律，现在的大学生一星期就学会了。"[1] 40年前，年轻的费孝通读了米德的《美国人的性格》（即《枕戈待旦》）所发下的宏论，在这里算是一个十分妥帖的注脚。而如果真正领悟了这点，当人们听到后辈不无狂妄地说"我承认，我们应该遵守一些基本的规则。但是，我们首先应该审视一下是谁在制定规则"时，还会瞠目结舌有陆沉之感吗？

在时代发展的剧变面前，老一代不敢舍旧和新一代唯恐失

---

[1] 费孝通:《美国与美国人》，北京：生活·读书·新知三联书店1985年版，第85页。

新的矛盾，不可避免地酿就了两代人的对立与冲突。而由于跨越时代的飞跃并不像移民运动那样发生在部分地区，因此，现在的代际冲突的一个重要特点是它是跨国界的、全球性的。米德所以苦心孤诣地强调这点，目的只有一个，即说明当代社会中所出现的代际冲突完全不同于并喻文化中曾初露端倪的局部性的代际冲突。只是立足于此，米德才敢于向整个20世纪宣称："现代世界的特征，就是接受代际之间的冲突，接受由于不断的技术化，每一代的生活经历都将与他们的上一代有所不同的信念。"

如果说米德对于世界范围内代沟产生的必然性给予了某种阐释，那么，对于如何解决两代人之间的对立与冲突，她所给出的解答也更使人觉得新异。以往，人们往往把代沟产生的原因仅仅归咎于年轻一代的"反叛"之上，而米德却进一步把这种反叛归咎于老一代在新时代的落伍之上。以往，尽管也有人强调两代人之间应该进行交流，但他们往往把建立这种交流当成恢复老一代对新一代教化的手段，而米德却申明"真正的交流应该是一种对话"。值得注意的是，参与对话的双方其地位虽然是平等的，但他们对未来所具有的意义却完全不同。当代世界独特的文化传递方式即后喻方式，决定了在这场对话中，虚心接受教益的应该是年长的一代。"只有通过年轻一代的直接参与，利用他们广博而新颖的知识，我们才能够建立一个富于生命力的未来。"这就是米德对如何解决代沟问题的回答。

《文化与承诺》的出版，为米德赢得了巨大的赞誉，同时也为她带来激烈的反对与抨击。当代世界无疑是人类有史以来变化最为迅猛的时代。它与以往的时代相比，具有许多新的特点。身处这样的时代，代际之间的摩擦、差异乃至冲突是客观存在、毋庸讳言的。米德以三种文化模式对此所做的解说，显然有过头之处。她过分强调文化进化中的间断性而忽视其连续性，完全否认新一代向老一代学习，使她从一个极端走向另一个极端。代际之间的差异与对立是客观存在的，但并非不可逾越和难以填充。重要的在于奠基于平等基础上的对话、交流与沟通。但是，米德毕竟是我们这个时代的先行者，作为一位古稀老人，她能够审时度势，清醒地认识到年轻一代在新时代中的历史作用，十分难得。

1978年，玛格丽特·米德在对《文化与承诺》进行了最后的修改后溘然长逝。悼念她的人捧着鲜花和她的自传《黑莓的冬天》，在这些崇敬和了解她的人们心中，她的一生就像冬日里的黑莓一样，在冰雪中结出累累硕果。

（原载《读书》1987年第6期）

理解国民性：一种社会心理学的视角

阿列克斯·英格尔斯是美国著名的社会学家和社会心理学家，他一生最为关注的研究主题有两个，其一是"人的现代化"或"现代人"研究，其二即是本文将讨论的主题：国民性。[1]由于20世纪80年代以后中国社会朝向现代化的转型日益加速，有关人的现代化或所谓"第五个现代化"的研究在此后20年中曾一度成为社会学和社会心理学领域中的"显学"，而英格尔斯和史密斯

---

[1] Inkeles, Alex & Daniel Levinson, National Character: The Study of Modal Personality and Sociocultural Systems, in Lindzey, Gardner(ed.), *The Handbook of Social Psychology*, Reading, Mass.: Addison-Wesley, 1954. Inkeles, Alex & Daniel Levinson, National Character: The Study of Modal Personality and Sociocultural Systems, Vol. IV, 2nd ed., in Lindzey, Gardner & E. Aronson(eds.), *The Handbook of Social Psychology*, Reading, Mass.: Addison-Wesley, 1968-1969. Inkeles, Alex, *National Character, a Psycho-social Perspective*, New Brunswick, New Jersey: Transaction Publishers, 1997（中文版由王今一译，社会科学文献出版社2012年版）。

合著的《从传统人到现代人——六个发展中国家中的个人变化》[1]更是谈论"人的现代化"时无法回避的"典范之作"。[2]相比之下，英格尔斯前后"求索45年"的国民性研究[3]，在中国却没有引起这样高度的关注。尽管不断有人提及他与丹尼尔·列文森在1954年和1968年两版《社会心理学手册》中有关国民性的研究[4]，但一方面由于国民性研究在西方学界不断式微，另一方面由于自鲁迅之后在中国谈论国民性或国民性的改造日渐被视为"愤青"之语，除了社会心理学界[5]，鲜有人再对这一主题表现出高度的兴趣。

其实，上述两个主题彼此有着密切的联系，它们都涉及社会学的社会心理学家始终关注的大群体的社会心理研究。如果说有什么不同的话，国民性研究关注的是群体心理的共时态差异，即生活在不同社会文化环境中的不同国家或民族成员共有的社会心理特征及民族间的社会心理差异；而人的现代化研究涉及的则是群体心理的历时态差异，即包括现代化在内的社会文化变迁会在怎样的程度上重塑生活于其间的社会群体的精神世界。从这样的意义上说，今天我们对国民性的理解，一样要放到现代化甚至全球化的变迁角度去思考。

---

1 英克尔斯、史密斯：《从传统人到现代人——六个发展中国家中的个人变化》，顾昕译。
2 叶南客：《中国人的现代化》，南京：南京出版社1998年版。
3 Inkeles, Alex, *National Character, a Psycho-social Perspective*, p. 2.
4 周晓虹、张致刚：《西方民族性格研究的历史与现状》，《江海学刊》1990年第2期。
5 沙莲香主编：《中国民族性（一）》，北京：中国人民大学出版社1989年版；沙莲香：《中国民族性（二）》，北京：中国人民大学出版社1990年版。

一、概念界定：何为国民性？

"国民性"，又称"国民性格"或"民族性格"，英文写成 national character。一般说来，国民性指的是一个国家的国民或一个民族成员的群体人格，是一国国民或一民族成员在特殊的社会历史条件下形成的各种心理与行为特征之总和，它赋予民族心理以质的规定性。[1] 如果进一步，可以将国民性确定为："多数国民所具有的稳定的、反复出现的心理特质，是一种深藏于心灵深处的潜意识，属于低层次的社会意识，从本质上说，它是那个民族国家中的社会心理。"[2]

尽管国民性或民族性格是一种社会心理学概念，但不同学科背景和不同取向的社会心理学家对这一概念的认同是不一样的，这与他们对社会的看法不同有着很大的关联。尽管一般社会学家、人类学家和心理学家都承认，社会或民族、阶级共同体是由个人组成的，但是，对于个人是如何组成社会的，以及组成社会的个人与他们生活于其间的社会究竟处在一种怎样的关系之中，人们却分别持有两种不同的立场：唯名论者充分肯定个人和个人利益的重要性，认为社会只是一个虚幻的存在物，是标示这个虚幻存在物的一个名称；而唯实论者则认为，社会固然是由个人组成的，但个人一旦组成社会，社会就有了独立存在的特性，或者

---

[1] 周晓虹：《现代社会心理学——多维视野中的社会行为研究》，第476页。
[2] 袁洪亮：《"国民性"概念的辨析与界定》，《株洲师范高等专科学校学报》2002年第1期。

说具备了单个个人所不具备的"突生性质",因此,它是一个实在的整体。[1]

一般说来,对国民性或民族性格一类的概念感兴趣的学者,多为社会唯实论者。正因为他们认为社会或民族等人群共同体是一个真实存在的实体,他们才会进一步认为"除个体意识之外,还存在着表征团体心理性质的某种东西,并且个体意识在某种程度上是由这种东西来决定的"[2]。至于"这种东西"究竟是什么,不同的研究者说法各异:黑格尔使用过"民族精神",涂尔干使用过"集体表象",韦伯使用过"资本主义精神"……早在19世纪,法国社会学家托克维尔在《论美国的民主》中,就出色地论述过环境、法律制度(联邦制度、乡镇制度和司法制度)和习俗,塑造了美国人独特的国民性格,使得他们"往往不会为政治激情所振奋,他们的胸膛中激荡的是商业激情"[3];马克思和恩格斯也同样论述过那种"使广大群众、使整个整个的民族,以及在每一民族中间又使整个整个阶级行动起来的动机"[4]。与此相似,在国民性研究领域,英格尔斯也是一个社会唯实论者,因此他一方面肯定"国民性是一个真实的现象,可以考量",另一方面借涂尔干之口强调,"社会事实必须通过社会学来解释,这是国民或群体心理

---

1 周晓虹:《西方社会学历史与体系》第一卷,第72页。
2 安德烈耶娃:《社会心理学》,南开大学社会学系译,天津:南开大学出版社1984年版,第30页。
3 周晓虹:《西方社会学历史与体系》第一卷,第126页。
4 马克思、恩格斯:《马克思恩格斯选集》第4卷,北京:人民出版社1972年版,第245页。

差异概念的基础"[1]。

与上述社会唯实论者相反，社会唯名论者严格说来是不承认社会的实在性的，因此他们也不屑研究群体心理或国民性这类问题。[2]早在1924年，秉承个体主义立场的心理学家弗洛德·奥尔波特在那本后来流传广远的《社会心理学》中，就借阐明"社会心理学是研究个体的科学"的观点，将所有涉及人群共同体的社会心理研究一律斥之为"群体谬误"加以反驳。他不仅强调"除了属于个体的意识以外，没有什么别的意识了"，而且专门指出"国民性、共济会纲领、天主教教义以及诸如此类的东西，并不是在某个体成员身上得以表现的所谓群体心理，而是在每个个体心理中不断重复的一系列观念、思想和习惯"。[3]换言之，并不存在表征群体心理的所谓国民性或民族性格，它们也不过是一种"群体谬误"。

限于篇幅，我们在这里不准备讨论社会唯名论与社会唯实论的孰是孰非，站在社会学的立场上，我们的倾向是鲜明的：我们承认国民性及其他群体心理存在的实在性，但我们也承认，至今为止有关国民性究竟为何物的争论并没有完结，其中的概念厘定工作也远未完成。早在50年前，人类学家M.辛格就提出，有关国

---

[1] Inkeles, Alex, *National Character, a Psycho-social Perspective*, pp. 1, 8.
[2] 英格尔斯也承认，除了秉承精神分析传统的那些临床心理学家，在学院心理学中，"直到最近也鲜有心理学家涉足国民性研究，他们对这项研究的突出态度如果不是敌视的，起码也是冷淡的"（参见Inkeles, Alex, *National Character, a Psycho-social Perspective*, p. 6）。
[3] Allport, F., *Social Psychology*, Boston, Mass.: Houghton Mifflin, 1924, pp. 4-13.

民性的研究有三条分析路径可走[1]：第一条路径以人类学家本尼迪克特和卡丁纳为代表，他们将国民性或民族性格视为一种文化性格，是一种文化成员具有的普遍性的行为模式；第二条以弗洛姆和戴维·里斯曼（David Riesman）为代表，他们强调社会性格是一社会群体中"绝大多数人所共有的性格结构"，"是群体经验的产物"[2]；第三条以林顿和杜波依斯为代表，他们欲图借助现代统计学从各种人格类型的分布中找出国民性，即找出在一国民成员中趋于众数的那些相对持久的人格特征和行为模式。

如果说有什么不同的话，第一条和第二条路径对国民性采取的只是一种印象主义的描述；而第三条路径则希望能够凭借现代统计学给出较为严格的定量分析。受到林顿和杜波依斯的影响，英格尔斯认为"国民性应该等同于众数人格结构；也就是说它应该指不同的人格变式在某一既定社会中分布的一种或数种众数"[3]。英格尔斯的远见卓识表现在，他并没有简单地将这种"众数人格"视为"单峰的"，而可能是"多峰的"，也就是说，"一个国家可以有几种，比如五六种突出的人格类型，其中有些占10%—15%的人口比例，有些达到30%。这样的国民性概念可以照顾到经济阶层、地域、民族等所有现代国家存在的亚文化多样性"[4]。

1　Singer, Milton, "A Survey of Culture and Personality Theory and Research", in Bert Kaplan (ed.), *Studying Personality Cross-Culturally*, New York: Elmsford, 1961.

2　埃里希·佛洛姆：《逃避自由》，陈学明译，北京：工人出版社1987年版，第357—358页；Riesman, David, Nathan Glazer & Reuel Denney, *The Lonely Crowd, A Study of the Changing American Character*, New Haven, Connecticut: Yale University, 1961/1950.

3　Inkeles, Alex, *National Character, a Psycho-social Perspective*, p. 13.

4　Ibid., p. 16.

通过将国民性视为一种或多种众数人格，在讨论众数人格的测定方法之后，英格尔斯划定了国民性研究的两个基本方面：其一涉及社会文化系统对众数人格或国民性的影响，包括家庭因素对童年早期人格发展并进而对成人人格形成的作用[1]、非家庭因素对儿童人格发展的作用，以及城市化、工业化、经济增长与紊乱、大众传播和大众娱乐方式等对众数人格形成的影响；其二涉及众数人格或国民性对社会文化系统的影响，受卡丁纳的引导[2]，研究者们讨论过众数人格对社会控制手段选择的影响（比如本尼迪克特认为日本文化是一种重视耻辱感的文化，而米德认为美国文化则是一种重视罪恶感的文化）、众数人格对社会结构的影响（比如，阿多诺认为德国人的"权威人格"是产生纳粹主义的重要原因），以及众数人格与整个社会文化的关系（弗洛姆就曾指出，在工业社会中，纪律、秩序和时间感是必不可少的人格特征）。可以说，正是因为意识到"人格是决定社会文化形式稳定或变化的一个重要因素"[3]，后来在人的现代化研究中英格尔斯才坚信："如果在国民之中没有我们确认为现代的那种素质的普遍存

---

[1] 这显然受到弗洛伊德的精神分析学的影响，在精神分析学家看来，家庭不仅是形式上的血缘关系系统或角色结构系统，而且是具有心理意义的关系系统，是社会组织的再生机构或弗洛姆所说的"心理代理人"（埃里希·佛洛姆：《逃避自由》，陈学明译，第369页）。

[2] 在卡丁纳看来，代表一种文化特质的制度可以有两大层次：初级制度，包括家庭组织、群体结构、基本训练、抚育系统、谋生技能等，它们塑造了一社会的基本人格；基本人格系统再通过投射系统塑造了次级制度，包括民俗、宗教仪式、禁忌系统和思维方式。

[3] Inkeles, Alex, *National Character, a Psycho-social Perspective*, p. 104.

在，无论是快速的经济成长还是有效的管理，都不可能发展；如果已经开始发展，也不会维持太久。"[1]

二、从基本人格类型到国民性：研究的历史

尽管包括英克尔斯在内，人们一般将国民性研究追溯到1934年本尼迪克特的《文化模式》一书[2]，但无论在社会学、心理学，还是人类学中，都可以找到更早的相关研究。除了前述法国社会学家托克维尔对美国国民性的研究，1927年，英国人类学家里弗斯在《文化冲突和种族接触》一书中，就借用荣格的"心理类型说"，说明澳洲土著和非洲土著的生殖行为差异。他认为，前者是内向的，而后者是外向的；这一差异导致前者日渐衰落，而后者则繁殖力旺盛。

尽管里弗斯不会想到他的谈不上有意识的努力会引得其后的众多人类学家、社会学家和精神分析学家将自己的兴趣投向国民性这个令人兴趣丛生的研究领域，但里弗斯及与其同时代的人类学家博厄斯、萨丕尔等人确实已经意识到，个体的社会行为与其置身于其中的社会文化环境之间存在着密切的制约关系。如此，生活于同一国度或民族中的不同成员是否会具有相同的同时又有

---

1 英克尔斯、史密斯：《从传统人到现代人——六个发展中国家中的个人变化》，顾昕译，第454—455页。
2 周晓虹、张致刚：《西方民族性格研究的历史与现状》，《江海学刊》1990年第2期；Inkeles, Alex, *National Character, a Psycho-social Perspective*, pp. 16—17。

别于其他国民或其他民族的性格特征和行为模式?

本尼迪克特的《文化模式》是这种思考的第一颗果实。在《文化模式》中,本尼迪克特将祖尼文化描述成"太阳神型文化",而将克瓦基特文化描述成"酒神型文化",显然受到里弗斯的启发。通过对原始文化的心理类型的划分,本尼迪克特欲图证实"个人生活史的主轴是对社会所遗留下来的传统模式和准则的顺应。每一个人,从他诞生的那刻起,他所面临的那些风俗便塑造了他的经验和行为"[1]。从中可以推论,每种文化至少可以归纳出一种与之对应的主导人格类型,而我们也可以通过对不同人格类型的研究来探讨不同文化间的差异。

虽然《文化模式》一书后来遭到了人类学家维克托·巴尔诺的批评,他认为本尼迪克特对社会体系的评价标准过于绝对[2],英格尔斯也认为"本尼迪克特并没有一个完备整合的个体心理学概念,她也忽视了人格的发展方面"[3],但这本书毕竟如戈雷尔(G. Gorer)所说:"是国民性的科学研究的诞生标志。"[4]本尼迪克特的贡献在于,既然文化是人格在典章制度上的扩大,而每种文化都有一种以上的与之对应的主导人格类型,那么我们就可以通过

---

1 鲁思·本尼迪克特:《文化模式》,张燕、博铿译,杭州:浙江人民出版社1987年版,第2页。
2 V.巴尔诺:《人格:文化的积淀》,周晓虹等译,沈阳:辽宁人民出版社1989年版,第143页。
3 Inkeles, Alex, *National Character, a Psycho-social Perspective*, p. 5.
4 Gorer, G., The Concept of National Character, in Kluckhohn, Clyde & Henry A. Murry(eds.), *Personality in Nature, Society, and Culture*, New York: Alfred A. Knopf Inc., 1953, p. 247.

研究文化去认识一民族或国民的基本性格,并进而控制人的文化或社会行为。

自本尼迪克特开始,国民性研究成了文化人类学的主潮,并且也成为人类学家与社会学家、秉承精神分析传统的心理学家联手进行科际整合研究的第一个实际领域。由此,我们也可以将此后开始并历经兴衰的国民性或民族性格研究大致分为如下三个基本阶段:

(1)国民性研究的草创时期(1934—1945)。这一阶段有两个十分鲜明的特点:其一,除了卡丁纳、弗洛姆等少数秉承精神分析传统的心理学家外,投身于该领域研究的基本上是清一色的文化人类学家;其二,这一时期的大多数研究都是以原始民族为对象的,因此此时的研究与其称作"国民性研究",不如称作"民族性格"研究更为合适[1],其代表作有:《文化模式》(本尼迪克特,1934)、《人的研究》(林顿,1936)、《阿罗人:一个东印度岛屿的社会心理研究》(杜波依斯,1944),以及《社会的心理疆域》(卡丁纳,1945)。尽管具体的研究及使用的概念各有千秋,但这些研究的意图是一致的,都是希望能够找出具体社会中由其文化所决定的占主导地位的、具有典型性和代表性的基本人格。

(2)国民性研究的全盛时期(1945—1955)。这一阶段的最突出的特点是研究对象的转向和多学科学者的介入。规模空前的

---

[1] 这些研究的另一个名称是 "culture and personality",后来被华裔人类学家许烺光称之为"心理人类学",Hsu, Francis L.K. (ed.), *Psychological Anthropology, Approaches to Culture and personality*, Homewood, Illinois: The Dorsey Press, 1961。

第二次世界大战，促使人类学家丢下了研究原始民族的"本职工作"，将对民族差异的自觉思考从那些落后、弱小的原始民族，投向了在世界舞台上扮演着重要角色甚至在某种程度上决定了人类未来命运的那些现代民族和文明国家，也带动了社会学家和精神分析心理学家的跟进。战争需要了解日本人、德国人、苏联人、英国人，也需要对自己的国民进行反思，它给了以美国为主的"national character"研究者为自己的祖国和世界和平服务的机会。战争促成了对基本人格的界定向现代国民性研究的转变，在这一时期中几乎所有重要的现代国家都成了学者们关注的对象，这10年中出版的文献更是汗牛充栋，无法一一述及，英格尔斯和列文森也是在这一时期第一次发表了自己的研究综述《国民性：众数人格和社会文化系统研究》（1954）。

（3）国民性研究的调整时期（1956— ）。自20世纪50年代开始，国民性研究的全盛时期结束，这一领域开始呈现出相对萧条的景象。造成这一结局的主要原因有两个：其一，对国民性的反省和研究本身就是人类在特定的历史条件下所产生的特定反应，因此，第二次世界大战的结束必然会使国民性研究因失去了社会刺激而日渐冷落；其二，国民性研究本身存在的弊病也是这一领域失去吸引力的重要原因，比如，戈雷尔等受精神分析影响以童年期决定论来论述日本人国民性的学者，曾错误地将日本人的"强迫性人格"归因于他们早年所受的严格的排泄训练。不过，虽然出现了整体上的萧条，从局部而言这一时期也出现了许多可喜的倾向，比如，文字资料虽然大幅减少，但质量上却有了明显提高，尤其是出现了一批评价和总结性的文献，其中最有代表性的就是英格尔斯在1954年和1968年两度出版的评述文章的基础上，修改扩充出版的这部《国民性：心理—社会的视角》一书；再比如，如果说在前两个阶段主要是文化人类学家唱"单弦"，那么此时社会学家、精神分析学家甚至学院心理学家都开始关注这一主题：人类学家许烺光出版了《中国人与美国人：两种生活方式的比较》（1955）、心理学家麦克莱兰出版了《成就社会》（1961）、社会学家英格尔斯和史密斯出版了《从传统人到现代人》（1974），而社会心理学家简·斯托策尔和迪安·皮博迪则分别出版了《当代欧洲人的价值观念》（1983）和《国民性：关于欧洲人的社会心理学研究》（1985）。

看来国民性研究并不会因为其所面临的困难而失去对研究者的吸引力。尽管自英格尔斯20世纪90年代出版这部著作以来，因为"冷战"的结束，现时的世界正在出现越来越快速的全球化趋势，但是只要不同的国家或民族的差异存在一天，人类就不可避免地会对这种差异进行自觉的思考，而这种思考本身的兴盛和冷落则是相对的，它取决于一个国家在当时面临怎样的社会历史条件。

三、英格尔斯的努力及新的变动趋势

尽管在国民性研究领域各种文献汗牛充栋，但大多数都是有关某一国民的个案研究或某一地区（如欧洲）的比较研究，像英格尔斯的《国民性：心理—社会的视角》这样的综合性评述性著作并不多见。因此，比较而言，这本著作对于我们了解国民性研究的全貌以及英格尔斯本人在这一领域的贡献是颇为有益的。

《国民性：心理—社会的视角》这部著作共分为四编十一章，从概念内涵、基本理论、历史进程、研究视角、著名案例、研究方法到系统比较无一疏漏，称得上是一部国民性研究的大全手册。其中，第一编第一章是全书的"重中之重"，在这里英格尔斯花费了百余页的篇幅，讨论了现代国民性的概念、研究方法和切入路径。接下来，在第二编的第二、第三和第四章中，英格尔斯分别讨论了有关德国、俄国和美国的国民性研究，他从"德国精神""俄国人格"，一直讨论到"美国性格"。再接着，在第三编的第五、第六和第七章中，英格尔斯关注的是国民性和人们所处的宏观社会、政治和经济体系的关系问题，除了社会结构和政治体系以外，英格尔斯还将对国民性的思考放在变迁的维度上，尤其是放在了因为变迁而带来的国民社会心理即心理预期改变（上升或下降）的维度上。这种预期改变的挑战性在于，伴随着经济的增长，人们对物质生活条件改善的预期在上升，但与此同时，"下降的是个体对美国社会基本制度的信心"[1]。多说一句，这使人想到在改革开放30多年后的今天，我们同样面对着极其相似的矛盾和困窘情形。在最后第四编的第八、第九、第十和第十一章中，英格尔斯将国民性的研究置于一种系统的比较之中：在第八和第九章中，英格尔斯将共时态的国民性研究与他同样擅长的历时态的人的现代性研究套叠在一起，他想说明教育、工厂经验、

---

[1] Inkeles, Alex, *National Character, a Psycho-social Perspective*, p. 258.

接触城市生活和大众传播媒介等所谓现代性因素对一国国民的社会心理的重塑作用，以期说明"国家作为一个环境或背景，在多大程度上决定个体的现代性"[1]；而在第十章中，有关国民性的讨论进一步与人们的主观幸福感联系在一起，不过，尽管英格尔斯看到了"工业化和现代化带来的物质增长也将带来国民心理幸福感的提升"[2]，但他也意识到不同文化对幸福的理解不同，而且单纯物质条件的改善也会使得人们的幸福感进入"高原"状态，从而出现一种停滞现象；最后，在第十一章中，英格尔斯对国民性及相关的主题进行了回溯，他意识到研究"国民性的连续性和可变性，充分解释显而易见的差异"[3]是一项需要待以时日的艰巨任务。

同我们耳熟能详的那些早期国民性研究文献，如《菊与刀》《大俄罗斯人》或《中国人与美国人》相比，如果认真阅读《国民性：心理—社会的视角》，能够发现这部英格尔斯集45年研究之大成的著作确实有许多鲜明的特点，这些特点在某种程度上也能够反映出国民性研究这一领域在20世纪50年代研究高潮期过后的一些新的趋势。具体说来，我们可以将英格尔斯研究的优长之处或国民性研究的现代趋势表述为以下四点：

第一，同早期重视国民性的静态结构分析相比，以英格尔斯为代表的国民性研究的后来的一代开始越来越关注国民性的变动，尤其是国民朝向现代的社会心理的变动。显然，形成这一趋

---

[1] Inkeles, Alex, *National Character, a Psycho-social Perspective*, p. 271.

[2] Ibid., p. 349.

[3] Ibid., p. 382.

势的主要原因，可以归咎为第二次世界大战后由科学技术的发展所引起的大规模的社会文化变迁运动。正是这种变动不可避免地引起了社会或国民成员的性格特征和社会行为模式的变动，而且也使研究者们意识到，真实的国民性（或社会性格）"产生于人的本性对社会结构的动态适应"[1]。

较早对国民性变动进行动态描述的，当属美国社会学家戴维·里斯曼。他在1951年出版的《孤独的人群：美国人性格变动的研究》一书中提出，美国人的性格在不同的历史时期经历了从"传统导向"到"自我导向"再到"他人导向"的形态转变，并声称这种转变与西方社会人口的增长密切相关；此后不久，法国社会心理学家简·斯托策尔以本尼迪克特的研究为参照，写成了战后日本青年态度改变的著作《没有菊花没有军刀》(1958)；再往后，人类学家玛格丽特·米德将国民性变动与"代沟"的生成相联系，她创用了"前喻文化""并喻文化"和"后喻文化"这些前后相继的概念，描述了文化与青年群体人格的动态变动过程[2]；最后，我们这本书的作者英格尔斯，更是通过对六个发展中国家在现代化进程中国民性格的变动为题，充分揭示了"从社会心理学的角度来看，最切合实际而又具有挑战性的工作，似乎莫过于解释人们从具有传统的人格转变成具有现代人格的过程"[3]。

---

[1] 埃里希·佛洛姆：《逃避自由》，陈学明译，第382页。

[2] 玛格丽特·米德：《文化与承诺：一项有关代沟问题的研究》，周晓虹、周怡译，石家庄：河北人民出版社1987年版。

[3] 英克尔斯、史密斯：《从传统人到现代人——六个发展中国家中的个人变化》，顾昕译，第5页。

第二，自20世纪40年代林顿和杜波依斯借助现代统计学界定"众数人格"以来，包括英格尔斯在内的研究者越来越注重对国民性进行经验研究与定量分析。伴随着统计技术的完善、电子计算机的应用，人们日渐不满足于前人所做的有关国民性的种种印象主义描述，认为这些缺乏定量分析的研究结论过于笼统，由于未能掌握关于国民性格的大量直接证据，故其对每一具体社会成员的性格分析往往是推论性的，而正是这些推论闹出了前述关于日本人的国民性导源于童年期严格的"排泄训练"的假说。

为了保证研究的科学性，自20世纪50年代以后，如英格尔斯所言，"代表整个人口的大样本取代了早期研究依赖的小型、特殊、完全没有代表性的样本"[1]，并且也确实出现了一大批取样广泛、科学、具有代表性的国民性研究，其中包括：1953年，布坎南和坎特尔受联合国教科文组织委托，在欧美9个国家同时进行的有关国民刻板印象的研究；1963年，阿尔蒙德和维巴尔对英美等6国的"公民文化"的研究，研究不仅解决了选样问题，而且设计了测验城市公民个人胜任感的指标；1962—1964年，英格尔斯在阿根廷、智利、印度等6个发展中国家选取了6000个代表不同种族、阶层、宗教、地区、居住地等重要社会类别的样本，通过实际测量和比较证实，"我们根据其客观的社会特征预期是现代的人，实际上的确也是现代人"[2]。

---

1 Inkeles, Alex, *National Character, a Psycho-social Perspective*, p. 360.
2 英克尔斯、史密斯：《从传统人到现代人——六个发展中国家中的个人变化》，顾昕译，第183页。

第三，如果说早期的国民性研究往往是在文化的单一层次上展开的（主要是寻找与每一文化相对应的"基本人格"或"主导人格"），那么英格尔斯等后来者则更为关注从不同的社会文化层面上对研究对象进行分析。这一趋势具体说来体现在两个方面：（1）不同民族或国家的跨文化比较研究不仅数量上有所增加，而且规模更大、比较对象更为广泛（常常涉及数个国家的国民）；（2）人们开始越来越注重亚文化或亚社会因素（职业、阶层、受教育程度和经济水平等）对同一国家或民族的不同群体成员的人格和社会行为的影响。

但就后一点而言，这一趋势的出现和国民性研究对象的转向关系密切。由于第二次世界大战使国民性研究的对象从先前的简单、同质的原始民族转向后来的复杂、异质的现代国民，也使研究者们发现同一国民在性格方面既存在同一但也存在差异：阶级地位、教育水准、职业、经济状况以及性别和年龄特征等因素，形成了同一民族的不同社会群体之间的不同性格特征。为此，英格尔斯创造性地指出，"在现代社会中，任何一种人格特征或类型会在某一民族60%—70%的成员身上表现出来的可能性都不存在"[1]。这一事实决定了前述"众数人格"从"单峰论"向"多峰论"的转变。也就是说，后来的研究者们意识到，在现代社会中，人格特征的分布并非只有一个"众数"，而是可能有几个"众数"。为此，克拉克洪研究了"地位与人格"的关系；卡

1　Inkeles, Alex, *National Character, a Psycho-social Perspective*, p. 16.

丁纳研究了"种族与人格"的关系；德弗罗研究了"生活区域与人格"的关系；戴维斯研究了"阶级与人格"的关系；罗伊则研究了"职业与人格"的关系；英格尔斯更是研究了教育、工厂经验、大众传媒与现代人格的关系。他们都一致认为，只有考虑到不同的亚文化或亚社会因素的国民性概念，才适应现代社会中广泛存在的差异性状况。

第四，如果说早期国民性研究的目的是为了寻求有关不同民族的社会行为（慷慨或吝啬、侵犯与好斗等）的解释，那么，英格尔斯等后来者则开始关注国民性与经济发展乃至整个社会现代化的关系。人们开始意识到，"不发达不只是一堆画出社会经济图像的统计指数的集合，同时也是一种精神状态"[1]。

使人们获得上述敏悟，或者说使人们将性格特征与经济社会发展相联系加以考虑的动力来自德国社会学家马克斯·韦伯。他在1904年撰写的《新教伦理与资本主义精神》一书中提出，正是新教关于工作、禁欲、积累的新价值观促进了资本主义在欧美社会的发展。半个世纪以后，当心理学家麦克莱兰在《成就社会》（1961）、经济学家哈根在《论社会变迁》（1962）中论述人格因素与经济社会发展的关系时，恪守的仍是韦伯提供的思维框架。唯一不同的是，他们都欲图使自己的理论不仅能够适应欧美的新教社会，也能够适应日本、苏联等非新教社会与印度、缅甸等传统社会。而我们这本书的作者英格尔斯虽然不怀疑经济在一个国

---

[1] 英克尔斯、史密斯：《从传统人到现代人——六个发展中国家中的个人变化》，顾昕译，第459页。

家发展中的重要性，但却富有远见地指出，任何一个国家如果不经历一种国民心理和行为向现代的转变，仅仅依靠技术、经济和社会制度，都不可能真正实现现代化。换言之，社会现代化是包括国民心理现代化或曰人的现代化在内的一个全面发展过程。英格尔斯为"现代人"勾勒了12种基本的心理特质，其中包括准备和乐于接受新的经验、新的思想和新的行为方式，准备接受社会改革和变迁，尊重并愿意思考各方面的不同意见和看法……无论这些特征的界定科学与否，他的论述都是富于挑战的，而且确实为现代国民性研究指出了一条现实与可能的路径。可以设想，未来的研究会在这一方向上继续埋设时代分野的界碑。

《国民性：心理—社会的视角》一书出版已经15年了，也是从20世纪的最后几年开始，中国社会的改革与开放进一步深入，并且开始影响到中国人人格与社会心理的急速嬗变，我们将这种精神世界的嬗变称之为"中国体验"。[1] 在此，借撰写这篇序言的机会，希望"中国体验"的浮现与进一步的成型，也能够为国民性研究增添新的中国元素。

（本文系应丛日云教授之邀为《国民性：心理—社会的视角》
[英格尔斯著，王今一译，北京：社会科学文献出版社2012年版]
一书撰写的"中译本序"）

---

[1] 周晓虹：《中国经验与中国体验：理解社会变迁的双重视角》，《天津社会科学》2011年第6期。

边际人：概念、特点及其他

1996年12月，一向少有争议的《社会心理研究》在年末的第4期上刊登了邵道生先生言辞犀利的文章《"边际人"？"过渡人"？"现代人"？》，对这年7月由上海人民出版社出版的叶南客研究员的《边际人——大过渡时代的转型人格》一书提出了尖锐的批评。邵先生的文章将叶南客对边际人颇具新意的论述称之为"无边际的边际人理论"，并申明这本书"刚一出世，似乎就宣布了它的'寿终正寝'之结果"。本来，学界的争议是平常之事，社会学和社会心理学界的同行们又大多读过邵道生先生其他文风泼辣的争议性或商榷性文章，对他的讨论方式已习以为常。所以，以前读邵先生的同类文章时即使未怀"看客"之心，在每每觉得争论之痛快的同时，也未有过加入进去商榷或争议一番的念头。不过，这次却容不得我"坐山观虎斗"了，因为邵先生在将《边际人》一书从根子上"批倒"（连基本的概念都错了）之后，在文章的末尾写道："我有一点不解的是：为什么在此书'十月怀胎'时期，对这一本书在'一些观点、标题乃至文句都渗透着关心和帮助的'南京大学周晓虹教授和上海人民出版社李卫先生不去纠正作者的这一常识性错误？！"既然犯"常识性错误"的还不只是一个叶南客，那么为自己的"错误"辩解的当然也可以是叶南客以外的其他人了。这就是我写此篇文章的学术之外的考虑。

邵先生在这篇文章中主要从边际人的概念、边际人的特征，以及边际人与过渡人、边缘人的区别三个方面对叶南客著作中的基本观点提出了不同意见。为了方便起见，我们也按此思路来与邵先生商榷一二。

第一，究竟什么是"边际人"？

在叶南客的《边际人》一书中有多处十分清楚地对"边际人"进行了界定，他认为"'边际人'是对现时代人格转型中一种较为普遍的人格特质的理解和概括"[1]。这"'边际人'既是两个文化体系对流后的产物，又是新旧时代接触后的文化结晶，因而在边际人身上不仅具有两种以上的文化期望和文化冲突，他的角色行为也常常是困惑的、矛盾的、边际性的"。而这"边际性是人的时间与空间、身份与区位的两重性矛盾在特定的社会、经济、政治、道德和文化条件下的表现方式……"[2] 读过这些文字的

---

[1] 叶南客：《边际人——大过渡时代的转型人格》，上海：上海人民出版社1996年版，第21页。
[2] 同上，第7页。

人按理说应该获得对边际人的基本内涵的了解：其一，边际人是一种转型人格；其二，这种转型人格或是由于新旧时代接触，或是由于两个文化体系对流后产生的，也就是说边际人产生的原因可以是社会文化变迁（时间的，或曰历时态的），也可以是不同文化体系的交融（空间的，或共时态的）；其三，这种转型人格或者因为受着两种以上的文化期望的支配，或者因为感受到两种以上文化的冲突，其角色行为常常是困惑的、矛盾的。

我这里引述的叶南客的原文在邵先生的文章中也全部被引用了，也就是说完全可以排除因邵先生没有看到叶南客的表述而误解其观点的可能。但我就是不明白，邵先生在引用完这段文字后为什么却还是说"叶先生没有对何谓'边际人'作出最为明确的回答"，而他随后引述的两段被认为是有关"边际人"的明确界定又实在看不出有什么或与叶南客矛盾或者超出叶南客的地方。一段是从朱智贤主编的《心理学大辞典》中摘来的："边缘人，又名边际人，指在社会中不完全属于某一社会集团而横跨于两个不同社会集团之间的人。"另一段取自台湾的《云五社会科学大辞典·社会学第一册》："广义的边际人指未充分参与任何社会团体的个人，狭义的边际人则指同时参与对立的两个团体，而且其行为模式捉摸不定的个人。"被邵先生引为经典的这两段文字其实很简单，一是说边际人即处在不同团体之间的人（或哪个团体也不属于），二是说这样的人行为模式捉摸不定。这第二点在叶南客上述被引的文字中已说得很明白，边际人的角色行为常常是困惑的、矛盾的；而这第一点叶南客的上述文字没有直接说明（间接的说明是有的,比如他提到边际人受着两种以上文化期望的支配),但在上述文字之后,他却不止一处提到过边际人或同属两个以上的群体,或游离于任何群体之外的特征。比如,他借金耀基之口说,"'边际人'生活在两个不同且常相冲突的文化中,两个文化皆争取他的忠诚"[1];借帕克之口说,"边际人'生活在两个世界中,在这两个世界中,他或多或少都是一个外来者'"[2]。而他将现代农民称之为"亦工亦农阶层"(第十五章)更是干脆点出了边际人的这种同属于两个以上的社会阶层或社会团体的现象。这些论述都清清楚楚写在那里,不知邵先生为何没有看到?

第二,边际人的特点究竟是正面的还是负面的,或是正负交织的?

关于边际人的人格特点属性问题,是邵道生先生花最大力气谈论的问题。按邵先生的看法,边际人格就是病态人格,叶南客的《边际人》一书最大的问题,"就是拒绝将'病态性、异常性'列入'边际人'的人格特征",而"心理学、社会心理学和社会学的常识告诉我们:边际人的人格特征是人格异常的一种表现,是病态的,是负性意义上的。对心理学者来说,这是一个定论"。

首先声明,包括叶南客和笔者在内的许许多多的社会学和社会心理学研究者都遗憾地不知道上述常识。我们只知道,因为边际人是在新旧文化或本族文化与他族文化的碰撞、选择、冲突

---

[1] 叶南客:《边际人——大过渡时代的转型人格》,第9页。
[2] 同上,第8页。

下产生的，使得边际人的心理处在一种矛盾甚至失范的状态，既有希望又常怀失望，既急需选择又别无选择，既要为适应新环境进行冒险，又要为承受旧传统付出忍耐，所以，在边际人身上常常痛苦和憧憬并存，颓废和发奋同在。说得简单一些，就是边际人既有易于接受新事物、不断进取、锐意创新的一面，也有因为不能适应社会文化的急剧变迁而焦躁不安、自暴自弃产生病态的可能。确实，对前一面，叶南客的著作花费了较长的篇幅去论述（这也是同现实的社会发展状况相一致的，在一个社会无论发生怎样的大变迁时代，能够面临挑战而奋起者总是多数，最终被时代抛弃的"遗老遗少们"总是少数）；但对后一面，叶南客的著作不但没有"拒绝"，相反，他在论述"边际失范效应"和"边际失控效应"时都给予了深入的探讨。比如，他提出，"边际失控效应"在中国引发了一系列的社会病态和人格病态，诸如社会组织的松散，人情的疏离散淡，社会操作规则的紊乱，精神的虚幻迷惘，大面积违法和枉法，掠夺和倾轧风行，公益行为的摒弃，以及民族自尊心的弱化，等等。[1] 读到这些文字，多多少少会产生邵道生先生的批评强加于人的感觉。

其实，邵道生先生的错误还不仅在其观点，而且也包括了他论证自己观点的方法。邵道生先生认定边际人的特征只是病态的，其依据是上述两本辞典和另一部由台湾心理学家张春兴编的《张氏心理学辞典》，因为这三本辞典说边际人的特征是病态的，

---

[1] 叶南客：《边际人——大过渡时代的转型人格》，第26—28页。

所以就是病态的。在这里，值得讨论的有这样两个问题：其一，邵先生引述这几本辞典说得是否准确？其二，是否能有与这些辞典不同的说法？

对第一个问题我的看法是，因为边际人的人格特征具有消极和积极的两面，所以不同的学者和不同的学科有只从自己的学科甚至论述的需要阐明其某一面特征的可能。因为心理学尤其是变态心理学常常关注一种行为的常态与变态之分，关注人们在社会生活中的心理适应问题，所以，他们有可能更多地看到边际人人格特征的消极的一面。所以，在朱智贤主编的《心理学大辞典》中边际人格被描写成一种异常人格，而张春兴先生则干脆说此类人格"在病理分类上接近神经病及精神病的边缘"。至于《云五社会科学大辞典》中则并没有说边际人是一种病态人格，它只是说人格的边际性容易导致高犯罪率、家庭解组及情绪不安，而这些恰恰是目前我们这个大变动时代常见的社会现象。

关键的是第二个问题。本来，对一个概念不同学科的学者的侧重面不同，或给予的解释不完全一样，都是十分正常的事。但问题在邵先生用上面几本辞典作为不可怀疑的经典，似乎就不能有与其相左的观点了。这一来，我就多少觉得邵先生有些本末倒置了。因为，邵先生引述的几本辞典毕竟只是些二手的东西，而我平生又对那种拿二手甚至三手的东西去判定真正的经典之对错的做法最有看法。如果用这几本辞典做标尺的话，那么，犯常识性错误的就不是一个叶南客、一个周晓虹，还有乔治·齐美尔、罗伯特·帕克、刘易斯·科瑟和许烺光这些闻名中外的社会学家和人类学家。众所周知,在社会科学领域中,"边际人"这一概念的内涵最初是由德国社会学家乔治·齐美尔赋予的。齐美尔不仅在《异乡人》中论述了与边际人十分类似的一种特定的心理和行为模式,而且他本人实际上就长期扮演着一种"异乡人"或"陌生人"的边际角色:作为生活在德国的犹太人,他处在两种文化的边际状态;作为在大学中屡屡受到排挤但在非学术圈内却极富声望的名流,他处在两种社会阶层的边际状态;而作为一个杰出的社会学家和同样能将随笔和艺术评论写得极棒的怪才,他又处在两种职业和身份的边际状态。诚如刘易斯·A.科瑟所言:"他在两种文化圈之间小心地保持着平衡,就像杂技演员那样,一边走钢丝一边耍着手中的球。他在形形色色的相关角色面前扮演着不同的角色……有时使人感到在那张假面具的后面,隐藏着内心的悲凉……"[1]

齐美尔处在边际状态,并且不时地感受到了因这种边际性而来的矛盾与困惑,但显然他还不至于到了精神病的边缘。如果说一个齐美尔还不足以说明问题的话,那我们还可以看看罗伯特·E.帕克,这个在社会科学领域最早揭示人的"边际性"这一现代特征的美国社会学家。1928年,帕克在《美国社会学杂志》第3期上发表了《人类的迁移与边际人》一文。在该文中,帕克沿着齐美尔的思路,将边际人形象地比喻为文化上的混血儿,他

---

[1] 刘易斯·A.科瑟:《社会学思想名家》,石人译,北京:中国社会科学出版社1990年版,第237页。

们寄托在两个不同的群体之中，但又不完全属于任何一方，他们的自我概念是矛盾的、不协调的。不过，在帕克看来，这种边际性，不仅是一种负担，同时也是一种财富。因为"相对于他的文化背景，他会成为眼界更加开阔，智力更加聪明，具有更加公正和更有理性观点的个人。'边际人'相对来说是更为文明的人类"。"正是在边际人的思想中，由新文化的接触而产生的道德混乱以最显著的形式表现出来。也正是在边际人的内心——那里正在发生文化的变迁和融合——我们可以最佳地研究文明和进步的过程。"[1] 我不知道读到这种鲜明肯定边际人的正面特征的文字，邵先生会有怎样的感想，是不是止不住还会有那种纠正"常识性错误"的冲动？

第三，"边缘人"和"过渡人"究竟能否算"边际人"？

这是最后一个问题，也是一个关键的问题，因为按邵道生先生的观点，叶南客错就错在他"一开始说的一句话：'过渡人'和'边缘人'都是'边际人'"。

其实，叶南客并没有什么错。我以为，边际人主要有这样两点理论内涵：其一是处在两种社会形态的转折点或者说是两种时代交界处的特定人格，就像当年恩格斯称但丁是"中世纪最后一个诗人和新时代最初一位诗人"；其二是处在两种文化接壤处的特定人格。由此，边际人的类型从时空上可分为两种具体形态：

---

[1] Park, Robert E., Human Migration and the Marginal Man, *American Journal of Sociology*, No.33, 1928, pp. 881-893.

历时态边际人和共时态边际人。[1]

历时态边际人可以称之为"过渡人",这种类型的边际人通常出现于社会动荡或社会大变革时期。新旧思想的交替、传统向现代的转变、社会结构的变迁和科学技术的革命都会在他们的内心产生茫然、失范、冲突、生疏的感觉。但我们也会看到,其中一部分人最终会成为时代浪尖上的"弄潮儿"、推动历史前进的先驱者,像叶南客所提到的"少年中国"的梁启超、五四时期的新青年、"四五运动"的新诗人等。其实,"过渡人"的提法本身就源于中国近代思想家梁启超。在那篇热情洋溢的《过渡时代论》中,梁启超首创"过渡时代"和"过渡者"的提法,他指出中国在封建制度崩溃的社会过渡时期存在两种人:"其一老朽者流,死守故垒,为过渡之大敌……其二青年者流,大张旗鼓,为过渡之先锋。"[2]

半个多世纪以后,梁启超的远见卓识在太平洋彼岸获得了反响,美国社会心理学家D.勒纳殊途同归,他通过对中东地区的现代化过程的研究得出了和梁启超类似的结论:如果一个社会中有许多人都成为"过渡人"时,这个社会就开始由传统走向现代了。

1958年,在《传统社会的消逝》一书中,勒纳最先表达了日后由另一位社会学家英格尔斯丰富的观点:"现代化主要是一种

---

[1] 周晓虹:《现代社会心理学——多维视野中的社会行为研究》,第532页。
[2] 梁启超:《过渡时代论》,《梁启超全集》第二卷,北京:北京出版社1999年版,第464—466页。

心灵的状态：进步的期望、成长的倾向以及使自我适应变迁的准备……要走向现代化，就必须在人格上有所调整，即要具有一种'心灵的流动'及'同情能力'。"和梁启超一样，勒纳在与传统者的对比中描绘了"过渡人"的基本特征："过渡人与传统者的区别在于他们的倾向与态度的潜在结构的差别。他们的倾向是具有丰富的同情能力，能看到他人看不到的事物，他生活在传统者无法分享的幻想世界里。他的态度则是一种欲望，他真正想看到他的'心灵的眼睛'所看到的，真正想生活在他一直幻构着的世界里。"[1]在勒纳眼中，过渡人是置身于"传统—现代"连续体上的人：他既处在传统之中，又置身于传统之外；他既跨进了现代的门槛，又未完全投身于现代的怀抱。与此相应，他的行为也受着"双重价值系统"的支配，他渴慕现代的刺激，但又摆脱不了传统的掣肘。

共时态边际人又可称为"边缘人"，这种类型的边际人与历时态边际人不同，他是由于国际联姻、出访、留学、移民等原因而生活于两种不同文化中的人，这种生活经历使他们几乎同时受到两种不同文化类型的影响、熏陶和教育。虽说他们的内心还存在着旧有价值系统和现存价值观念的冲突，但他们基本上摆脱和超越了本土文化，并能够更加客观、理智、清楚地认识自己民族和其他民族的文化差异。正是基于这一特点，使得边际人在文化

---

[1] Lerner, Danel, *The Passing of Traditional Society, Modernizing the Middle East*, London: The Free Press of Glencoe, 1958, p. 72.

人类学家眼里，已成为跨文化研究的理想人格。在这方面，美籍华人学者许烺光是一个十分突出的典型，而他在成名作《中国人与美国人：两种生活方式比较》中的一段话也成了一个边缘人的典型自白："我是一个'边缘人'，我出生并成长于一种文化环境中——在那里，生活停滞，大部分人的生活几乎完全可以预知，后来我被从这一文化中赶了出来，到另一种文化中生活和工作。在后一种文化中，人们渴望变化，因为它本来就追求进步，万物与众生的面貌总是变动不居的。处在对比如此明显的两种文化中的人，本来就徘徊于每种文化的边缘。他自己就像是漫步于这两种文化边缘上的两个人一样……"[1]

在文化的交融和社会的转型过程中，一个人在两种或两种以上文化中生活是一种十分常见的现象，而这种经历对个人和社会来说都是一种十分积极的因素。由于他们处在文化的开放、交流和选择的前沿，使得"边缘人"成了我们这个时代和其本民族的"精神早产儿"。由于他们不仅对不同民族间的差异，而且对时代的发展有着高度的敏锐，所以他们常常能够成为民族理解和沟通的桥梁，成为引导社会前行的先锋分子。正因为边缘人具有这样的优势，以致许烺光会说："我确信，每一位涉足另一种社会和文化的学者以及那些想把自己对该社会和文化的理解告诉别人的学者都必须自觉地使自己成为某种意义上的'边缘人'。"[2] 而林语堂

---

[1] 许烺光：《美国人与中国人：两种生活方式比较》，彭凯平、刘文静等译，北京：华夏出版社1988年版，第3页。

[2] 同上，第4页。

的"两脚踏东西文化，一心评宇宙文章"则更能简明地表达文化研究学者的边缘人理想。

当然，从较为全面的意义上说，"边缘人"的概念不仅用来指生活在不同文化间的群体或个人，有时也可以用来指那些生活在不同的亚文化之间的个人或群体。如现代社会的青年生活在社会主流文化和青年亚文化之间，处于社会关系和权力关系的边缘状态；又比如，一个表面上衣冠楚楚的官员可能同时又是黑社会的成员，这样的人就生活在社会主流文化和反文化之间，处在正常社会和黑社会的边缘。

过渡人和边缘人都是边际人，其间的区别只是在前者是文化转型的结果，后者是文化交融的产物。但是，在我们这个时代，一个社会的文化转型和文化交融常常是一种相伴而生的现象：一方面，我们的文化因与他文化的交融而发生或加快了变化；另一方面，我们的文化因变化和转型更增添了对他文化吸收的紧迫性和包容性。因此，在整个地球变得越来越小、各种文化间的交流变得越来越频繁，而各个国家和民族的经济和文化又常常以比以往的社会快百倍千倍的速度发展的现代社会，边际人确实已经成为一种十分普遍的转型人格，甚至可以认为在我们这个时代所有的社会成员身上都或多或少地孕育着边际人格的萌芽。我不知道这样的论述是否令邵道生先生大跌眼镜？

一篇商榷性的文章写到这里应该结束了。我不知这篇短文是否说清了边际人的概念内涵、边际人的人格特征以及边际人与过渡人、边缘人的关系，但有一点我却十分清楚，那就是在对"边际人"问题上犯了常识性错误的既不是叶南客,也不是周晓虹,更不是李卫,而恰恰是邵道生先生自己!

(本文系与已故社会心理学家邵道生先生《"边际人"?"过渡人"?"现代人"?》一文的商榷文章,原载《社会心理研究》1997年第2期)

《白领》、中产阶级与中国的误读

多数人的写作或者缘于现实的思考，或者缘于阅读的兴趣。其实，在大多数情况下，阅读会促进对现实的思考，对现实的思考常常也会求助于阅读。说到我自己这两年对中国中产阶级或主流媒体所说的中等收入群体的研究，最初的兴趣大概来自美国社会学家莱特·米尔斯的这本《白领：美国的中产阶级》（以下简称《白领》）。20多年前在南开大学读社会学硕士的时候，我们这些年轻的学子就是这个资本主义社会的斗士、"左派阵营中的文化牛仔"（艾尔文·豪语）的崇拜者。

缘此，当2002年南京大学出版社以1000美元的税金从牛津大学出版社手中买下《白领》一书的版权，约请我担任该书中译本的翻译时，我几乎没有什么犹豫就答应了下来。不过，当时我没有想到这本书的翻译会一拖三年，并且其中大部分章节后来是在几十次旅途中完成的。我还清楚地记得，2002年刚放寒假，我陪外甥女刘婧去杭州参加北京广播学院的面试，最初的几十页就是在那十天里完成的；而最后的几十页则是2005年11月在访问新加坡和印度的十多天旅途中完成的。有意思的是，后一次旅行赴印度的目的是参加由德里大学中国研究所主办的"消费主义和中产阶级的兴起：印度与中国的比较"研讨会；回国途中经新加坡则应邀在新加坡国立大学东亚研究所做了一场题为"中国中产阶级：虚幻抑或现实"的讲演。在这样的行程中翻译米尔斯的《白领》，其中的妙处大概只有自己知道。

在旅途中完成翻译，一者确实是因为平时俗务缠身，二者因为翻译是打发旅途寂寞的最好方式（一个人旅行时尤为如此）。单单在后一次旅行中，去印度时在新加坡转机等了整整12个小时，如果没有完成这项工作的动力，我真不知道该如何打发那漫长的时光（感谢新加坡樟宜机场的完备设施，在那里无论是上网还是用自备的电脑工作，都不会比任何一个名牌大学的图书馆逊色）。其实，旅途本身的见闻也颇有助于我对中产阶级这一现象的理解。先是在去印度的新航班机上，随手翻到一本新加坡的杂志，上面的一篇文章讨论的恰是印度的中产阶级，观点如何不说，数据倒十分清晰，说印度有7亿中产阶级。因为2003年去过一次印度，也知道印度经济社会发展的大致状况，所以看到这样的数据多少有些不以为然。后是会议结束后去孟买。离开孟买那天因为飞机是下午6点起飞，而结账后还有3个多小时才去机场的缘故，我坐在Heritage Hotel附设的咖啡店里，一边喝着味道醇厚的印度红茶，一边干着手头的翻译，真是觉得工作原来也可以是如此悠闲。而读着米尔斯的精彩论述，望着咖啡店经理说起"你不知道吗？印度是中产阶级国家"的那份自得，再看看窗外拥挤、繁忙、沸腾的孟买，不由得想到整整100年前刚刚大病初愈的韦伯访问芝加哥的情形。

在韦伯眼中，那个正因为大规模的工业化而从一个原本只有几万人的木材转运站朝向上百万人的大都市急剧迈进的芝加哥，在资本主义的原始动力的激励下，"像一个没有包膜的巨大心脏在有力地跳动着"。满街的汽车、琳琅满目的商品、潮水般的人流、每天7000列火车的进出，加上将那一幢幢洋溢着殖民色彩的建筑衬托得更加辉煌的既肮脏又拥挤的贫民窟，我仿佛从孟买身上看到了100年前的芝加哥。离开孟买以后，我将此种感受通过电子邮件告诉了印度德里大学的维娜·那加尔（Veena Nargal）小姐，毕业于英国伦敦大学亚非学院的那加尔博士回信道："我不相信中国的城市和印度有什么不一样。为什么就孟买像芝加哥，中国的北京和上海呢？"其实，中国的城市也同样在迅猛地发展，也像一颗颗有力跳动的心脏，只是这一颗颗心脏有着厚厚的包膜——国家，或者说国家的控制——而这种强力的控制确实遮蔽了资本繁殖的原始动力和原始形态。

我们现在所说的"中产阶级"即英文中的 middle class，最早出现在近代以来的欧洲。自17世纪甚至更早，欧洲社会就出现了现在被称作"现代化"的社会变迁历程，并通过这场绵延数百年并不断向整个世界辐射的大变迁使人类生活于其中的社会组织、社会结构和生活方式发生了翻天覆地的变化，但人们公认的这场大变迁的"震中"却是18世纪欧洲的两次大革命。如果说现代意义上的英国中产阶级的出现与工业革命有着最为密切的关联，那么法国中产阶级的最初形态则是那个后来在1789年的大革命中扮演了积极角色的第三等级。

和欧洲社会略有不同的是，早在工业化之前，美国的老式中产阶级，包括自由农场主、店主和小企业主，就曾占到过总人口的80%。这与美国广袤的土地为大多数老移民提供了足够的资源有关，也与米尔斯所说美国没有经历封建时代，在工业化之前缺乏一个暴敛社会财富的上层贵族阶级有关。但是，在进入工业化之后，尤其在工业化的早期，一者由于新移民的大量涌入，二者由于部分农民和小企业主的破产，工人阶级逐渐成为人口的大多数。美国工业化的早期历史，在一定程度上见证了马克思关于资本主义早期社会日益分化为工人和资本家两个对立阶级的看法。

但是，20世纪30年代以后，尤其是第二次世界大战以后，情况发生了变化。随着美国社会工业化的完成及向后工业社会的转变，工人阶级的人数开始减少，中产阶级的人数重新开始回升。"1956年，在美国职业结构中，白领工作者的数量在工业文明史中第一次超过蓝领工作者……到1970年，白领工作者与蓝领工作者的比例超过了五比四。"（丹尼尔·贝尔语）而且，尤为重要的是，在中产阶级中，大量出现的不是小农场主、小店主和小企业主这些被米尔斯称之为"老式中产阶级"的人，而是随后工业社会出现的日益增多的所谓"新中产阶级"，包括专业技术人员、经理阶层、学校教师、办公室的工作人员以及在商店内部和外部从事推销工作的人。米尔斯发现，1860年中产阶级雇员只有75万人，而1940年达到1250万人。其中，新中产阶级的人数占到56%（70年前他们只占15%），老式中产阶级则只有44%（70年前他们还占85%）。在米尔斯之后，随着科技革命的发展和大型垄断组织的兴起，美国白领的总数也从20世纪40年代的1000余万上升到20世纪70年代的5000万，1980年后则占到全部劳动力的50%以上。而在今天的美国，"工人阶级只占劳力的25%，而专业和技术的阶级（像管理者、教师和研究者）则占到总劳力的30%以上"。在丹尼尔·贝尔看来，与制造业经济转向服务业经济相伴随，"科学的日益科层化和脑力劳动的分门别类日益专门化"，使得专业技术人员无论在人数还是在重要性上，都开始取代企业主而居于社会的主导地位。而这一切，正是所谓"后工业社会"（post-industrial society）的主要景观。尽管20世纪80年代后，因为美国和其他西方国家的局部"去工业化"，以及高端技术的使用和信息化的浪潮，对战后导致中产阶级人口暴涨的那些职业（如一般的管理人员、文职人员和销售人员）形成了威胁，工作两极分化、"中产阶级面临衰落"，但中间大、两头小的"橄榄型"社会形态并没有彻底改变。

米尔斯所说的"新中产阶级"和老式中产阶级最大的区别有二：其一，无论是自由农场主还是小企业家，老式中产阶级中的大多数人都拥有自己的财产；而新中产阶级则大多没有自己能够独立经营的财产，他们作为高级雇员为拥有大型资本的人工作。因此，从财产方面说，他们的地位和普通劳动者一样；而"从职业收入方面说，他们多少是'处在中间的'"。正是存在这样的差别，英文middle class其实既可以翻译成"中产阶级"（对老式中产阶级尤为合适），也可以翻译成"中间阶级"或"中等阶级""中等收入阶级"（对新中产阶级尤为合适，因为他们其实没有能够作为生产资料的"产"）。正因为如此，米尔斯会说："从消极意义上说，中产阶级的转变是从有产到无产的转变；而从积极意义上说，这是一种从财产到以新的轴线——职业——来分层的转变。"其二，即使是在今天的美国，老式中产阶级（如肯塔基州的农场主）还是会自己动手从事一些体力劳动；但新中产阶级（除了大型百货超市中的售货员）从事的一般是脑力劳动，并且其中相当多的职业是专业技术性的。这既是新中产阶级可以称之为"白领"（white collar）的原因，也是这个阶级能够获取职业声望的资本。

1962年，因为要在全美电视网中为古巴革命辩护，操劳过度的米尔斯心脏病突发驾鹤西去，时年仅46岁。如果从1941年获得博士学位算起，米尔斯的学术生涯不过20余年，但他却撰写了许多影响了整整一代美国人的著述。不过，在他那主题广泛的著述中，米尔斯勾勒出的一幅幅复杂的美国社会景象的中心概念却是"权力"。在米尔斯眼中，"在人类所有的相互作用中，既有上层人物，又有无产者，既有当事人，又有局外人，既有统治者，又有从属者，每个人都显示出权力的积聚、培养和行使"（R.艾耶尔语）。

以此为线索，米尔斯撰写了四本著作分别论述下层移民、劳工领袖、中产阶级和上层权力精英。除了他那本享誉学界的《社会学想象力》(1959)和震动美国朝野的《听着,美国佬:古巴革命》(1960)外,这四本著作构成了这位20世纪60年代特立独行的新左派留给人们的主要遗产。若以出版的先后顺序来叙述,《权力新贵:美国的劳工领袖》(1948)以个人背景和工会产生的历史环境描绘了工会领袖的特征,尤为出色的是,米尔斯将工会领袖和他们反对的资本主义巧妙地结合了起来。显然,没有资本主义就不会有工会运动,所以工会是与私有制密切联系在一起的,这一点决定了劳工领袖与共产主义的格格不入。《波多黎各人的旅途:纽约的新新移民》(1950),以传记手法,描述了移居纽约的波多黎各底层居民的日常生活。而《白领》(1951),则为人数愈益庞大、生活日渐丰裕但情感却不断疏离彷徨,而且多少有些弱智的中产阶级塑造了生动的群像。最后,《权力精英》(1956)则揭开了那群普通人通常难以接近,却受到"他们的决策有力地左右"的上层大人物(great man)的面纱。他让普通人看清,原先他们一直以为生活在自由平等的美国,究其根本也不过是或受制于企业大亨,或受制于军方大佬,再或受制于政界要人的芸芸众生。

回到《白领》。认真阅读你能够发现,虽然米尔斯对构成美国社会主体的这些小人物们充满同情,但他蔑视一切的作派(单单这一点,加上他那格子衬衫、牛仔裤的打扮,和骑着宝马重型机车四处晃荡的举止,将他誉为60年代美国"嬉皮士"的文化先驱并不为过),使他的行文风格和100年前那位凭《有闲阶级论》而名闻遐迩、善于冷嘲热讽的凡勃伦十分相似。在米尔斯看来,进入20世纪，来自经济寡头化和管理科层化的巨大冲击，使得19世纪中产阶级世界那些单枪匹马的英雄——小商人、小企业主和小农场主备受冲击，而依附于更大的资本或权力的新中产阶级则急剧飙升。不过，"无论他们有过怎样的历史，这历史没有任何波澜起伏之处；无论他们有怎样的共同利益，这利益都未能将他们结成一个整体；无论他们有怎样的未来，这未来都不是经由他们自己之手缔造的。如果说他们渴求的终究只是一条中间道路，那么在没有任何中间道路可寻的时代，这最终也只能是一个虚构社会中的虚幻之路"。

由于大批的中产阶级白领们或受到管理人士的指使，或受到科层制度本身的支配，几乎人人都沦为毫无生气和个性，失去了工作的价值感和创造性的"挣钱机器"。另外，一如异化过程使工作失去了意义，他们对地位升迁的过度向往，以及通过消费来抬高个人声望的惯用手法，也使得"生存竞争已经在很大程度上转变为一场维护体面的斗争"（凡勃伦）。尽管通过个人的努力，尤其是通过教育这台个人地位和声望的"提升机"，白领或新中产阶级们人人似乎都具备实现社会阶层跃迁的可能，但无论是经理、领班、管理者、销售员、男女文员，还是医生、律师、教授和各类专业技术人员，这些中产阶级的宵小之徒终生都充满了地位恐慌和挫折感。他们虽然渴望"成功"，但随着时代的变化，原先美国流行的成功模式已经发生了很大变化，"虽然个人的德行仍然受到关注，但它早已不是曾经强加在成功的企业家身上的那种严肃的德行了。现在人们强调的是灵活而不是能力，是和同事、上司和规则'打交道'的能力,而不是在开放市场中'开拓'的劲头;是你认识谁,而不是你懂什么;是自我展示的技巧和利用他人的基本窍门,而不是道德的完整性、真实的成就和个人的可靠程度;是对自己公司的忠诚甚至物我合一的精神,而不是创业的能力。最好的赌注是卓有成效的行政人员的举止,而不是创业者的驱力"。在这样的背景下,管理者不过是所有者的"财产执行人",生产者则是集市社会里的一个推销员,即使知识分子正在撰写的也不过是"提示他人做什么的备忘录",而不再是价值连城的著作。一句话,"为了工资工作,你就得将个人的财富包括时间、体力和能量贡献给雇主;而作为一名工薪雇员,你常常还得把你的自我献给林林总总的消费者、顾客或经理"。简言之,人格成了服务于异己目标的常规工具。

其实,这个新的阶级或由原有的老式中产阶级改变而来的阶级,并不仅仅表现在生活方式层面。有关他们在政治上的特征,欧洲的理论家们给予了不同的标定:有人认为,随着中产阶级人数和权力的增长,它将成为一个在政治上独立的阶级;有人认为,虽然他们不可能成为一支独立的力量,但起码能够成为不同社会阶级之间的平衡器,对此,在19世纪末20世纪初德国社会民主党内有关中产阶级性质的大争论中,大名鼎鼎的伯恩斯坦采取了正方立场,认定新中产阶级的崛起,弥补了老式中产阶级衰落带来的问题,结束了资本主义社会的不稳定;也有人认为,新中产阶级成员就其属性而言仍然属于资产阶级,甚至像德国的中产阶级那样,有可能成为法西斯主义的社会基础(西奥多·盖格、利普塞特);当然,还有人认为,因为白领薪金雇员不占有生产资料,当然还是无产阶级的一部分,像上述那场大争论的反方考茨基,就称其为"硬领无产阶级"(stiff-collar proletariat)。

不过,在米尔斯的眼中,美国的新中产阶级好像什么都不是。为了掩饰不确定性和寻找安全感,他们最为突出的表现是冷漠,以及马克思所说的"虚假意识"。冷漠,就是与现实的世界保持一定的距离,它不相信现实的忠诚和未来的期望,并对那些抱有政治热诚的人一律视为"缺乏成熟"。借用马克斯·韦伯的话来说,政治冷漠的人认定,在一个毫无意义的政治世界里,一个人没有信仰一样能够生活,一样能够进行超然的智力活动。其实,"对那些缺乏洞察力、阶级地位不太稳定的人来说,冷漠往往与对没有意义的工作不愿牺牲自己和时间有关;而对另一些人来说,冷漠则是因为对那些能够直接满足感官刺激、欲望和娱乐的活动过于迷恋所致"。在美国,形成中产阶级的政治冷漠的原因是多重的,其中包括主流大众媒介的宣传所起的政治消解作用,大众传播及与此相关的各种文化机器使得"每个人都以一定的方式取得了相互的平等……它们是一种公分母,是预先规定大众情感的模具";经济社会状况的稳定使中产阶层的政治要求降低到最小程度;而美国的经济机构无疑比政治机构对生活更为重要,政治不过是实现经济利益和保护经济活动的一种手段。

其实,美国中产阶级的这种政治冷漠,也是导致他们的虚假意识产生的原因之一。马克思指出,恩格斯和曼海姆都多次论述过的"虚假意识",用最简单的话说,就是对自身利益的"错误估计"。米尔斯发现,因为虚幻的声望因素作祟,相当部分的新中产阶级或白领人士即使在收入、财产和技能方面与雇佣劳动者无异,他们也拒绝认同于无产阶级。他们不会关心本阶级的利益,更不会关心整个社会或国家的前途,他们关心的只是个人的成功,或者干脆说经济上的成功。用马克思的话来说,这只是一个"自在阶级",而远不是一个"自为阶级"。你能够猜想作为新左派的先锋,米尔斯对这种政治冷漠的基本态度,他毫不隐晦地借用希腊人的话说,"白痴就是独善其身者"。说到底,这庞大而在政治上无所作为的中产阶级才是资本主义社会"固若金汤"的"马奇诺防线"。

我在上文提到,在翻译米尔斯的这本著作的几年里,鉴于中产阶级在中国社会的不断成长和壮大,我和我的学生自2002年起也开始着手从事有关中产阶级的一项研究。这项研究包括前后两部分,前一部分涉及全球中产阶级的比较研究;后一部分则涉及中国中产阶级的经验调查。这项研究的结果是由社会科学文献出版社2005年夏分别出版的互为呼应的两本著作:《全球中产阶级报告》和《中国中产阶层调查》。[1] 这两本著作第一版各印了6000本,境遇不太一样,后一本著作不但销售得更快(所以不久又印了6000本),而且出版以后,引起了极大的反响:2005年9月2日,经发行量数百万份的《中国青年报》一整版的报道,一时间,有关中国中产阶层的调查及其讨论成为海内外诸多媒体争相报道的主题;仅仅20天后,经网络检索,谷歌网站能够检索到与《中国中

---

[1] 周晓虹主编:《全球中产阶级报告》,北京:社会科学文献出版社2005年版;周晓虹主编:《中国中产阶层调查》,北京:社会科学文献出版社2005年版。

产阶层调查》相关的网页达75 400个，百度网站也高达39 700个。

在这份根据对北京、上海、广州、南京和武汉全国五大城市的3038户家庭的电话调查写成的报告中，我们根据经济条件、职业分类、教育层次以及自我认同等主要指标的综合考察，得出中国五大城市中中产阶级或中产阶层的有效百分比为11.9%。和先前其他一些学者完成的有关中国中产阶级的研究一样，就是这个还算保守的11.9%也还是引起了广泛的质疑，许多人不相信中国的大城市已经有了11.9%的中产阶级或中产阶层（当然，因为没有仔细看书，误认为我们的调查范围是整个中国大陆的则另当别论），也有许多人不相信月收入5000元人民币以上、白领职业、接受过正规的大学教育就能算中产阶级。我在网络上读到一篇因我们的《调查》而写成的文章，这位月收入7000元的白领将自己的收支列了一张清单，除去商品房的月供、子女的教育、汽车费用、生活费用等项以外所剩不多，于是十分委屈地抱怨："我也能算是中产阶级？"

2005年在香港凤凰卫视的《世纪大讲堂》和后来在新加坡国立大学的讲演里，我分析了在改革开放25年后的今天，在中国的经济发展为全球瞩目的同时，为什么国人还是会对中国存在一个中产阶级或中产阶层持强烈的怀疑态度。这种怀疑态度和包括Heritage Hotel 咖啡馆经理在内的印度人的自信恰成对照。有意思的是，那位经理告诉我，印度中产阶级的收入下限也是5000元，不过不是5000元人民币，而是5000卢比，也就是1000元左右人民币。我觉得中国人所以会对当今中国存在一个中产阶级或中产阶层持怀疑态度，原因之一在于对英文middle class的误读，类似的现象其实如萧新煌教授所说，也曾出现在中国台湾和韩国等东亚地区。在广泛使用英文的中国香港和新加坡，中产阶级一词直接对应于特定的人口，一般不会引起过多的歧义，因此，"新中产阶级"（new middle class）和"专业人士"（professional）两个术语的混用都很流行；但在中国台湾和韩国，middle class的中译和韩译都包括了"中等财产"的含义，因此，像米尔斯那样直接将专业人员或白领阶层视为"新中产阶级"的做法就遇到了相当的障碍。在中国大陆，因为长期以来对middle class的习惯译法都是"中产阶级"，它自然会强化人们对"财产"多寡的过度重视，而忽视现代中产阶级或者说新中产阶级的职业特征。

造成人们怀疑的原因之二可能与对中产阶级的收入及其社会属性的高估有关。在收入或经济地位方面，因为民族资产阶级和小资产阶级（即所谓petty Bourgeoisie）曾被划为中产阶级，这在一定程度上提高了中产阶级的财产和地位标准。其实，即使在美国，无论是中产阶级的绝对收入还是相对收入，都远没有我们想象的那么多，所以，米尔斯会直截了当地说："新中产阶级的大多数是中低层收入的群体。"即使现在，美国中产阶级的收入也不过在2万—7.5万美元之间（范可）。至于社会属性的高估则和人们对中产阶级的社会期待过高有关。在一篇题为《"中产阶层"概念被误读，高收入不等于高素质》的文章中，作者写道："对个体而言，中产阶层则绝不意味着享受与奢华，而是意味着责任与付出……中产阶层之所以是一个有着强烈的社会责任感的阶层，正是因为该阶层有了基本生活条件的保障……"面对这样的文字，再看米尔斯的这本《白领》，细细感受在美国，老式中产阶级的没落和新中产阶级的兴起,"和美国人心目中特立独行的个体的消失和凡夫俗子的大量涌现是一个并行不悖的过程"的经典描述,其实你很容易知道,有多少人误读了中产阶级。

正是从这样的意义上,我觉得花这么多时间去翻译米尔斯的这本著作是值得的。一方面,这本著作的出版能够为我们了解美国中产阶级的兴起和成长提供一幅生动的全景画面;另一方面,它也能够校正国人对中产阶级的种种不正确的估量,起码打消人们头脑中对中产阶级成长和作用的不切实际的幻想。中产阶级是工业社会的产儿,也是一个现代社会的基本象征,它能够带来社会的富裕和稳定,但中产阶级不是罗宾汉式的英雄。中国社会未来的发展为中产阶级的成长腾出了足够的空间,但中国中产阶级的成长不仅步履维艰,甚至如果我们不能很好地解决当今中国社会的贫富不均、庞大的农村人口对工业化的巨大压力,以及中产阶级及其相关研究在意识形态方面的障碍等一系列问题的话,年轻的中国中产阶级也许还有可能成为社会不公或社会失范的"替罪羊"。从早几年就出现的对机关公务人员的不满,到近年来愈演愈烈的对包括医生、法官、律师甚至教师在内的专业人士或标准的"新中产阶级"的诟病,说明我们的担忧并不是一种凭空的臆想。所以,我希望米尔斯的这本著作的出版,在促进中国中产阶级成长的同时,也能为它的形象再做一次有益的校正。

(本文系为《白领:美国的中产阶级》[莱特·米尔斯著,周晓虹译,南京:南京大学出版社2006年版]一书撰写的"中译本序",原载《读书》2007年第5期)

东亚的审读与傅高义的人生

第一次见到傅高义（Ezra F. Vogel）教授，是1999年4月下旬的一个清晨。当时我去哈佛大学费正清东亚研究中心访问一年，因为去的时候不是学年之间的交替时节，一时找不到住处，就暂居在裴宜理（Elizabeth J. Perry）教授的家里。那时候裴老师家里养了一条名叫Randall的牧羊犬，每天清晨，只要天气晴朗，裴老师都会去坎布里奇西北面的鲜湖（Fresh Pond）遛狗，我有时也会陪着一起去。那天，我们去鲜湖的路上碰上了正在跑步的傅高义和艾秀慈（Charlotte IKals）夫妇，就停下来聊了一会儿，从那以后我就与这可爱的老人有了一系列交往。

我与傅高义教授相识的时候，他已年近七十，考虑到我们遇见他们夫妇的地方离其居住的萨姆纳街估计有5英里左右，这意味着他们那天上午晨跑的距离当在10英里以上，凭此你就知道这位老人的精力是多么充沛。1999年秋季，我和一起来哈佛访问的舍友、广州市社会科学院的李大华教授一起选修了傅高义教授在社会学系开设的中国研究的Seminar课程，现在想来，那时他在哈佛任教的时光已经进入倒计时[1]，而我们可能是他课堂上的最后一批外国学人。

因为自己的专业是社会学的缘故，更因为当时正在撰写《西方社会学历史与体系》一书，这以后，就像我常常会去弗朗西斯街65号看望丹尼尔·贝尔教授一样，我也常常会去叩开不远处的萨姆纳街14号傅高义教授的家门，或约他去哈佛广场上那家著名的燕京饭店小酌，听他聊哈佛大学社会学的历史，尤其是凭结构功能主义"君临天下"的帕森斯教授的其人其事。早在读研究生期间，傅高义就选修过帕森斯的美国社会研究课程，这不仅影响到他后来选择以社会学为志业，而且后者的社会均衡的观点还左右了他最初对中国社会的研究。

20世纪30年代，帕森斯在英国和德国接受社会学教育后回到美国，通过翻译韦伯的《新教伦理与资本主义精神》（1930）和撰写《社会行动的结构》（1937），一方面将韦伯和欧洲社会学引入美国，另一方面则成为美国社会学界的扛鼎人物。1944年，他接替苏联人索罗金出任哈佛大学社会学系主任，两年后即将社会学系改名为社会关系系（Department of Social Relations），将社会学、

---

[1] 2000年7月，哈佛大学为傅高义教授举行了退休仪式，他也提前邀请了我参加，只是因为我已经预定在那一年的5月回国，就错过了这次机会。后来知道，傅高义的学生赵文词（Richard Madsen）、戴慧思，还有从马里兰大学返回哈佛接替自己老师教席的怀默霆（Martin King Whyte）都参加了那天的盛会。

社会人类学、社会心理学和临床心理学囊括殆尽。1973年在帕森斯退休之前，强调整合与均衡的结构功能理论在米尔斯、达伦多夫、古尔德纳等人的持续批判下，尤其是面临20世纪60年代后半期美国社会的风雨飘摇，已经开始式微。用那时正在哈佛攻读博士学位的傅高义的研究生赵文词的话说，当时最能言善辩的研究生们都以讽刺帕森斯为能事。[1] 在这样的背景下，20世纪70年代初担任系主任的霍曼斯将社会关系系改回社会学系，社会人类学、社会心理学和临床心理学则各自回了同在詹姆斯楼（James Hall）的人类学系和心理学系。一时间帕森斯苦心经营起来的"帝国"土崩瓦解，到我1999年去哈佛访问时，只有James Hall西侧的图书馆还保持着"社会关系图书馆"的名称（2012年我再去哈佛访问时，连图书馆都改了名）。难怪傅高义会告诉我，那时刚刚退休还常常去系里拿信函的帕森斯会用拐杖戳着地板大骂霍曼斯，把系里的行政人员吓得大气都不敢出。

帕森斯退休的时候，傅高义已经在哈佛大学社会学系任教10年。往前回溯，这位1930年出生于美国中西部俄亥俄州特拉华市的犹太后裔，20岁时毕业于俄亥俄卫斯理大学（Ohio Wesleyan University），在军队服了两年兵役后，考入哈佛大学攻读社会学博士学位。攻读博士学位期间，傅高义一直给弗洛伦丝·克拉克洪（Florence Kluckhohn，该系著名人类学家克莱德·克拉克洪的

---

[1] 赵文词:《五代美国学者对中国国家与社会关系的研究》，载涂肇庆、林益民主编:《改革开放与中国社会——西方社会学文献评述》，香港：牛津大学出版社1999年版，第44页。

妻子）做研究助理。1957年，后者告诫刚刚获得博士学位并意欲以研究美国社会为志业的傅高义：如果你想深入洞悉美国社会，"就应该负笈海外，在另一种迥然不同的文化中生活并浸淫其间"[1]。因为太平洋战争期间曾参与美国战时情报处的工作，克拉克洪对日本人的价值观和民族性多有研究，就建议傅高义不妨去日本从事研究。恰巧另一位哈佛的人类学家威廉·考迪尔（William Caudill）博士刚刚结束对日本为期一年的访问研究回国[2]，克拉克洪的建议获得了考迪尔的积极赞同。第二年，28岁的傅高义偕前妻苏珊娜（Suzanne Hall Vogel）和他们刚刚一岁的儿子前往东京，开始了长达两年的异国之行。

在哈佛大学攻读博士学位时，傅高义参加了人类学家弗洛伦丝·克拉克洪和心理学家约翰·施皮格尔（John Spiegel）联袂指导的一项有关家庭和心理健康的大型调查，在此基础上他完成了自己的博士学位论文《婚姻关系与受情绪困扰的孩子》。因此，一开始傅高义日本之行的目的不过是想将这项研究扩大到不同的人种学背景中去。不过，在快要完成在日本的田野工作之时，傅高义开始对自己似无新意的研究产生了倦怠之感。相反，在东京市郊真间町（学名M町）的田野研究的过程中，他开始意识到

---

[1] Vogel, Ezra F., *Japan's New Middle Class: The Salary Man and His Family in a Tokyo Suburb*, Third Edition, New York: Rowman & Littlefield Publishers, Inc., 2013, p.xiii.

[2] 那时候，受弗洛伊德的童年期决定论的影响，迷恋心理人类学的克拉克洪夫妇及考迪尔、戈雷尔等诸多美国人类学家都对研究日本人的生活史和日常习俗怀有浓厚的兴趣，以至于战后美国人类学家蜂拥而至日本，考察诸如戈雷尔提出的"排泄假说"等战时有关日本人国民性的理论之真伪。

"在大公司或政府机构工作的工薪雇员（salary man）家庭和小农场主或独立商人家庭之间倒存在较大的差异"[1]，而家庭模式上的差异与更广泛的教育和社会问题之间有着千丝万缕的联系。这样一来，原先有关家庭与儿童心理健康的议题被后来的日本新中产阶级即工薪族的议题所取代。

收集完田野资料返回美国的傅高义最初是到耶鲁大学任教的，然而不久之后他就找到了重返哈佛的机会。进入20世纪60年代，因为麦卡锡主义在政治上逐渐失势，而美国人也清晰地意识到社会主义中国将作为一个重要的对手长期存在，曾作为"危险领域"的中国研究又重新被提上议事日程。此时，在福特基金会等机构的支持下，哈佛、哥伦比亚、华盛顿、加州大学伯克利分校、斯坦福以及康奈尔等大学的中国研究如火如荼；而"战后在美国几乎是单枪匹马地创造了当代中国研究"[2]的费正清也再一次慧眼识珠，使得傅高义1961年有机会以博士后研究员的身份返回哈佛，而他的社会学背景也开始成为费正清等人实现将传统汉学改造成当代中国研究的契机。

进入哈佛东亚研究中心的傅高义一面跟着赵元任的女儿赵如兰学习汉语，跟着费正清等人学习中国历史、政治与文化，一面利用在日本收集的田野资料撰写《日本新中产阶级：东京郊区的

---

[1] Vogel, Ezra F., *Japan's New Middle Class: The Salary Man and His Family in a Tokyo Suburb*, p. 285.

[2] 费慰梅：《梁思成与林徽因》，曲莹璞、关超等译，北京：中国文联出版社1997年版，第1页。

工薪族和他们的家庭》。1963年，几乎在这本著作出版的同时，已经起了中文名并留任哈佛的傅高义动身前往香港，研究1949年后中国的政治、社会与文化。尽管当时的美国弥漫着"冷战"的氛围，主流意识形态视中国为对手，但傅高义及一批年轻的中国研究学者在费正清的影响下却对中国抱以同情的态度，用他的话来说："尽管美国是冷战的领导者，美国的中国观察家们却不属于激愤的冷战斗士之列。"[1] 作为地域研究的中国研究是"冷战"的产物，但大多数研究者了解与研究中国的目的却是为了中美间的交流而不是对抗。

如果说上述立场决定了傅高义对中国研究的态度，那么社会学的训练则使他脱离了关注中国之命运一类的宏大叙事，转而研究离香港较近因而能够获得相对丰富的文献和口述资料的广东。在香港除了约谈访谈对象（多数是来自广东的移民或偷渡客）外，他开始系统阅读《广州日报》《羊城晚报》，一年后回到美国，还继续阅读哈佛大学购买的1949年后完整的《南方日报》。"土改"、社会主义工商业改造、"大跃进"和人民公社，几乎所有1949年后发生的历史事件及与其相关的一系列政策的出台和变化都引发了傅高义的高度关注。1969年，在"文革"达到顶峰之际，《共产主义下的广州》[2] 出版。至此，傅高义成为全美能够同时

---

[1] 傅高义：《当代中国研究在北美：超级强权下的边缘人语》，载周晓虹主编：《中国社会与中国研究》，第126页。
[2] 傅高义：《共产主义下的广州》，高申鹏译，广州：广东人民出版社2008年版。

驾驭中日两种文化并因此能够洞悉整个东亚局势的不二人选，他将费正清和日本研究专家赖肖尔（一译赖世和，Edwin Reischauer）开创的哈佛东亚研究传统近乎完美地继承下来。

在费正清的影响下，傅高义成为中美关系变化的积极推动者。他参加了"冷战"期间建立的致力于改善中美关系的美中关系全国委员会（National Committee United States-China Relations）的工作，并和费正清一道为先前的哈佛同仁基辛格出谋划策。1972年尼克松访问中国之后，中美关系获得实质性改善，傅高义也有了机会进入自己研究了多年的中国大陆。1973年，傅高义跟随美国国家科学院资助的代表团访问中国，从此之后，访问中国成为他的日常生活和研究的一部分。也是在这一年，43岁的傅高义接替退休的费正清出掌哈佛大学东亚研究中心，不久中心更名为费正清东亚研究中心。

中国和日本两个国家在东亚乃至全球的地位，决定了它们成了傅高义学术人生的"双推磨"。1975年，刚刚陷入中美关系变革大潮之中的傅高义，又接受日本基金会的邀请和资助，去日本采访战后商界和金融界的领军人物。尽管自1958年之后，傅高义几乎每年都会去日本访问，在1965年开设中国社会课程的同时甚至更早，他也开设了日本社会的课程，对这个岛国的一切几乎了如指掌，但一直到完成这次研究归国时，他才第一次对美国的制度和整个社会的优越性发生了怀疑，而日本这个原先他一直带着优越感打量的"他者"开始以惊人的成就使其"大为惊异"："得天不厚的日本，怎么能把美国人都束手无策的一大堆问题，处理得这样头头是道呢?"[1] 经过深入的探究，傅高义发现日本的成功与所谓国民性或勤劳、克己等传统美德无关，而得益于其独特的组织能力、措施和精心计划。1979年，《日本第一：对美国的启示》一书出版，并很快成为日美两国企业界，以及不久后启动改革开放的中国政商两界的"葵花宝典"。[2]

在《日本第一》出版之时，有着世界上最多人口的中国已经在邓小平的推动下进入后来令全世界瞩目的改革开放。这一背景，也使熟知中日两种文化和语言的傅高义成为这两个历史积怨深厚但现在开始热络起来的国家相互争抢的"香饽饽"。不仅因为撰写了《共产主义下的广州》，并在1973年第一次访问中国时就到过广东（傅高义的妻子艾秀慈还会粤语），1980年刚刚开放之时又在中山大学做过三个月的访问，熟悉那里的一切，制度、组织、环境、政策和人头……而且因为《日本第一》的成功，刺激了走在中国改革开放前列的广东向世人展示自己进步的欲望，傅高义成为向世界代言广东改革开放的不二人选。1987年，应广东省人民政府的邀请，傅高义和艾秀慈夫妇再度来到广东，艾秀慈研究中国的老人和社会福利，傅高义则开始系统研究广东的经济发展与改革开放。在广东的近七个月内，尤其是在省内周游的

---

[1] 傅高义：《日本第一：对美国的启示》，谷英等译，上海：译文出版社2016年版，第VI—VII页。

[2] 傅高义曾兴致勃勃地回忆过，有一年，时任上海市市长的朱镕基带队访问美国。在哈佛大学的一次演讲中，听众里有人向朱镕基提问："你认为中国应该向日本学习什么？"朱镕基答道："这样的问题不应该问我，而应该去问傅高义啊！"言毕，众声喧哗。朱镕基十分迷惑，忙问大家为什么笑，他人回答："这提问的人就是傅高义啊！"

十周里,傅高义走访了全省的14个地级市和深圳、珠海、汕头三个经济特区,全省100个县他去了70多个,拜访了30多名县级以上的官员。广东为他们自己请来的客人提供了所有可能的"方便",为了傅高义能够进行自由而有效的调查,主人给了他省经济委员会副主任的待遇[1],配给他一辆车、一个司机、一个懂粤语的助手。两年后,《先行一步:改革中的广东》一书出版。如果说这本著作和20年前的那本《共产主义下的广东》前后相继,正好构成了一部完整的广东当代史,那么这本涉及广东改革开放的动因、性质、过程及前景的著作,开始将研究的视野从全能型的国家转向"过渡中的社会"。尽管这本书出版之前已经发生了风波,对中国改革开放富有信心的傅高义还是坚信:"如果政治环境能够给予广东人民更多的机会,那么在今后的岁月中,他们将会取得更大的成就。"[2]

其实,在研究广东的同时,傅高义的眼光已经从日本和中国投向整个东亚。20世纪80年代初,哈佛大学要求资深教授们为学生开设公开课,傅高义开设的课程为"东亚产业社会"(East Asia Industrial Society),他将自己的研究扩展到韩国、新加坡、中国台湾和香港,着重讨论后发型产业社会的特点。在《先行一步:改革中的广东》出版两年后,《亚洲四小龙:东亚现代化的扩展》

---

[1] 记得2002年5月,我代表学校邀请傅高义教授来南京大学参加100周年校庆,我那时刚刚担任系主任不过一年,他和我开玩笑说:"晓虹,你的职位是正处吧?我可担任过中国的副厅级干部哦。"指的就是这段经历。

[2] Vogel, Ezra F., *One Step Ahead in China, Guangdong under Reform*, Cambridge, Mass.: Harvard University Press, 1989, p. VIII.

（1991）一书出版。尽管"亚洲四小龙"的说法成于20世纪70年代后期，但只是在傅高义的著作出版后，这一概念才成为讨论新兴国家和地区经济发展政策的典范。现在看来，此番对韩国的涉猎，为他最近几年与高丽大学金炳周教授合作主编的《朴正熙时代》（2013）打下了坚实的基础。

到20世纪90年代，傅高义对中国、日本和整个东亚社会的出色洞悉，已经使其成为美国最为著名的亚洲研究专家。在这样的背景下，1993年在哈佛大学的同事、后来提出"软实力"一词的政治学家约瑟夫·奈（Joseph Nye）出任克林顿政府的国家情报委员会主席时，自然就会邀请自己的老朋友傅高义出任东亚情报官，为美国国防部和中央情报局提供材料与分析背景。不过，这样的"从政"机会对一个63岁的人来说似乎有些晚了，所以仅仅两年后，傅高义再度返回哈佛，接替人类学家华琛（James L. Watson），再度出任费正清东亚研究中心主任。在这一任期内，傅高义的努力使"费正清中心事实上成了美国政府亚洲事务部波士顿分部……这段时间也成为中心四十年来最为活跃的时期"[1]。对中国人来说，傅高义这一阶段最出色的贡献是促成了时任国家主席江泽民1997年访问哈佛。我1999年春到达费正清中心访问时，傅高义已经进入第二个任期的最后一年。这一年秋天，邀请我去

---

[1] Suleski, Ronald, *The Fairbank Center for East Asian Research at Harvard University, a Fifty Year History, 1955–2005*, Cambridge, MA.: The John K. Fairbank Center for East Asian Research, Harvard University, 2005, pp. 98–99.

访问的裴宜理教授出任中心主任。

记得傅高义从费正清东亚研究中心主任职位上退下来不久,即开始强化他的汉语,每周二、四两个下午都跟着一位从华南师范大学来的女老师学习中文。我当时并不知道缘由,只是感叹他真正做到了活到老、学到老。后来才知道这位年逾七旬的老人又开始了一项更为巨大的工程:用了10年时间撰写长达700余页的《邓小平和中国的转型》(即中文版《邓小平时代》)一书。而再度学习中文,像他后来所说,只是为了能够直接从事访谈,从而收集更为广泛的第一手资料。这部后来被誉为"对邓小平跌宕起伏的政治生涯和中国风云变化的改革开放进程的全景式描述"[1]的著作,获得了包括入围"美国国家图书奖终选名单"等一系列奖项。2013年年初,中文版《邓小平时代》由生活·读书·新知三联书店出版,到我10月再访哈佛时不到一年的时间已经卖出去50万册。那天傅高义告诉我,60万人民币的版税他一分都没有留,全部捐给了自己的本科母校卫斯理大学。我好奇地问他,为什么没有捐给哈佛,老先生直言:"哦,他们不缺钱。"

从1958年研究日本开始,在将近半个世纪的岁月中,傅高义为以中国和日本为主的东亚研究真正做到了鞠躬尽瘁。在我们前面述及的其主要的研究经历和出版物中,两部涉及日本,三部涉及中国,一部涉及韩国,一部涉及包括韩国、新加坡和中国台湾

---

[1] 见《邓小平时代》中文简体版封面勒口处评价,冯克利译,北京:生活·读书·新知三联书店2013年版。

与香港在内的"亚洲四小龙",而所有的研究主题都可以归于一句话:东亚的现代化。即使有关邓小平和朴正熙的两部人物传记,其主题也都是围绕中韩这两个传统相同的东亚国家的现代化展开的,因此除两位颇具克里斯玛(charisma)权威的传主的姓名不同外,两书的副标题惊人地相似,都是transformation,或中国的转型,或韩国的转型。

在傅高义最初赴日时,尽管因为授业于克拉克洪、施皮格尔和考迪尔的缘故,他的兴趣更多地偏向受精神分析影响的人类学,希望能够在不同的人种学背景下,关注童年早期的经验对人们精神世界建构的影响,但毕竟哈佛的社会关系系整个笼罩在帕森斯的结构功能主义及其现代化理论之下,而年轻的傅高义又一直以帕森斯开设的美国社会课程为学术标杆,因此帕森斯的理论对他颇具影响:不但直接左右了傅高义1958年的学术转向,从夫妻关系对子女精神健康的影响转向日本新中产阶级的价值观和生活方式;而且决定了他一生的研究议题,即说明东亚社会从传统到现代的转型。

导源于帕森斯的现代化理论的渊薮,一直可以追溯到马克斯·韦伯。1915年,在韦伯写成《儒教与道教》一书时,他将10年前撰写《新教伦理与资本主义精神》时所讨论的那个主题推演到中国,即在中国能否产生"理性资本主义"的问题。尽管《儒教与道教》写于1915年,但该书的英文版经由汉斯·格斯翻译出版,却是在"韦伯热"初起的1951年,这和战后作为美国"地域研究"主体之一的中国研究的兴起正好同步。这一巧合,加之战后帕森斯对美国社会科学进而对费正清及其中国研究的影响[1]，上述韦伯式命题即"理性资本主义在中国能否产生"的问题，自然很快成了刚刚成型的中国研究的基本主题。虽然帕森斯和韦伯的理论传承不尽相同，但韦伯对上述命题的思考，为源自帕森斯的现代化理论提供了基本的内核：理性资本主义之路就是现代化之路。

受到韦伯和帕森斯理论的影响，在相当长的时间里，美国流行的包括中国和日本在内的近代东亚观，就是东方对来自西方的影响或冲击做出回应的历史。比如，保罗·克莱德和伯顿·比尔斯在《远东：西方冲击与东方回应之历史》中，就将近代以来的东亚革命分为两个部分：前一个运动是西方文化向东亚传统社会的扩展，后一个运动则是亚洲对西方的回应。[2] 费正清和赖肖尔是这种"冲击—回应"模式的主要倡导者，他们认为东亚近代的历史进程都是由西方的挑战所引发的，唯一的区别在于，和日本相比，由于自身社会的"惰性"，或者说"因为中国社会幅员如此辽阔，组织如此牢固，一直无法迅速地转变成西方的组织模式"[3]，导致中国对西方的挑战回应迟缓。

---

[1] 费正清说，他曾请哈佛大学卡尔·费里德里奇、爱德华·梅森和塔尔科特·帕森斯三位教授，用最简要的词汇概括政治学、经济学和社会学的基本原理，并用这些原理简要解释中国的具体情况，而他也坦承由此获益匪浅（参见费正清：《费正清对华回忆录》，北京：知识出版社1991年版，第395页）。

[2] Clyde, Paul H. & Beers, Burton F., *The Far East: A History of the Western Impact and the East Response (1830-1965)*, Forth Edition, Englewood Cliffs, N.J.: Prentice-Hall, 1966.

[3] 费正清、赖肖尔：《中国：传统与变革》，陈仲丹等译，南京：江苏人民出版社1992年版，第314页。

单从理论上说，原本帕森斯的现代化理论，不过是为了深化经典社会学中盛行的传统—现代的二分法，以此解释发展中国家或欠发达国家的社会现代化道路的可行性，但20世纪50年代"现代化理论"成为美国学术界的"显学"，却多多少少是为了与此时已经如火如荼的共产主义竞争，在马克思的暴力革命理论之外，为欠发达国家找到一条以美国为标准的发展之路。如此，"冷战"时代造就了麦卡锡主义的社会氛围，也同样使现代化理论成为影响到美国的中国研究乃至整个地域研究的基本国策之一[1]，成为一种为美国战后国际政策辩解的意识形态[2]，或者说成为雷迅马（Michael E. Latham）所说的"非共产党宣言"[3]。

尽管傅高义对"冷战"始终抱以冷静的旁观心态，但作为帕森斯治下的50年代的哈佛社会学人，东亚的现代化或者说东亚社会由传统向现代的转型后来确实成了他毕生的研究主题。1958年，当年轻的傅高义挈妇将雏奔赴战后的日本时，他就敏锐地关注起战败后的日本如何面对危机，重建经济繁荣和新的社会秩序，而这一秩序中的"一个重要元素（就）是'新中产阶级'的大规模出现"[4]。显然，傅高义关于新老中产阶级的划分受到米尔斯的《白

---

[1] 柯文：《在中国发现历史——中国中心观在美国的兴起》，林同奇译，北京：中华书局1989年版，第80页。

[2] Peck, James, The Roots of Rhetoric: the professional Ideology of American's China Watchers, *Bulletin of Concerned Asian Scholars*, 2(1), 1969.

[3] 雷迅马：《作为意识形态的现代化——社会科学与美国对第三世界政策》，牛可译，北京：中央编译出版社2003年版，第IV页。

[4] Vogel, Ezra F., *Japan's New Middle Class: The Salary Man and His Family in a Tokyo Suburb*, p. 4.

领：美国的中产阶级》(1951)一书的影响,他将小业主和小地主划为老中产阶级,而将战后随着日本经济快速增长而日益壮大的大公司与政府部门的白领雇员称为"新中产阶级"或"工薪族"。在这本被威廉·W.克里称之为"在日本民族志中影响最为深远的著作"中,傅高义从这样几个方面揭示了日本新中产阶级或"工薪族"的社会图景:(1)工薪族的崛起,意义并不在其收入的多寡,而是他们所受雇的大型组织的出现及在战后日本所处的引领变革的地位,正是后者赋予这一新兴阶级以可预期的收入、声望和社会地位;(2)对工薪族的理解必须置于日本社会的脉络之中,换言之不能脱离他们的家庭关系、友谊模式、生活条件和教育背景,正是这些因素使得工薪族在日本不仅是一个收入稳定的人群,更是一种令人向往的生活方式;(3)最为重要的是,日本新中产阶级的崛起并没有引发阶级间的对立与冲突,相反,它以文化扩布的方式成为人们争相获得的一种新的理想生活方式。[1]

在傅高义对日本中产阶级的描述中,传统与现代的颉颃始终隐含其间:像所有迈向工业化的国家一样,一百多年来,尤其是战后以来,日本一样出现了迈向现代的转变,包括大家族系统为核心家庭所取代、个人主义价值观的不断增强、女性独立与解放、家族企业让位于大型组织和政府机构、人口从乡村向城市的聚集,但是和工业化时期的欧美甚至近代以来的中国相比,日本

---

[1] Vogel, Ezra F., *Japan's New Middle Class: The Salary Man and His Family in a Tokyo Suburb*, pp. xvi–xviii.

"在向现代社会的转型期间,高度的社会秩序却依旧贯穿始终"。在傅高义看来,本该剧烈动荡的社会转型所以会呈现出"一幅较为有序和受控的社会图景",在相当大的程度上受惠于新中产阶级或工薪族的崛起:正是"工薪族为社会上的非工薪族树立了一种生活方式的范本,由此转递(mediate)了西方化和工业化的直接冲击"。[1]

尽管日本在现代化转型中的成功受到了傅高义的推崇,但一直到10余年后完成《日本第一》时,他才开始意识到日本成功的真正意义:对一直以"老大"自居的美国来说这是一面可以借鉴的"明镜"。一个以西方为师的东方国家所以最终能够反客为主,其基本的理由在:(1)日本的制度是在不断反思和借鉴的基础上建立起来的;(2)作为唯一的非西方发达国家,"日本在自己传统的基础上",借鉴了异国的优秀传统;(3)作为人口大国和资源小国,日本较早地面临并成功处理了现代社会常见的资源匮乏与人口膨胀的难题;(4)日本的经济、政治和社会制度都十分完善,以致"这个国家固然资源贫乏,但在处理一个后工业化社会所面临的基本问题上,却是出类拔萃的"。进一步说,"二十世纪后半叶以来,工业发达国家在社会、经济、政治等方面发生了前所未有的激烈变化,污染、资源缺乏等问题造成了很大的政治影响,只有像日本那种中央集权而又灵活的体制、协商一致的社会,才

---

[1] Vogel, Ezra F., *Japan's New Middle Class: The Salary Man and His Family in a Tokyo Suburb*, pp. 227-228, 238.

有能力适应这种时代"[1]。

或许是因为幅员辽阔、沿海与内地差异巨大,或许是因为无法获得真实有效的全面数据和经验资料,与对日本的整体研究不同,傅高义对中国的涉足"不满足于笼统地概览超过七亿的中国人"[2],因此在相当长的时间里他一直聚焦于毗邻香港并因此后来成为改革开放前沿的广东。1963—1988年,傅高义有关广东的研究时间跨度长达四分之一个世纪:《共产主义下的广州》(1969)以在香港收集的文献与口述资料,讲述并分析了1949年以后一种新型的秩序——社会主义秩序在广州这个中国最早的通商口岸也是中西文化交流的中心都市的建立情形,以及人民对这一制度的适应过程;《先行一步:改革中的广东》(1989)则描述了1978年改革开放之后,广东的朝向现代的迅猛变革。明眼人能够看出,因为从事研究的时间限制,在傅高义描述的1949—1988年广东的近40年当代史中,"文革"十年大半是个"缺环",为此,作者在《先行一步》的第一章中即以《广东的文化大革命(1966—1976)》为题补齐了这段历史,并将"文化大革命"这场内部的灾难和来自香港等地的外部刺激并列,视为激发广东人改革渴望的重要契机。

《共产主义下的广州》一书的主题,如其序论所示聚焦于"旧秩序的瓦解与新秩序的建立",放在共产主义文明的维度之

---

[1] 傅高义:《日本第一:对美国的启示》,谷英等译,第VI、208页。
[2] Vogel, Ezra F., *Canton Under Communism: Programs and Politics in a Provincial Capital, 1949-1968*, Cambridge: M.A., Harvard University Press, 1969, p.i.

下，这是有关社会主义中国现代转型的另一种表述。在傅高义的研究所涉及的20年中，一方面共产党通过接管城市、土改和社会主义工商业改造，为一个分崩离析的旧中国带来了新的秩序、朝气和希望，以及理想主义和爱国主义的热情；另一方面共产党人建成了"一个能够控制经济变革的政治组织"，并十分有效地通过这个"强大的政治体系控制社会、改造社会"。由此，"中国共产党通过他们的政治组织获得了相当大的经济进步"，但同时进一步的经济增长也受到无所不在的政治体制的蚕食和抑制。[1]

因为坚持在中国现代化的主题下阐释广东的变革，所以在傅高义看来，甚至1949年政权的更替都没有割断自西风东渐之后传统中国朝向现代的转型——"共产党在广东所做的一切从逻辑上说延续了解放前的趋势"[2]。但是，在中国近百年的现代化历史中，十年"文革"是个例外。因此，"随着'文化大革命'灾难的结束，中国领导人便专心致力于先辈们100多年来为之奋斗而未达到的目标——使国家富强"[3]，而广东则因地处沿海、得天独厚，通过傅高义所言"影响超越国界"的尝试，成为这场变革"先行一步"的排头兵。单从GDP的增长来看，1978年改革开放之初，广东的GDP在全国排名第六，仅仅10年的时间，在《先行一步》出

---

[1] Vogel, Ezra F., *Canton Under Communism: Programs and Politics in a Provincial Capital, 1949—1968*, pp. 351-353.

[2] Ibid., p. 350.

[3] 傅高义：《先行一步：改革中的广东》，凌可丰、丁安华译，广州：广东人民出版社1991年版，第83页。

版的1989年即上升到全国第一，并一口气将这项"桂冠"保持了整整28年！尽管在傅高义1988年从事研究之时，这场变革不过刚刚"开局"10年，但广东的成功已使其成为"社会主义历史上的一个转折点"。[1]

对广东的改革开放的深入研究，促使傅高义将对中国的关注逐渐集中到这一伟大实践的"总设计师"邓小平身上，这为他10年之后用10年时间研究这位20世纪的伟人做了充分的铺垫。《邓小平时代》皇皇60余万字，对邓小平的一生和业绩做了详尽的描述与刻画，但我以为最能体现这本巨著之灵魂的，是导言《这个人和他的使命》，以及作为结语的第23章《转型的中国》。邓小平的使命，延续了1840年以来一代代中国仁人志士的伟大梦想，即建设一个繁荣富强的新中国。为了完成这一伟大的历史使命，在他93年的生涯中，邓小平先后扮演了革命者、建设者和改革者的不同角色。"在达成这个目标的过程中，邓小平（也）引领了中国的根本转型……在邓小平领导下出现的这种结构性转变，确实可以称为自两千多年前汉帝国形成以来，中国最根本的变化。"和傅高义同样倾心的另一位东亚现代化的强人朴正熙相比，中国这一文明古国人口众多，在世界现代化的进程中具有更为重要的历史意义。因此，虽然朴正熙一样甚至早了20年引领自己的国家实现了现代化转型（他被刺身亡的1979年，邓小平刚刚开始自己的

---

[1] 傅高义：《先行一步：改革中的广东》，凌可丰、丁安华译，第469页。

改革开放大业），其所创造的"汉江奇迹"最终使韩国跻身现代发达国家行列[1]，但邓小平的中国所具有的世界性地位，却使其影响不但超过了朴正熙，甚至"比印度、俄国和巴西这些大国的领导人更有魅力"。可以说，这位最终改写了中国历史的伟人凭借着"权威、丰富的经验、战略意识、自信心、人脉关系和领导中国转型所需要的政治判断力"，在改变中国的同时，使其从"亚洲文明的中心走向世界大国"。[2]

我上一次去哈佛时，在傅高义教授家中聊了整整一个下午。我们谈到了我将要在布朗大学做的有关中国中产阶级的讲演（看得出，他对中产阶级的议题依旧有着浓厚的兴趣），也谈到了他对关系越来越紧张的中日两国及两国人民世世代代友好下去的期许，当然还谈到了刚刚出版的中文版《邓小平时代》一书。老先生向我介绍了著作撰写的过程，在这一过程中他得到了哪些人的帮助，以及他是如何获得相关资料的。有意思的是，这位83岁、

---

[1] 朴正熙1961年凭政变上台，后五任韩国总统（1963—1979年）。在朴正熙上台之前，韩国是一个贫穷落后的国家。除了粮食以外，年煤产量、发电能力、化肥产量、水泥产量都远远落后于北部的朝鲜，但是经过朴正熙强有力的现代化措施，到他被刺杀的1979年，18年里人均GDP增长了20倍。尽管人们对朴正熙的强权及对民主化的压制多有微词（韩国中央情报局局长金载圭所以会对朴正熙痛下杀手，在一定程度上也是源于对后者的高压手段的不满），但大多数韩国人民对其为国家的贡献却感念至今，现时深陷危机的朴槿惠2012年能够当选韩国总统，不能说与韩国人民对其父朴正熙的怀念无关。据2004年韩国盖洛普公司进行的"韩国人最喜欢的历届总统调查"，朴正熙以48%的支持率雄踞榜首，而名列第二的"民主斗士"金大中仅为14%（另参见Kim, Byung-Kook & Vogel, Ezra F.[eds.], *The Park Chung Hee Era, The Transformation of South Korea*, Cambridge, Mass.: Harvard University Press, 2013）。

[2] 傅高义：《邓小平时代》，冯克利译，第646、643页。

已经退休10余年的老人好像丝毫没有"收手"的迹象，他一再问我："下一个我该写谁？"接着，傅高义说出了一连串在1949年后的当代中国历史上举足轻重的人物。我建议说："那就写胡耀邦吧，他在中国的改革开放中一样贡献卓著。不过，您可不要再写这么长，上了年纪要多休息一下。"傅高义笑着对我说："你的想法和我妻子的想法一样，她希望我多休息，不要再如此拼命。如果按你说的，写短一些或许是一个好的选择。"

从28岁开始，傅高义从社会学领域转身，涉足日本和中国研究，后来他将视野扩展到包括韩国、新加坡、中国台湾与中国香港在内的亚洲"四小龙"。人们公认，"傅高义不但一再显示出把握席卷亚洲的主流趋势的能力，而且能够以激发大多数读者想象力的方式刻画并反映这些趋势"[1]。因为先前翻译过美国社会学家莱特·米尔斯的《白领：美国的中产阶级》，此番受傅高义教授委托翻译他的《日本新中产阶级》，我就一直注意这两本著作的异同。从表面来看，这两本著作的共同点在都出自社会学家之手，但其内在的相似之处则是两位学者都以敏锐的目光发现了近代以来尤其是战后以来伴随着工业化的狂飙突进，人类社会的结构尤其是阶级结构的深刻而趋向一致的变化。如果说有什么不同的话，除了米尔斯的作品是一项本土研究，而傅高义的著作则是一项外域研究之外，最大的区别恐怕在：作为左翼"斗士"，米尔

---

[1] Suleski, Ronald, *The Fairbank Center for East Asian Research at Harvard University, a Fifty Year History, 1955–2005*, p. 97.

斯更多地关注了中产阶级的出现及快速增长如何销蚀了西方世界对资本主义的不满——他对美国中产阶级或所谓"白领"阶级的"政治后卫"姿态颇为不屑；而作为东亚社会转型的研究者，傅高义则满怀欣慰看到了新中产阶级的出现如何缓解了传统日本对来自现代的剧烈冲击。

（本文系为《日本新中产阶级》[傅高义著，周晓虹、周海燕、吕斌译，上海：上海译文出版社2017年版]撰写的"中译本序"，原载《读书》2017年第6期）

群氓：勒庞与大革命的余悸

一

如果说任何故事都有自己的开头，叙述社会心理学就必须回到《群氓心理学》，或者说回到古斯塔夫·勒庞（Gustave Le Bon，1841—1931）。

《群氓心理学》出版于1895年。在这前一年，原本痴迷于东方学或人类学研究的勒庞，在撰写了几部有关阿拉伯、印度和尼泊尔等东方文明的考古学及旅游札记之后，收回了在亚洲和北非的漂泊足迹，开始将目光聚焦于心理学领域，写成《民族进化的心理规律》（1894）一书。过了知天命的年纪，勒庞的改变看似有些突然，却与他在40岁那年出版的第一本著作——《人与社会：起源及历史》（1881）多少有些暗合。25岁就获得医学博士学位的勒庞，因深受当时流行的达尔文进化论的影响，在短暂的行医之后就放弃了悬壶济世的理想，对人类行为背后的体质、遗传和性格动因一直怀有浓厚的兴趣。在勒庞看来，一个民族的发展取决于其民族禀赋或民族性格，历史就是这民族禀赋的自然后果。因此，为了理解一个民族或种族的历史，我们就必须探寻其"集体灵魂"（collective soul）。现在，多年的海外旅行及对不同民族或种族的考察，终于使其对人类及民族进化的探究有可能从体质或历史的表层，切入精神或灵魂的深处。

1894年出版的这本著作，成了勒庞学术生涯的转折点。这位在整整90年的人生中一直笔耕不辍的长寿智者堪称著述等身，但自这一年后，他的近20本著作大多都是以心理学或社会心理学为主题的：能够列举的除了《各民族进化的心理学规律》和《群氓心理学》外，还包括《社会主义心理学》（1898）、《教育心理学》（1902）、《政治心理学》（1910）、《法国大革命和革命心理学》（1912）、《欧洲战争心理学》（1915）、《新时代心理学》（1920）等，其中尤以《群氓心理学》一书名闻遐迩。虽说勒庞和后来另外一位同样对群体痴迷的心理学家西格蒙德·弗洛伊德一样，职业生涯都未能与大学发生关联，但《群氓心理学》一书的成功却使其生前不但很快进入法国知识圈的核心，成为那个时代"巴黎的大脑"，而且此后该书也成为现代社会心理学130余年历史中公认的最为流行且生命周期最长的著作，它甚至影响了包括希特勒、墨索里尼、罗斯福和戴高乐在内的20世纪后诸多台上或台下的极权和非极权主义的领袖。

《群氓心理学》的法文书名写作 *Psychologie des Foules*，英文译本的标题为 The Crowd: A Study of the Popular Mind。在已有的几十种中文译本中，大多由英文转译，因此常见的标题是《乌合之众：大众心理研究》；其实从法文来看，《群氓心理学》一样是精准的译名，甚至更符合勒庞一系列心理学著作的原题之意。在这里，所有的争议在法文的 Foule 或英文的 Crowd，这两个词翻译成中文都是群众、人群或大众。按理说，在汉语词源中，"群众"最早的用法无论是"群众不能移也"（《荀子·劝学》），还是"宰制万物，驭使群众"（《史记·礼书》），都不过是指"人群"或"一群人"，与 Foule 或 Crowd 存在比较吻合的对译关系。但在当代，一般人都知道"群众"的基本含义有三：一指"人民大众"，其与"阶级敌人"对应；二指没有加入党团组织的人（甚至无党派领导在填写"政治面貌"时也写作"群众"）；三指不担任领导职务的人（如果是党员，称作"党员群众"，与"非党员群众"相对应）[1]。并且，1949年后甚至更早，这"群众"无论是否在"组织"内，无论是否担任领导职务，都处在包括"单位"在内的严整的社会体制之中，和勒庞的原意"受到多种因素的影响而一时聚集"的一群人（crowd）[2]还不是一回事。因此，将 Foule 或 Crowd 直接译成"群众"不仅存在"政治不正确"的可能，在学术上也有错讹的危险；与此相似，译成"群体"一样掩饰了这聚集而成的"一群人"的临时和易变特征。这也是大多数译者将其译为

---

[1] 参见《现代汉语词典》，北京：商务印书馆2002年版，第1054页。
[2] 古斯塔夫·勒庞：《群氓心理学》，陈璞君译，北京：北京师范大学出版社2018年版，第1页。

"乌合之众"或"群氓"的原因所在。

如果说《各民族进化的心理学规律》试图解释每一种族或民族的遗传禀赋对其个体心理的影响，那么《群氓心理学》则关注当这些个体聚集成群的时候，会表现出何种新的心理特征。受法国大革命及其后的历史与现实的影响，与涂尔干出版《社会学方法的准则》（1895）几乎同时，勒庞也关注到社会或群体是一种由个体组成但又不同于个体的"突生现象"（emergent phenomena）[1]。此时，"这些异质成分的结合就像是一些细胞结合在一起构成一个新的生命体，这个生命体具有一些与单个细胞完全不同的特征"[2]。进一步，受到群聚时的催眠与暗示的影响，群氓们的"行为会具有自发性，变得暴力残忍"，行为日渐趋向两极：这既可能"使他在文明的阶梯上倒退数步……变成了一个受本性驱使的野蛮人"，也可能会"具有原始人的热情和英雄主义"。[3] 在勒庞眼中，从1789年的法国大革命，一直到他撰写《群氓心理学》不久前的1887—1889年的布朗热事件[4]，近百年来法国舞台上的主角一直就是民情汹涌的"群氓"。他们既创造了历史，上演了最宏伟的实

---

1 Kruglanski, Arie W. & Wolfgang Strobe(eds.), *Handbook of the History of Social Psychology*, New York: Psychology Press, 2012, p. 368.
2 古斯塔夫·勒庞：《群氓心理学》，陈璞君译，第17页。
3 同上，第21页。
4 1871年普法战争后，担任法兰西第三共和国陆军部长的布朗热将军，于1887—1889年利用民众对德国的仇恨，燃起了沙文主义的复仇狂热，并想借此实施军事独裁，戕害第三共和国。当时狂热崇拜布朗热的民众群情激奋，将他视为"上帝"，甚至"数以千计的人为他奉献了生命"（参见古斯塔夫·勒庞：《群氓心理学》，陈璞君译，第49页）。

验剧目，也带来了长达一个世纪的血腥、暴力和混乱。

实事求是地说，尽管如前所述，《群氓心理学》在现代社会心理学领域彪炳青史，但最早描述大革命的暴力与血腥，甚至先于勒庞描述"群氓"心理的也不乏其人。毫无疑问，法国大革命中的群体及其暴行（所谓"多数人的暴政"）给整个19世纪的欧洲留下了挥之不去的阴影：不仅托克维尔描述过革命及向专制复归的复杂心态，而且坦承："我蔑视和惧怕群众。"[1]作家莫泊桑也描述过"一种相同的思想在人群中迅速地传开，并支配着大家"的群氓心理，并直言不讳："我对群氓（foules）有一种恐惧。"[2]而那位以《艺术哲学》闻名的伊波利特·泰纳，在六卷本的《现代法国的起源》（1876—1894）中，用了三卷的篇幅讨论"法国大革命"，而他对这场革命的关键词是"暴民和恐怖"，而革命的教训非常直白："社会消解后出现的新政权一个比一个暴虐。"[3]先于勒庞，同样受泰纳的影响，法国人加布里埃·塔德以为，因为群氓常常将自己想象为受害者，因此他们往往会采取"最恶劣的暴行"[4]，就像意大利人西皮奥·西格尔干脆将一群人的集合称之为"犯罪的群众"[5]一样。

---

[1] 托克维尔：《旧制度与大革命》，冯棠译，北京：商务印书馆1992年版，第4页。
[2] 塞奇·莫斯科维奇：《群氓的时代》，许列民等译，南京：江苏人民出版社2003年版，第20—21页。
[3] 约翰·麦克莱兰：《群众与暴民：从柏拉图到卡内蒂》，何道宽译，上海：复旦大学出版社2014年版，第180页。
[4] 塞奇·莫斯科维奇：《群氓的时代》，许列民等译，第218页。
[5] 周晓虹：《现代社会心理学史》，北京：中国人民大学出版社1993年版，第47页。

我们做这样的梳理不是要贬低勒庞的贡献，也无意对"群氓心理"的首创权做出归属的评判（西格尔生前已做过声辩）。事实上，尽管勒庞的思想确实受到了他人的影响，但面对绵延不绝的革命狂潮，"考虑群氓的心理因素"[1]是他超越泰纳的地方；而未简单地将群氓视为罪犯的同义语，则使塔德和西格尔相形见绌。事实上，由于最早看到了大革命改变了原有的社会政治结构，而随着普通民众登上历史舞台，世界首先是欧洲开始进入了"群氓的时代"（尽管面对这一现实，勒庞的内心也许充满了鄙夷和不甘），则不仅洞察到历史进程的奥秘，而且"经过勒庞的加工，群氓心理（the mind of the crowd）成了群体心理（the group mind），且可以被认为是整个社会的心理"[2]；以致罗伯特·默顿会肯定："勒庞的这本著作所关注的问题，毫无例外将注定成为所有社会心理学家——事实上也包括所有思考生存其间的社会世界的人们——感兴趣的首要问题。"[3]

二

虽然默顿一再说，勒庞对大革命时期的社会心理的追溯目的在借古讽今，他实际上分析的是自己所处的时代——法兰西第三

---

[1] 古斯塔夫·勒庞：《群氓心理学》，陈璞君译，第8页。
[2] 约翰·麦克莱兰：《群众与暴民：从柏拉图到卡内蒂》，何道宽译，第24页。
[3] Merton, Robert, "The Ambivalences of Le Bon's *The Crowd*", 载勒庞：《乌合之众：大众心理研究》（中英双语版），冯克利译，北京：中央编译出版社2017年版，第218—219页。

共和国和布朗热时代的群氓行为，但默顿也承认："就像其他许多法国人一样，大革命成了勒庞挥之不去的记忆。"[1]勒庞没有经历过1789年的革命。他出生的时候，攻打巴士底狱的壮举已经过去50余年，但这并不说明大革命没有给他留下精神创伤，或起码是心理上的余悸。不仅在1789年革命的第二年，英国人埃德蒙·伯克就写成了那本一时间引得洛阳纸贵的《法国大革命反思录》，此后包括基佐、梯也尔、泰纳、马克思和托克维尔在内，论述大革命的历史及其成败都是欧洲知识界最感兴趣的主题之一；而且就现实而言，从1789年开始，革命的基因就融入了法国人的血液之中：一直到托克维尔撰写《旧制度与大革命》的1856年，甚至到勒庞动手撰写《群氓心理学》前的1889年，革命或动荡的搅拌机一如尤金·韦伯所言，都丝毫没有停止转动的迹象。[2]考虑到1912年勒庞又继续写成《法国大革命和革命心理学》，能够相信：一如托克维尔没有将1789年视为一个孤立的事件，他将自此直到1852年的60多年的历史视为一出既有不同场景但又浑然一体的长剧，统称"法国大革命"；勒庞对群氓的论述自然也不会限于布朗热登场的1887—1889年的三两年。显然，勒庞的论述起点还是1789年，因为在他眼里，正是这场大革命为其所称的"群氓"的登台搭好了阶梯。

从历史的变迁或转型的实践来看，法国大革命和稍后的英

---

[1] Merton, Robert, "The Ambivalences of Le Bon's *The Crowd*"，载勒庞：《乌合之众：大众心理研究》（中英双语版），冯克利译，第239页。
[2] 雅克·索雷：《拷问法国大革命》，王晨译，北京：商务印书馆2015年版，第VII页。

国工业革命是欧洲社会自17世纪甚至更早开始的那场所谓"现代化"运动的必然结果。如果说工业革命影响到其后数百年的经济发展，那么法国的政治大革命则彻底改变了整个世界的政治制度、社会秩序和意识形态，并因其是"真正的群众性社会革命"，这场激进的巨变才会导致不同的社会群体，走马灯似的一个个轮换登上风暴的中心，并使一波接一波的革命热潮及对革命的恐惧迅速由法国传播到整个欧洲，以致"1789年由一个单一国家掀起的革命，现在看起来已演变成整个欧洲大陆的'民族之春'"[1]。

1789年后的整整一个世纪里，当时占欧洲五分之一人口的法国一直处在革命、复辟、再革命、再复辟的轮回之中，或者说是由民主和专制轮番上演的一出"双推磨"：攻打巴士底狱、第一共和国、雅各宾专政；雾月政变、拿破仑加冕、第一帝国；兵败滑铁卢、波旁王朝复辟；七月王朝、二月革命、第二共和国；路易·波拿巴称帝、第二帝国崛起；普法战争爆发、废黜波拿巴、第三共和国；巴黎公社、布朗热独裁、确立共和制……这100年，面对旧的复辟势力，没有任何民族像法兰西这样不屈不挠，表现出了"对平等与自由的热爱"[2]，以及建设新制度的非凡想象和创造力。单从攻打巴士底狱的1789年到拿破仑"雾月政变"的1799年，法国人就在短短的"十年间实验了现代政治制度的几乎所有可能形式：君主立宪制、纳税人共和制、民族共和制、寡头共和制、

---

[1] 艾瑞克·霍布斯鲍姆：《革命年代：1789—1848》，王章辉等译，北京：中信出版社2014年版，第65、130页。
[2] 托克维尔：《旧制度与大革命》，冯棠译，第34页。

人民专政、市镇直接民主、军事独裁"[1]，如此等等，不一而足。

默顿统计过，在《群氓心理学》中，勒庞用来证明自己观点的50多个历史事件有一半左右涉及法国大革命或拿破仑。[2] 不过，就像其多少抄袭的泰纳认为"法国革命总体上是疯狂之举"[3]一样，勒庞的举例也不过是为了佐证大革命的野蛮和恐怖。勒庞谈到，在攻打巴士底狱的那天，被人群团团围着的监狱长，仅仅因为在推搡中踢到了一位参与者，大家就推举这位原本职业为厨子的人，用娴熟的切肉技巧，割断了监狱长的喉咙——这让人极易想起2012年西安反日游行中，用U形铁锁将日系车主头骨击穿的泥水匠蔡阳——像勒庞所言，他们都"认为自己的所作所为是爱国行为"；接着，这些由"除了极少数彻头彻尾的流氓以外，余下的多为各行各业的店主和手艺人"组成的造反者，用包括凌迟在内的残忍手法屠杀了上千位"民族的敌人"后，又把关在监狱里的"白白养着"的老年人、乞丐和流浪汉全部杀掉，"其中还包括五十来个十二到十七岁的孩子"。[4]

这最后一句是说，如果你认为民众的暴戾之气一旦被点燃，会被严格限于"民族之敌"，那就太天真了。此时，杀头是重要的爱国之举，至于杀谁的头则并不那么重要。无独有偶，在随后

---

[1] 雅克·索雷：《拷问法国大革命》，王晨译，第345页。

[2] Merton, Robert, "The Ambivalences of Le Bon's *The Crowd*"，载勒庞：《乌合之众：大众心理研究》（中英双语版），冯克利译，第239页。

[3] 约翰·麦克莱兰：《群众与暴民：从柏拉图到卡内蒂》，何道宽译，第163页。

[4] 古斯塔夫·勒庞：《群氓心理学》，陈璞君译，第154—156页。

的雅各宾专政时期,"受到惩罚的(也)不仅仅是特权阶级,有大约4000名农民和3000名工人也成了铡刀下的冤魂"。为了满足"巴黎人民"的愿望,绞刑架换成了效率更高的断头台——这似乎比鲍曼更早预示了现代性与大屠杀间的关联;不但反对杀人的丹东被砍了头,忙于将签署"砍头令"作为日常工作的罗伯斯庇尔和圣·鞠斯特也很快被更激进的后来者砍了头……[1]以致"那时候,母亲们带着孩子去看刽子手行刑,就像今天她们带孩子去看木偶戏一样"[2]。

按道理说,勒庞出身于军人家庭,应该不怯于流血;我想,他所厌恶或心有余悸的是,大革命及其后没完没了的动荡和暴乱中表现出的"血腥、混乱、残酷"[3],对法国长久以来的文明或秩序的涤荡。更重要的是,在大革命的摧枯拉朽之下,"旧时的信仰摇摇欲坠最终消逝,古老的社会支柱相继坍塌,群氓的势力则不受任何力量的威胁,并且其威望正在不断扩大"[4]。在这一力量的冲击下,"个人的暴政为集体的暴政所取代,前者是弱小的,因而是容易推翻的;而后者是强大的,难以摧毁的"[5]。

---

[1] 对此,马克思在《路易·波拿巴的雾月十八日》中说得很精彩:"每当一个党派把革命推进得很远,以致它既不能跟上,更不能领导的时候,这个党派就要被站在它后面的更勇敢的同盟者推开并且送上断头台。"(马克思、恩格斯:《马克思恩格斯选集》第1卷,北京:人民出版社2012年版,第691页)

[2] 古斯塔夫·勒庞:《革命心理学》,佟德志、刘训练译,长春:吉林人民出版社2004年版,第177页。

[3] 古斯塔夫·勒庞:《群氓心理学》,陈璞君译,第64页。

[4] 同上,第3页。

[5] 古斯塔夫·勒庞:《革命心理学》,佟德志、刘训练译,第235页。

前面说过，塔德和西格尔可能都比勒庞更早论及"群氓"及其心理，但他们赋予这啸聚而成的乌合之众的特征与单纯的罪犯无异。相比而言，勒庞的长足之处在，他看到了个人聚集成群时行为的两重性。似乎是作为对塔德和西格尔的回应，在《群氓心理学》不算太大的篇幅中，他在多处一再提及这种两重性："群氓的确在很多情况下都具有犯罪性，但他们也常常具有英雄性。轻而易举就可以使他们为了信仰或是思想的胜利牺牲自己……英雄主义显然有无意识的一面，但历史正是得益于这些英雄主义。"[1]

不过，最早看出群氓所具备的这种双重道德实践的，似乎也不是勒庞，而是马克思。尽管马克思对大革命中的恐怖表露出与包括勒庞在内的资产阶级的学者们迥然不同的态度，将"全部法兰西的恐怖主义"视为"对付专制主义、封建制度以及市侩主义的一种平民方式而已"，但他对运动中的"群氓"或"流氓无产者"的行为或道德两极化描述却与勒庞无二：1850年，马克思就在《1848年至1850年的法兰西阶级斗争》中写道：他们既"能够做出轰轰烈烈的英雄业绩和狂热的自我牺牲，也能干出最卑鄙的强盗行径和最龌龊的卖身勾当"[2]。

仔细想来，如果说最先关注到这种两重性的不是勒庞，那么他起码最先注意到了在这行为的两极，群氓的"变身"机制，而其中的关键就是孤立的个人聚集成群。至于群氓们何时扮演何种

---

[1] 古斯塔夫·勒庞：《群氓心理学》，陈璞君译，第22页。
[2] 马克思、恩格斯：《马克思恩格斯选集》第1卷，第442、461页。

角色，则取决于其所身临其境的情势，以及当时影响着他们心理走向的领袖或者说头头儿。如此，当它是问题群体或犯罪群体时，整个社会弥漫着恐怖压抑、暴戾乖张、惊恐万状和焦躁不安的氛围；而当它是英雄主义群体时，则代之以群情激昂、众志成城、万众一心和不怕牺牲的社会心态。当然，冷静的社会心理学家都明白，有时在一夜之间就会发生这两种极端社会心态的颠覆性转换。这也是为什么始终未能从法国大革命的惊恐中摆脱出来的莫泊桑、左拉、勒庞、西格尔以及其后的弗洛伊德，本质上都认同托克维尔的见解：希望在自己的国家和国民中，"看到的是缺点而不是罪恶，并且只要少一些罪恶，宁可也少一些伟大的壮举"[1]。

三

写到这里，我们有必要触及群氓心理的核心——不论他们是犯罪群体还是英雄主义群体，这在个人独处时所没有的激情甚至迷乱究竟是从哪里来的？你可以批评勒庞是惧怕包括"无套裤汉"在内的大革命民众，尤其是1848年和1871年两度登上历史舞台中心的法国工人阶级的资产阶级门客；作为保守主义思想家，他认定"少部分贵族阶级的精英，而非群氓，创造并引领了文明"[2]。不过，你也不能不承认，勒庞对群氓的嘲讽其实只涉及个人

---

[1] Tocqueville, Alexis De, *Democracy in America*, Vol. I, New York: Vintage Books, 1945, p. 262.
[2] 古斯塔夫·勒庞：《群氓心理学》，陈璞君译，第6页。

的群聚。在他眼里,只要是聚集成众,无论是什么阶级,也无论是否有教养,他们都会表现出冲动而非理性的一面。在《群氓心理学》中,勒庞两次谈到1789年8月4日晚,参加国民会议的那些贵族,"满腔热忱地投票放弃了所有的特权",而他们任何一个人在独处时都不会有这种英雄主义的壮举;在同一个地方勒庞也提到,在雅各宾专政时期,那些议会的委员单个都是"举止温和的开明人士"(cultivated individual),然而一旦成群他们就成了"野蛮人"(barbarian):正是这些人把"最无辜的人送上断头台",甚至在知道"明天这或许也是他们自己的命运"时也一样如此。[1]

由此说来,无论是造就英雄壮举,还是支配野蛮行径的最重要的变量,都与民族、职业、阶级或性别无关,单与人的"群聚"有关。在《群氓心理学》中,勒庞以类似涂尔干的语言写道:此时,"这群人会表现出极不同于每个个体的新的特质",这个临时聚集而成的"心理群氓"(psychological crowd),此时"形成了一种独立的存在,并服从于群氓精神一统律(law of the mental unity of crowds)"。[2]

造成群氓心理一统,或者说造成群聚中的个人不再是他自己,而成了不受自我意志支配的群氓的心理因素不胜枚举,主要包括:首先,数量上的赋值带来个人责任感的分散,也就是说仅仅由于人数众多,便使群聚在一起的个人获得一种势不可当的心

---

[1] 古斯塔夫·勒庞:《群氓心理学》,陈璞君译,第21、188页。
[2] 同上,第14页。

理力量，从而敢于放纵个人独处时必须克制的本能。不仅攻打巴士底狱是啸聚而成的成千上万的民众所为，就是雅各宾专政时的所有暴行也无一不是群氓行动的结果，他们或呐喊，或助威，或帮着动手……个人本能的发泄最终叠加成狂热与残暴。其次，情绪的感染。不仅感染具有的循环反应的特点，加剧了人们的狂热程度，而且也是感染催生了人们的英雄主义情绪，"甚至使个体为了集体利益而牺牲自身利益"[1]。最后，观念的暗示。在勒庞看来，暗示虽是相互感染所造成的结果，却是使群氓与组成它的个体独处时迥然相异的"最重要的一个原因"。正是这种与被催眠者在催眠师的操纵下进入迷幻状态十分相似的情形，使得人们"有意识的个性衰减，无意识的人格占据主导，情感和观念因为暗示的作用而转向同一个方向"，此时"个体不再是原来的自己，他们变成一个个木偶，不再受意志力的引导"。[2]

要透彻地解释理智的个体是如何转变成无意识或本能的群氓的，不能不关注前面所提到的"心理群氓"的概念。尽管在《群氓心理学》中，勒庞对这一概念着墨不多，但我以为心理群氓最重要的意义在，它是单个的个体向现实的社会群体或群氓转化的不可缺少的中介。在社会心理学中，人们通常都将"群众"或"群氓"（crowd）与"大众"（public）相对应，解释为直接的、面对面的一群人；但勒庞专门申明，"并不总是意味着一些个体同

---

[1] 古斯塔夫·勒庞：《群氓心理学》，陈璞君译，第19页。
[2] 同上，第21页。

时集中在一起","成千上万分散的个体……能够获得心理群氓的特征"。[1] 换言之,无论是弥散在社会中的个体,还是无组织的聚众中的个体,他们首先要意识到相互间的一致性,并认同某种集体表征(传统、观念或共识),即在精神层面上凝聚起来成为一种"心理群氓",才可能采取一致的行动,最后通过集体行动向社会运动的转变,成为现实的"组织化的"社会群体。"心理群氓"不一定是有形的,但它的现实性在:"无论这一群氓由怎样的个体组成,无论这些个体的生活方式、职业、性格或是智力水平相同与否,形成群氓这一事实使他们获得了一种集体灵魂。这种集体灵魂使他们的感情、思想和行动完全不同于他们原来处于独立状态时的感情、思想和行动。"[2]

正是经历心理群氓的过渡形式,啸聚的个体完成了异质性向同质性的转化。如果用现代社会心理学的知识来做些补充的话,我们可以将这一转化分为两个阶段:第一步涉及社会分类或社会范畴化,即个体通过社会认同将自己与某一心理群体置于同一范畴时,他就会以此划分"我群"和"他群",并主动缩小与我群的差异,同时扩大与他群的差异;第二步涉及社会比较,即新加入的个体会将自己的看法与我群成员的尤其是群体的看法相比较,从而或改变或增强原有的看法,即形成支配共同行动的所谓"共识"。从历史的经验来看,最有效的凝聚群氓的共识,首推对

---

[1] 古斯塔夫·勒庞:《群氓心理学》,陈璞君译,第15页。

[2] 同上,第17页。

"人民公敌"的认定。此时"共同的仇恨可以凝聚最异质的成分"[1]。所以,无论是在法国大革命时期,还是在苏联的"大清洗"或中国的"文革"期间,一旦一部分人被标定为"卖国贼"或"阶级敌人",由各色人等组成的"人民"马上会表现出步调一致的同仇敌忾。

回到勒庞的叙述。一旦"异质性在同质性中湮没,无意识的特征占据主导地位"[2]。在《群氓心理学》中,这无意识对应于意识或理智,包括本能、情感和性格等诸多非理性的先天因素,或者说"隐藏着不计其数世代相传的特质,正是这些特质构成了一个种族的灵魂"[3],并支配着智力活动和有意识的行为。将无意识的品质之不同归因于种族或民族间的差异,说明作为种族主义理论的拥趸,勒庞一方面看到了同一种族或民族的单个成员聚集成群后的相似性,另一方面也受自己的同胞戈宾诺的影响,强调不同的种族则具有显著的差异性。有感于1789年后法国一直乱象不断,勒庞在推崇英国人镇定自若的同时,抱怨包括法兰西人在内的整个拉丁民族,具有女性一样的冲动和多变的情绪化特质,这使得法国"一直行走在泰比亚岩巅,终有落入深渊的一天"[4]。

不必计较勒庞对种族、民族甚至人民(peoples)概念的混用,

---

[1] 埃里克·霍弗:《狂热分子:群众运动圣经》,梁永安译,桂林:广西师范大学出版社2011年版,第151页。
[2] 古斯塔夫·勒庞:《群氓心理学》,陈璞君译,第18页。
[3] 同上,第18页。
[4] 同上,第28页。

也不必介意勒庞的男权主义立场,他只是想说明在自己命运多舛的祖国,正是这占据人们心灵上风的无意识,导致了啸聚而成的群体"冲动、多变、易怒";也导致了他们容易屈服于世俗的等级制度,骨子里"十分保守",与他们短暂地表现出的革命气概完全相左;同样也使得他们经常放纵自己低劣的本能,即使表现出我们前述的勇于献身的英雄主义之时,也只不过"是无意识的"[1]。

群氓的毛病当然不止于此。由于"群氓的行为更易受到脊髓的影响而非大脑的影响"[2],因此他们没有思考和推理能力,对待事情的态度也永远在两个极端漂移:"整体接受或是全盘否定。"[3]推理能力的低下,一方面使他们的思维或想象力只会为形象所打动——在这里,道理是无力的,能够打动他们的只能是民情鼎沸的宏大的啸聚场面,这和孩子们的"人来疯"有异曲同工之妙;另一方面又使他们仅凭信仰行事,他们的狂热是由坚定不移的信仰支撑的,这使他们坚信众志成城且无坚不摧。

如果说嗜血的1789年留下的还只是余悸,那么100年后布朗热登台时群氓们的狂热留在勒庞脑海里的记忆则要鲜活得多:在1887—1889年那几年里,崇拜者们制作了几千种布朗热的肖像,"哪怕在小村庄的客栈里都能看到他的画像"[4];300多首颂扬布朗热

---

[1] 古斯塔夫·勒庞:《群氓心理学》,陈璞君译,第45页。
[2] 同上,第25页。
[3] 同上,第60页。
[4] 同上,第63页。

的歌曲此起彼伏；他被派往外地驻军时，数十万人哭着喊着去巴黎的马赛车站送行；狂热的民众纵容他发动政变，而他们则愿意追随他随便去干什么……这一切让忧心忡忡的勒庞意识到："要么成为群氓的神，要么什么都不是。"[1]正是对上帝的渴望，使得群氓们的信仰具备了典型的宗教情感所具有的一切特点：盲目的服从、粗野的偏执，以及狂热的宣传……在1789年以后的历史中，无论是罗伯斯庇尔、拿破仑，还是路易·波拿巴或布朗热，这一茬茬的领袖或群氓心目中的伟人，无一不是"借助语言和口号的魔力，用新的神祇取代了旧的上帝"，并最终"主导了法国大革命中（及其后）的人们"。[2]

四

在群氓的形成及其行动过程中，我们刚刚涉及的群氓与他们的领袖的关系，在勒庞的论述及整个群氓心理学中占有重要的地位。当然，这里的所谓"领袖"并非单指高高在上的统帅、君主或帝王，勒庞使用的概念显然是广谱的：从基层的"小头目或煽风点火的人"，直到前述在法国大革命及其后的100年中叱咤风云的英雄或枭雄。领袖并非是先赋性的，诸多后来成为领袖的人一开始不过是某种信念或信仰的使徒而已，但他们或者不惜命，或

1　古斯塔夫·勒庞：《群氓心理学》，陈璞君译，第62页。
2　古斯塔夫·勒庞：《革命心理学》，佟德志、刘训练译，第70、67页。

者巧舌如簧，再或信念如炬，因此在动荡之中最终出人头地。比如，拿破仑在受到雅各宾派赏识之前，不过是一个少校；希特勒在发动啤酒馆暴动，喊着"德国革命已经开始"并做出惊天之举前不久，不过是个普通的上等兵；而我们中国那个欲图建立太平天国的洪秀全，金田起义时也不过是一个落第的秀才。至于一般的打家劫舍、啸聚山林、聚众闹事的头头儿们，则更多的是鸡鸣狗盗、贩夫走卒之辈。

不过，不要小看领袖或头头儿对群氓的作用，只要原先的领袖消失，新的领袖又没有适时出现，群氓就会一哄而散。在群氓的形成及维系的过程中，领袖的作用不言而喻。如果说一般的基层领袖或小头头儿为群氓们提供的只是身先士卒的榜样的话（勒庞说过，"引领群氓的是典范，而非论证"[1]），那些最终成大事的领袖人物提供给群氓的则是坚定的信念或者信仰。并不是所有的领袖都是靠欺骗行事的，他们有时对自己的信仰一样怀有十二万分的虔诚，用勒庞的话说，"大革命时期的那些人物，他们都是在自己先被某种信仰征服后才开始施展威慑力的"[2]。勒庞以法国100年来的历史说明，无论信仰是宗教的、政治的还是社会的，也无论这信仰是一本书、一个人还是一种观念，要在群氓中建立某种信仰，就不能缺少领袖的引导。从1789年到1899年，法兰西掀起的惊天狂飙都说明："在人类拥有的一切力量中，信仰总是最重

---

[1] 古斯塔夫·勒庞：《群氓心理学》，陈璞君译，第116页。

[2] 同上，第109页。

要的力量之一……有力可拔山的能力。"[1]不过，比勒庞说得更棒的是他的同胞柏格森，在后者那里："信仰的力量不表现在能支使人移山，而在于让人看不到有山要移。"[2]

所有领袖人物都懂得如何驾驭或者说驱使群氓，其中最佳的社会心理途径就是社会动员，即通过信念的诉求和想象的塑造，改变或重塑追随者的价值观、生活态度和社会行为。勒庞认为，当领袖人物影响群氓之时，最为重要的手段有三：（1）断言法，即不理睬任何推理和证据，对某人或某事做出简洁有力的断言，这"是让某种观念进入群氓头脑中最可靠的方法之一"。比如，"'文化大革命'就是好"是政治断言，"果珍喝热的好"是商业或广告断言，但它们支配受众都具有立竿见影的效果；后来意大利社会学家帕累托将此类辩解性知识体系称之为"衍生物"，叹服其"具有强大的说服力"[3]。（2）重复法，断言如果要产生影响，必须不断地重复，最早拿破仑就说过："最为重要的修辞法只有一个，那就是重复"；后来，在勒庞和帕累托的助推下，演化为戈培尔的名言："谎言重复千遍就是真理。"重复对信念塑造的意义在于，如果在你耳边只有一种观念或一种声音，那它最后就是你的全部知识疆域。在20世纪80年代，电视上整天播放的就是根本买不到的那几个日本的电视机品牌，没有市场经验的中国人

---

1 古斯塔夫·勒庞：《群氓心理学》，陈璞君译，第110页。
2 埃里克·霍弗：《狂热分子：群众运动圣经》，梁永安译，第133页。
3 Pareto, Vilfredo, *The Mind and Society*, New York: Harcourt, Barce and Company Inc., 1935, p. 901.

奇怪，买不到你放它有什么用？结果，等电视机供应敞开后，中国人脑子里就只剩下这几个日本品牌。（3）传染法，所有的情绪都会像流行病一样快速传染，在人们啸聚成群的时候尤为如此。情绪的快速传播不仅造就了恐慌等心理的突发性，而且凭借人类的模仿天性和反复刺激，也使得群氓的行为趋于两极化。

在领袖和群氓的关系问题上，勒庞强调了领袖的威望（prestige）对后者所具有的"难以抗拒的力量"。在勒庞的分类中，形形色色的威望包括两大部分：获取的威望和个人的威望，前者指通过获取称号、财富和名誉等赢得的威望；后者则指纯粹为个人所持有的威望，它可以和荣耀、财富和名誉共存，但也可以完全独立于它们而存在。一个人具有某种令人炫目的头衔、巨额的财富或崇高的声誉，无论靠的是继承这样的先赋性手段，还是个人奋斗这样的自致性手段，当然都令人羡慕或敬仰，但勒庞心有所指的却是个人威望，类似于马克斯·韦伯后来所说的克里斯玛权威，即"领袖人物的人格魅力，它能够激发特定的大众对某个公众人物的忠诚或情感"[1]，是神授"天纵之才"的超凡魅力，而"在因循守旧的年代，超凡魅力即是伟大的革命力量"[2]。勒庞将这种威望描述为"脱离任何名号和特权而独立存在的。具有这一才能的少数人对周围的人有很大的威慑力，哪怕他们的关系是平

---

[1] Mish, Frederick C. (Editor in Chief), *Webster's Ninth New Collegiate Dictionary*, Springfield, Mass.: Merriam-Webster Inc., 1984, p. 227.

[2] Weber, Max, *Economy and Society*, three vols., New York: Bedminster Press, Vol. I, 1968, p. 245.

等的"[1]。不要说具备这种神性的领袖人物对一般大众会具备怎样的影响力,你去读一下勒庞著作中有关奥热罗拜见拿破仑的段落,就会理解什么叫超凡脱俗的人格魅力。威武彪悍的奥热罗将军原本对蹿上来的"矮小新贵"拿破仑不屑一顾,直到觐见前还在骂骂咧咧,但直面拿破仑时却首鼠两端、不敢吱声,"当拿破仑离开时他才恢复镇定",以至于他从此深信那个小个子对他施用了幻术。[2]

在勒庞撰写《群氓心理学》的年代,幻术这样的字眼对法国人来说并不特别神秘。在某种意义上,所谓"幻术"就是几乎在同一时期法国乡村医生李厄堡(A. Liébeault)和巴黎萨尔伯屈里埃医院的精神病学家沙尔科(J. M. Charcot)以完全对峙的立场推进的催眠术。精神病学或变态心理学中的催眠术,早期形态是奥地利医生麦斯麦(F. A. Mesmer)创用的通磁术或麦斯麦术;后经英国医生布雷德(James Braid)的改造,以希腊睡神Hypnos之名称之为催眠术(hypnotism)。一开始,布雷德提出导致病人进入迷睡状态的是肌肉疲劳这样的生理原因,但后来发现更为重要的是暗示这样的心理因素。

布雷德前后观点的相异,导致了沙尔科代表的巴黎学派和李厄堡代表的南锡学派的分歧。沙尔科及其巴黎学派认为,催眠完全是一种生理现象,而催眠状态则是精神病及变态者的表现特

---

[1] 古斯塔夫·勒庞:《群氓心理学》,陈璞君译,第121页。
[2] 同上,第123页。

征；南锡学派的李厄堡及其弟子伯恩海姆（H. Bernheim）却主张，催眠就是一种暗示，而暗示能够使患者在催眠状态中接受一种新的观念，从而获得某种健康的治疗。从催眠术的发展尤其是南锡学派的实践中，很容易发现这一精神病学的治疗方法是如何和勒庞及其群氓心理学的分析挂起钩来的，所以莫斯科维奇会说"如果说群氓心理学产生于法国，而非意大利或德国，那是由于在法国同时存在着接连不断的革命浪潮和诸多的催眠术流派的缘故，也就是说，那是巴黎公社和南锡或萨尔伯屈里埃医院的产物"[1]。简言之，如果说革命制造了麻烦，那催眠术则希望能够解决麻烦。当然，将体现在宏大革命场面中的社会关系简化为临床上的个人粘连，最终注定了勒庞及其分析路径的失败命运。

如果多说几句的话，本来法国人之间的对立和刻板保守及对催眠术抱以敌意的德国人之间鲜有关联，但偏巧要命的是那个一直在探索精神病治疗的弗洛伊德成了李厄堡和伯恩海姆的拥趸。尽管弗洛伊德在观察了南锡学派的实验后只短暂使用过暗示催眠法，并很快创立了自己的谈疗法（interview），但催眠师对患者的支配力量却给他留下了深刻的印象。因此，和莫斯科维奇一样，我也相信，一如革命浪潮和催眠术的双元发展催生了勒庞的群氓心理学，1920年原本只关心个体心理及其情感纠葛的弗洛伊德向群体心理的转向，一样也是20世纪起"反犹主义"浪潮（它后来在奥斯维辛酿就的暴行丝毫不亚于雅各宾专政时的巴黎）和南锡

---

[1] 塞奇·莫斯科维奇：《群氓的时代》，许列民等译，第108页。

学派的催眠实践的结合产物。只是如果将由力比多支配的爱的关系或情感联系视为构成"集体心理本质的东西"[1]，领袖与群氓的关系就可以还原为作为家庭核心的父亲与其治下的儿子间的关系。如此，不仅在教会和军队之中每一个个体是由力比多为纽带与自己的领袖（基督或司令）联系在一起的，群氓们对领袖的崇拜也不过是一种因心理投射而产生的自居作用。简单地说，此时他抛弃了自恋转而为他恋。

勒庞对领袖与群氓关系的论述虽然不尽如人意，但却层次分明。如果说断言法、重复法和传染法涉及领袖操纵群氓的微观机制，领袖的威望对群氓的左右涉及借由人际关系或群集氛围所形成的中观影响，那么群氓产生的社会土壤及他们对领袖的依赖则构成了勒庞所欲讨论的宏观背景。后来，美国码头工人出身的哲学家埃里克·霍弗撰写《狂热分子》一书时，就直言任何领袖人物都不能凭空变出来一个群众运动，而其中最重要的因素就是"必须有对现状强烈不满的人"[2]。在这一点上，勒庞的天才见解是：造就100年来因不满而聚众造反的人层出不穷的根源是法国当时的教育。正是这大而无当的教育使得"工人不想再当工人，农民不想再当农民，中下层的资产阶级只想让其后人当吃皇粮的国家公务员……学到的知识派不上用场，这无疑会使普通人变成革命者"。如此，当社会生活中聚集着越来越多的失意者之时，"知

---

[1] 西格蒙德·弗洛伊德：《弗洛伊德后期著作选》，林尘等译，上海：上海译文出版社1986年版，第98页。
[2] 埃里克·霍弗：《狂热分子：群众运动圣经》，梁永安译，第180页。

道如何使群氓产生幻想的人轻易就能成为其主人"[1]；而当造反者打碎所有国家机器，甚至打碎了原先带领他们造反但后来却踟蹰不前的领袖的脑壳，并最终导致了社会生活的全盘无序时，"他们（又）会寻求一位能够重建秩序的领袖"[2]。至此，领袖与群氓的鱼水关系呼之欲出，它也自然成了托克维尔在《旧制度与大革命》中揭示的革命为何导致了比其推翻的专制更甚的专制的后续说明。

《群氓心理学》或《乌合之众》的中译本已有50余种，这恐怕不但在社会科学著作的翻译中排名榜首，即使在整个西文移译的历史上都世所罕见。这么多译本的流行一方面说明勒庞的研究直击世人心扉，他道出了群氓心理学的隐秘奥秘；另一方面恐怕也反映了中国人尤其是中国知识界对群氓复出的忧心忡忡。远的不说，自近代以来无论是太平天国、义和团、辛亥革命乃至十年"文革"，还是瓮安骚乱、随处可见的哄抢或西安"反日"游行，每一次历史和现实的场景中都有群氓们活跃而骇人的身影。从这样的意义上说，勒庞著作的热卖，不仅具有深刻的理论意义，而且具有严峻的现实意义。

（本文系为《群氓心理学》[古斯塔夫·勒庞著，陈璞君译，北京：北京师范大学出版社2018年版]一书撰写的"中译本序"，原载《中国图书评论》2018年第11期）

---

1 古斯塔夫·勒庞：《群氓心理学》，陈璞君译，第83—84、100页。
2 古斯塔夫·勒庞：《革命心理学》，佟德志、刘训练译，第48页。

解释犯罪：锻造社会学想象力的特殊之途

记得在决定组织我的研究生们合作翻译眼前这部《犯罪学：社会学的理解》之后不久，2010年3月23日的早晨，在福建南平延平区实验小学门口，发生了那起震惊中外的校园凶杀案。原为外科医生的凶手郑民生大开杀戒，在短短55秒的血色屠杀中，有10余名小学生倒在血泊之中，其中8名孩子死亡、5名孩子受伤。一时间，小城南平笼罩在惊恐和痛楚之中。

其实，"南平血案"带来的危害还远不止于此。在血案发生后的3月27日，另一个后来报道的细节同样让人看了惊心：当南平市领导去医院看望受伤的孩子时，一个似有冤情的妇女"拦驾"叫屈，被迅速架走之前，她近乎绝望地大喊道："如果你们不处理，我也要去杀人！"我记得，就在看到这段新闻的瞬间，我脑海中闪出一个惊异的念头：这难道是第一块倒下的多米诺骨牌？

担心并不是多余的，惊恐也有现实的来源。随后的一两个月内，我所称的"多米诺骨牌"一张张倒下：4月12日，广西合浦男子杨家钦在西镇小学疯狂砍杀小学生，造成2人死亡、5人受伤；4月28日，广东雷州男子陈康炳在雷城第一小学砍伤学生16人、教师1人；4月29日，江苏泰兴徐玉元在泰兴中心幼儿园杀死幼儿4人、砍伤幼儿和教师等31人；4月30日，山东潍坊男子王永来闯入尚庄小学，用铁锤打伤5名学生；5月12日，陕西南郑男子吴焕民闯入圣水镇幼儿园，杀死7名学生和2名教师……短短的50天内，连续发生了六起校园杀人案件，被杀的基本上都是手无寸铁和柔弱无辜的孩子，而杀人者也基本上都是下岗者、失业者、无业人员或疾病患者。

也是在去年开春，在"南平血案"发生前不久，我在南京大学主持开设了"社会心理学：理论与现实"的新生研讨课。十分自然的是，我在课堂上谈及了当时刚刚发生的"南平血案"，并将这一案例作为后来学生研讨的内容之一。我记得，在30位学生开始研讨这一主题时已是5月初，除了陕西南郑血案尚未发生外，另外五起血案已经先后发生，使整个中国社会陷入极度的震惊之中。显然，如果仅仅是一个"南平血案"，仅仅是一个下岗而又大龄未婚的郑民生，我们可以将他简单地归于"病态人格""失意者"或"社会化的失败者"。但是，接二连三的血案，相似的手段、情节和背景，使人自然会想起社会学家莱特·米尔斯在《社会学想象力》一书中提出的那个后来闻名遐迩的观点：社会结构常常是个人麻烦（private trouble）的最后根源。[1]换言之，接

---

[1] Mills, Wright, *The Sociological Imagination*, New York: Oxford University Press, 1959, pp. 6–8.

二连三的人遭遇同样的问题,这个人的问题或麻烦从本质上说可能就具有公共问题的内在含义。具体到自"南平血案"开始的一系列校园杀人案中,在这些凶手们身上所体现出来的焦灼不安和以身试法的背后,一定潜伏着因我们这个时代的剧烈变迁而产生的社会性困扰。这不是为罪犯们辩护,而是希望在罪犯们的行为背后找到最终酿成他们行为的社会成因,从而有一天能够真正减少我们这个社会的暴力与血腥。

有的时候人们的想象力有着惊人的一致,尽管他们所受的理论训练常常大相径庭。那些参加我的新生研讨课的学生都是刚刚入校的新生,尤其是主持"南平血案"分析的三位同学来自政府管理学院,按理说并没有受过社会学或心理学的专业训练,但他们后来的分析路径却让我想起了社会学家哈罗德·加芬克尔（Harold Garfinkel）所说的本土方法论（ethnomethodology）,即我们社会中的每一个成员都具有某些关于世界的常识性的知识和公设,正是这些规则支配着人们相互间的社会互动。[1]在他们的研究报告中,借用了"爱斯基摩结构"的解释假设。具体说来,爱斯基摩人利用了动物的排他性,将拉雪橇的狗分为两个等级:领狗与力狗。领狗在前面领跑,它享有多种特权,诸如单独享用食物（不仅吃得好,而且量大）,独享最好的狗舍,并且从来不会挨打;力狗在领狗后面拉雪橇,它们吃不饱、住不好,一起抢食、一起蜗居,还时常挨鞭子。领狗享有的优厚待遇让力狗愤恨不

---

[1] Garfinkel, Harold, *Studies in Ethnomethodology*, Englewood Cliffs, NJ: Prentice Hall, 1967.

已,每次拉雪橇时,看到前面领狗傲慢的尾巴,总是够不着,力狗们气急败坏,总想追上去死死咬住它。不过,领狗的缰绳超过力狗的缰绳两尺有余,而领狗跑得又快,为了能够咬到它,力狗们不惜一切地向前奔跑。通过这样的结构安排,狗拉雪橇的速度就有了基本的保证,这使得爱斯基摩人得以在严寒的北极圈内雪地驰骋。"但由于狗的心理承载量非常有限,不仅领狗随时有被撕碎的危险,力狗的内心也总是充满了仇恨的阴暗,拉雪橇跑得杀气腾腾,即使在光明与纯净的北极,从它们的眸子里也看不到光明与希望。"[1]在"南平血案"以及后来的一系列血案中,郑民生们就犹如落在后面想要撕咬"领狗"的"力狗",只是他们咬不着"领狗",就转而对容易咬着的"领狗"的幼崽——未成年的孩子们——下手,从而导致了一起起血案的产生。或许比喻并不恰当,但这种分析路径起码说明,拉雪橇的狗被分为领狗和力狗两个不同等级的结构性安排,是造成不同等级的狗之间竞争与仇视的原因之一。

这种"爱斯基摩结构"的比喻,让人非常容易想起近年来社会学家孙立平的"断裂社会"的论述。按照孙立平的说法,在这30年的社会变迁中,一方面中国社会取得了巨大的进步,尤其是经济的进步;另一方面也出现了社会的分化和结构性的断裂,在城市与乡村、富裕与贫穷、上层与下层之间社会发生了断裂,即明显的两极分化,几乎分裂为两个不同的世界。这种断裂的含义

---

[1] 参见徐迅雷:《南平惨案是"爱斯基摩结构"的极端变种》,《羊城晚报》2010年3月29日。

既是空间的，也是时间的，既是经济层面的，更是社会结构层面的。可以说，断裂社会的实质，是几个时代的成分并存，而互相之间缺少有机的联系与整合机制。[1] 比如，断裂的一个层面发生在城市的就业和失业人员之间，随着改革的深入，后者大量增加，并且这种由产业结构转换和制度转轨所带来的失业并非暂时的、过渡性现象（即一些人乐观估计的所谓改革的"阵痛"），因为这些被称为"40、50人员"的失业者几乎没有可能回到主导产业或新的就业岗位中去，他们也失去了与单位制联系在一起的社会福利和保障；再比如，断裂的另一个层面发生在城乡之间，中国社会大量的农村劳动力和人口使得我们原本脆弱的农业越来越无法容纳，而农村和农民显然又无法与日益工业化和现代化的城市社会成为一体，难以迈入城市的门槛，农民因而成为被抛到社会结构之外的最庞大的一个群体，他们一方面被排斥在主流劳动力市场之外，另一方面又不能享受各种社会保险和社会福利，经常遭遇歧视和侮辱，被视为二等公民。

上述断裂的社会结构就像分成不同等级的"爱斯基摩结构"：城市、富裕、上层的生活在不断改善，其中小部分人甚至声色犬马、挥金如土；而乡村、贫困、下层的生活在不断恶化，他们甚至面临越来越难以为继的生存压力，这一切无疑会滋生社会仇恨，产生社会冲突。从这个意义上说，上述发生在2010年春天的一系列血案，就是社会生活的失败者或失意者郑民生们对这个社

---

[1] 孙立平：《断裂：20世纪90年代以来的中国社会》，北京：社会科学文献出版社2003年版。

会的扭曲和疯狂的报复,而所谓"有钱有势人的孩子"就成了这场报复的替罪羔羊。

我们已经说过,找出酿成这些惨案的社会成因,并不是为了给犯罪行为开脱。从社会学的角度去理解和分析犯罪,是为了运用我们的社会学想象力,对社会生活的本质以及它对包括犯罪行为在内的人类社会行为的动因做出合理和科学的说明。这种想象力的锻造对理解犯罪行为的意义,可以从我们翻译的这部题为《犯罪学:社会学的理解》中获得相当的佐证。在这部著作的开篇,作者美国缅因大学社会学系斯蒂芬·E.巴坎(Steven E. Barkan)教授就提出了两个值得我们深思的话题:其一,社会结构及不平等对理解犯罪和其他当代社会问题具有十分重要的意义,因为社会不平等"极大地破坏了人格和社会结构";其二,如果我们不去探寻犯罪的社会根源,就不能真正减少犯罪(这就像你想攻克癌症这样的疾病,却不去寻找病因,自然永远会陷于手足无措),如此,包括美国在内的各种治理犯罪的"从严"的做法因为忽视了犯罪的社会根源自然只能是"短视之举"。巴坎的贡献就在于,他看到了隐藏在形形色色的犯罪现象背后的结构性因素,这使得他对犯罪行为的分析与更为广阔的制度性因素以及社会进程联系到了一起。

对巴坎教授来说,将犯罪置于社会学的视野之中是名正言顺的,因为犯罪学在相当的程度上就源自社会学。按照美国社会学家和犯罪学家埃德温·萨瑟兰(Edwin Sutherland)的观点,犯罪学是研究立法、犯法,以及社会对犯法行为反应的一门学科。在这样的界定中，不仅犯法有其复杂的社会成因，即使是对犯法行为的预防、控制和惩罚也受到社会因素尤其是社会结构的制约。稍有常识的人都知道，从社会学的角度来看，人们对犯罪的看法是建立在社会对越轨行为的一般看法之上的，显然犯法是一种重要的越轨行为。虽然人类社会存在着一般性的普世价值以及对行为的判断标准，但他们对越轨行为的界定也有着时空两方面的相对性：从空间上说，不同的社会对越轨行为的界定不同，在那些恐怖主义盛行的地区，从事暗杀和爆炸可能被人们视为自己民族或社群的"英雄"；而从时间上说，变迁会改变人们对同一种行为是否算越轨行为的看法，比如在中国，改革开放前因"投机倒把"而获刑的罪犯们放到现在可能都是经济改革开放的"弄潮儿"。

斯蒂芬·E.巴坎教授的这部《犯罪学：社会学的理解》皇皇70万言，包括四个主要的部分：在第一编《理解犯罪与受害》中，四章的内容分别讨论了犯罪学与社会学的关系，它不仅用最简练的表述介绍了源自比利时统计学家凯特莱和法国社会学家涂尔干的社会学传统，以及在这一传统下，《费城黑人》的作者杜波依斯和"随异交往理论"（differences in communication theory）的创用者萨瑟兰的贡献，而且从社会学视角上讨论了与犯罪有关的诸多问题，包括刑法的制定在何种程度上受到社会的影响，新闻传播媒介对犯罪行为的影响（比如，媒介的宣传和渲染可能造成了公众对犯罪和刑法的无知以及对犯罪的过度担忧；形成有色人种和社会底层人群是天生的潜在犯罪人的假象），犯罪行为的测量（包括犯罪率，以及包括年龄、性别、种族在内的生物学特征和城乡、贫困等社会学特征对犯罪行为存在的可能影响），以及对受害者和受害行为的讨论。在最后有关受害者和受害行为的讨论中，作者提醒我们，事实上，在社会经济阶梯上处在底层的群体（贫困人口、有色人种、年轻人）虽然常常有着最高的犯罪率，但他们也常常是受害者！这说明社会的不平等确实与犯罪现象有着直接或间接的关系。

第二编《解释犯罪》是全书的重点。显然，如果社会学对犯罪行为没有自己独特的解释力，不仅这部著作的撰写没有必要，整个犯罪社会学也因此会失去存在的基本价值。我们知道，社会学的视角与其他学科的视角尤其是生物学和心理学视角的最大区别在，前者强调群体与结构等宏观因素，后者强调个体与行为等微观因素。其实，有关个体主义的解释本身也是五花八门：在理性主义产生之前，越轨和犯罪常常被视为神灵附体的结果；而在理性主义之后，边沁的功利主义经济学认为，人们的犯罪行为和他们的其他行为一样，都是为了追求快乐和减少痛苦；生物学的解释从最早的颅相学直至今天对遗传因素的强调，起码在一点上是一致的，那就是犯罪个体与人类群体之间存在特殊的生物学差异；而心理学则认为犯罪行为导源于个体的心理变态，而造成变态的原因可能是童年早期的消极经历、智商的低下或人格问题。

有关犯罪的个体主义讨论并非毫无价值，但它们显然存在简化犯罪成因的倾向。与此相应，社会学的视角则要复杂一些。那些强调社会结构对犯罪行为影响的社会学家，从涂尔干的社会学主义中受惠良多，他们不将犯罪视为个人失败或反常的结果，而是整个社会经济与社会资源或权力分配不当的结果；那些强调社会过程对犯罪行为影响的社会学家，着眼于包括学习和社会化在内的社会过程对人们犯罪行为的影响，虽然不同的学者（比如萨瑟兰的"随异交往理论"和埃利奥特的"生命历程理论"）在解释上互有差异，但他们都认为犯罪行为是社会互动的产物（对互动的强调，既体现了他们与心理学的联系，也突出了他们与心理学的差异）；那些持批判观点的社会学家，则认为对犯罪行为的理解不能忽视社会生活中广泛存在的权力差异及在此基础上形成的不平等，比如标签理论就认为，权力会影响到一个社会对越轨和犯罪的认定（标签），而冲突和激进理论也认为，法律是有权势者和无权势者之间利益斗争的一个主要内容。有关犯罪的社会学解释在理论上的差异，表明了不同的社会学家对同一种犯罪现象加以解释的侧面不同：结构论者看到了社会结构对人类行为包括犯罪行为的制约作用，过程论者揭示了在同一种社会结构中不同个体间的犯罪行为差异，而批判论者则引入了阶级和性别的分析视角。

第三编《犯罪行为》由六章组成，在这些章节中，斯蒂芬·E.巴坎教授分别讨论了暴力犯罪、针对女性和儿童的暴力、财产犯罪、白领与组织犯罪、政治犯罪和合意犯罪六大常见的犯罪类型。尽管这六章讨论的是具体的犯罪类型和犯罪现象，但显然作者并没有忽视拓展其社会学的分析视野。比如，在第十一章《财产犯罪：贫困群体的经济犯罪》中，作者不仅分析了经济方面的剥夺和失业因素对贫困群体的犯罪行为的影响——显然，剥夺加剧了社会失范和社会控制力的减弱，失业则使人因生活所迫而铤而走险——而且将犯罪的动机分析直接切入那些倡导"经济成功"的文化之中。用斯蒂芬·E.巴坎的话来说，"美国文化强调经济成功凌驾于一切目标之上，这成为财产犯罪的一个重要原因"。早在1899年，社会学家凡勃伦在《有闲阶级论》中就批判过这种炫耀性文化：穷人希望能够实现自己的美国梦，而富人在这种强调经济成功和炫耀性消费的社会中也永远不会餍足。但是，如果一个人认同这种文化但又不具备达到目标的能力或手段，那么就会出现默顿的"失范理论"所描述的现象：那些不能够通过社会认可的制度性手段实现"致富"的文化目标的人，就会不择手段铤而走险。考虑到目前的中国社会对经济成功的强调远胜于美国[1]，这样的分析路径对我们理解中国社会目前日益盛行的经济犯罪也不无裨益。

最后一编题为《控制与预防犯罪》，斯蒂芬·E.巴坎教授用了三章的篇幅分别讨论了"警务：民主社会犯罪控制的两难困境""起诉与刑罚"和"总结：如何减少犯罪"三个方面的问题。

---

[1] 据国际知名民意调查机构Ipsos2010年发布的一份全球性调查数据显示：东方人比西方人更看重金钱，转型国家比发达国家的人更爱钱，而集中了这两个因素的中国人，才是这个世界上名副其实的拜金主义者。具体说来，在全部23个国家的被调查者中，认同"金钱是个人成功最佳象征"这一命题的平均比例是57%，但中国人的认同比例远高于这个全球平均数，达到69%。韩国与中国相同，接下来是印度和日本。令人吃惊的是，几乎所有西方国家被调查者认同这一命题的比例都低于这个平均数，美国只有33%（参见秋风：《中国人何以比美国人更崇拜金钱》，《南方都市报》2010年3月1日）。

第一个问题涉及一个民主社会如何在解决维护社会秩序问题的同时，保证该社会的公民自由。从社会学的角度而言，这样的问题起码包括两个方面：其一，如何保证警察在执法的过程中不干涉公民的自由；其二，如何保证他们的执法行为不受到被执法对象的自然或社会因素的影响。也就是说，公民的种族、性别、经济或社会地位不应成为他们受到不公正对待的原因。第二个问题集中在对罪犯的起诉和惩罚上，除了阶层、种族、族群和性别等因素可能对刑罚产生的影响外，罪犯的权益也是一个应该重视的方面，包括选举权的问题和死刑的问题。相比而言，最后一个问题更为重要，那就是如何能够减少犯罪？在这方面，斯蒂芬·E.巴坎开出了一个三级预防的"社会学处方"：通过改善各种社会、文化和社区因素实现初级预防，通过对潜在可能对象的重点关注实现次级预防，通过改善刑事司法体制实现三级预防。看得出来，作者对这一体系的未来充满了自信，因此他写到，米尔斯告诉我们培育的"社会学想象力"是一把双刃剑："你对于犯罪这一概念所产生的新的社会学想象力，在描述犯罪受害的潜在社会强力时，可能是很可怕的。但是，在向你指明改变这些强力并最终创造出一个更加安全的社会的可能性时，社会学想象力就会很美好了。"

尽管犯罪行为及其社会背景可能比斯蒂芬·E.巴坎想得更为复杂，他所开出的三级预防的处方也未必就一定"包治百病"，但我相信对犯罪问题的社会学分析一定有利于我们在正确理解犯罪行为的前提下，在这个世界上最终减少各式各样的越轨、反社会和犯罪行为。而《犯罪学：社会学的理解》一书中文版的翻译出版，也不仅会促进中国社会学家和法学家们对犯罪问题的更为切实的深入研究，同样有利于我们在这个急剧变迁的时代有效地降低现在越来越严重的越轨和犯罪现象，有利于我们建设一个真正和谐的现代社会。

（本文系为《犯罪学：社会学的理解》[第4版，斯蒂芬·E.巴坎著，秦晨等译，秦晨、周晓虹校，上海：上海人民出版社2011年版]一书撰写的"中译本序"，本次收录有删节）

学术的踪影

模仿与从众：时尚流行的心理机制

"东施效颦"，在中国是一句妇孺皆知的成语。我们现在关于时尚流行的心理机制的探讨就从这句成语开始。

几乎每一个中国人都能十分熟练地说出这句成语的由来。在两千多年前的春秋末年，当越国诸暨苎萝人西施尚未被越王勾践献给吴王夫差时，就是远近闻名的美女。村里的女孩子们都以西施为仿效的对象，在她们眼中，西施就是美与时髦的象征，以至于村东头的丑姑娘东施连西施因病蹙眉的样子都要模仿。从那以后，含蓄的中国人就用"东施效颦"来形容人们的模仿不当。

尽管这句中国成语对社会生活中的好模仿者充满了嘲弄的意味，但几千年来它却从来没有阻挡住"东施们"对"西施们"的学样。其实，在时尚的流行过程中，模仿是赶潮者得以实现求同于领潮者的基本的心理机制之一，是人们对自己心目中的崇拜者的最高褒奖。在社会心理学家看来，模仿是人们有意或无意对某种刺激做出类似反映的行为方式。模仿的内容是极其广泛的，不仅限于行为举止，而且包括思维方式、情感取向、风俗习惯甚至个人性格等。几乎可以说，自人类社会诞生以来，模仿就一直与人类相伴而行，以致许多人都认为模仿是人的一种天性：古希腊哲人亚里士多德提出，"模仿是人的一种自然倾向，人之所以异于禽兽，就是因为善于模仿……"[1]；达尔文则更进一步，以为模仿不仅是人的而且也是大多数高等动物的本能，在他开列的人与高等动物之间具有连续性和相似性的心理特征中，就包括了模仿在内。[2] 这种本能论的观点在现代社会心理学中同样极有市场，塔德和麦独孤都将模仿看成是一种先天的倾向，甚至看成是同发明并列的、直接影响到社会发展和社会存在的基本原则。比如，在塔德的《模仿律》中，他以一种十分贵族的口吻，这样向我们描绘了社会从发明到普及的基本程序：经由群体内发明意识较差的大众或劣者的模仿，优秀个体的发明或创造始能得以普及。

和上述这种本能论相对立的，是以社会学习理论为代表的后天强化论。N.米勒曾以白鼠实验证明，模仿是通过后天强化习得的，它具体可以分为同一行为、翻版行为和仿同行为；班杜拉则结合人类的认知过程来研究人的模仿行为，证实模仿是在后天的社会化过程中逐渐习得的，是由于社会榜样的影响，通过学习榜

---

[1] 伍蠡甫主编：《西方文论选》（上册），上海：上海译文出版社1979年版，第55页。
[2] 达尔文：《人类的由来及性的选择》，潘光旦、胡寿文译，北京：商务印书馆1983年版，第103页。

样的行为而发生的。[1]

与其在这两种对立已久的观点中做出非此即彼的选择,我们不如去探讨一下模仿在时尚的流行中究竟起着什么样的作用。就时尚而言,模仿毫无疑问是赶潮者向领潮者的学样,其目的或是出于对被模仿者的尊敬,或是为了要赶上或胜过被模仿者。我们可以将前者称为虔诚性模仿,后者称为竞争性模仿。

虔诚性模仿主要存在于等级界限较为严格的传统社会,在那里统治者是至高无上的,谁也不能在任何方面同他进行较量。这时,下层阶级在一些不存在严格禁令的方面可以模仿上层阶级,但一般不会出现超过上层阶级的现象。这种模仿由于是以对上层阶级的虔诚为前提的,所以它往往会要求下层阶级显露出自己的愚蠢。在斐济的原始部落中,如果酋长和部下沿山路往下走,不小心摔了跤的话,他身后的随从们也会立即按他的样子倒下去。这种模仿不仅说明了随从们对酋长的无限崇敬,也同时表明他们不会比酋长高明。

竞争性模仿是现代大众社会中人们追逐时尚的常见方式。它的存在前提是:一方面,人们在现实社会中存在着这样或那样的差异,但另一方面,这种差异又不是绝对的。正因为差异的存在是相对的,是能够缩小甚至反超的,才使得人们尤其是地位相近的人们之间会发生竞争性的模仿。以女性好穿衣打扮为例,许多社会心理学家都认定,女性在服饰上大赶潮头的真实动机是为了

---

[1] Bandura, A., *Social Learning Theory*, New York: General Learning Press, 1971.

相互竞争，而不是为了吸引异性。[1]能够想象的是，为了与他人竞争，为了超过他人，这种相互间的模仿最终将导致一种流行的行为方式走向极致，这也常常是时狂产生的原因之一。

其实，模仿不仅是一种时尚得以普及的手段，也是其最终走向消亡的克星。换句话说，一种新的行为样式没有模仿就不能普及开来，不能成为一种时尚；但一种时尚最终也会在普遍的模仿中失去其赖以立足的新颖性，失去它为人仿效的全部理由。这的的确确是一种矛盾现象：一方面，人们追逐时尚是为了树异于人，为了显示自己与众不同的个性；但另一方面，人们追逐时尚又是为了求同于人，而在这过程中"时尚所具有的标准化特征又限制了个性，使它变成刻板的公式。在这种有时是异想天开的规定情趣的过程中，无疑存在一种盲目地模仿一切新奇的东西而丢掉个人特点的趋势"[2]。

我们可以十分形象地将模仿的实际上也是时尚的这种两重性质，称作"黑皮夹克效应"[3]。你可以回忆出，当中国在1978年刚刚走向开放时，随着经济的复苏、人民生活的好转，销声匿迹了几十年的黑皮夹克及其他时髦服装又"卷土重来"的情形。当时，第一个穿上黑皮夹克的人自然令人注目，但待到这几年黑压压一片时，"时髦"反而淹没了个性，"流行"变成了"庸俗"。一句

---

[1] 伊丽莎白·赫洛克：《服饰心理学》，孔凡军、黄四清、王志明译，第39—40页。
[2] 基·瓦西列夫：《情爱论》，赵永穆、范国恩、陈行慧译，北京：生活·读书·新知三联书店1984年版，第374页。
[3] 顾晓鸣：《现代人寻找丢失的草帽》，长沙：湖南文艺出版社1987年版，第148页。

话，发生了"黑皮夹克效应"。其实，在这10多年已经淌过去的时尚大潮中，还出现过"呼啦圈效应""旅游鞋效应""选美效应"以及其他形形色色的什么效应。不过，这种特殊的效应在使一种时尚走向消亡的同时，也在孕育着另一种新的时尚的诞生。

除了模仿以外，从众也是赶潮者得以实现求同于领潮者的另一基本的心理机制。并且，对那些被动赶潮者来说，他们追逐时尚可能更多的是受着从众而不是模仿心理的支配。我们都能够理解，当一种时尚刚刚在社会生活中兴起时，除非你有至高无上的权力，否则领潮者就必须忍受来自大多数人的压力；但是，当一种时尚流行开来成为大多数人的选择以后，情形正好相反，那些尚未赶潮者会感受到来自大多数人越来越大的压力。这种压力具有足够的力量，会迫使尚未赶潮者卷入追逐时尚的潮流。

从能够为人接受的最一般的意义而言，从众是指个人受群体压力的影响，在知觉、判断、信仰及行为上表现出与群体成员相一致的现象。社会心理学家所罗门·阿希在20世纪40年代末期曾以实验的方式，证实了个人在群体压力的影响下具有明显的从众倾向。在阿希设计的线条判断情景中，他发现，确确实实存在着个人对多数甚至谬误多数的遵从现象。在他进行的24次关键实验中，几乎每3次就会出现一次被试因屈服于群体压力而产生的从众反应。对这种从众现象，阿希极有见地地论述道："一旦个人处于群体之中时，就与该群体融为一体了。当他独自一人时，他可能以一种十分冷静和明朗的态度看待某一事物；但是一旦置身于某一群体而且该群体表现出自己的倾向时，他就不会再单独依赖自己的判断看待事物了。他可能以不同的方式对待该群体：或采取与群体一致的倾向，与群体妥协；或与之抗衡；再或根本无视群体的倾向。但即使在最后一种情况下（表面看起来似乎不存在群体影响），也完全和前述情况一样，群体的存在有着明显和决定性的影响。"[1]

从众心理对一般大众尤其是被动赶潮者追逐时尚起着决定性的影响作用是不言而喻的，现在需要解释的是，这种特殊的社会心理机制为什么会促使人们追赶潮流？

在现实生活中，我们倾向于把大多数人公认的判断和共同采取的行为视为正确的判断和行为，这是被动赶潮者在时尚流行中遵从他人的原因之一。换言之，我们在社会生活中该如何举手投足，该穿什么样的衣服、唱什么样的歌曲、买什么样的书籍、用什么样的家具、学什么样的专业、找什么样的伴侣，以至于选择什么样的婚姻和生活模式，都不可能不通过他人获得有关的信息。当一个社会的方方面面变动得十分迅疾，以至于行为的正确与否的界限变得十分模糊甚至混乱时，这种来自他人的信息就有着更为重要的影响。具体就追逐时尚而言，哪怕一个人既没有出人头地的要求，也没有补偿自卑的倾向，当满街的人都穿上皮夹克或玩起呼啦圈时，只要有可能，他也会穿上皮夹克、玩起呼啦圈。和大家一样，会使他产生一种"没有错"的安全感。

除了上述信息影响之外，群体和社会的规范影响，也是被动

---

[1] Asch, S. E., *Social Psychology*, New York: Prentice-Hall, Inc., 1952, p. 483.

赶潮者在时尚流行中遵从他人的另一原因。任何群体和社会都存在着有形或无形的规范，它决定了其成员的受欢迎和不受欢迎的行为。在一般情况下，一个没有特殊的社会资源的普通人，是不愿也不敢偏离这些规范的，否则他就会遭到社会的无情排斥。早在1924年，以提出"社会人"假设名闻遐迩的美国心理学家E.梅约，就在著名的"霍桑实验"中证实了群体规范对人们采取从众行为的决定性影响。[1]

在不同的社会文化环境中，人们感受到的要求其遵从群体规范的压力是不同的，由此，不同民族的从众性的高低也就有所不同。有这样一则笑话，一艘满载各国商人的客船在进港时不慎触礁。为了减轻船的重量，船长要求商人们跳海自己游上码头。他对英国商人说，"跳下去，这是一种体育运动"；对法国商人说，"跳下去，这样非常浪漫"；对德国商人说，"跳下去，这是命令"；对美国商人说，"跳下去，已经办好了人寿保险"；等这些人都纷纷跳下去之后，深谙民族心理学的船长打量着中国商人说，"别人都跳下去了，你们还愣着干什么？"这些中国商人听了以后也扑通、扑通跳下水去。

这则笑话的含义是不言而喻的。长期以来，无论学者还是一般大众都认为我们中国人是极富从众性的。鲁迅先生写道："中国人不但'不为戎首'，'不为祸始'，甚至于'不为福先'。"[2] 他十

---

[1] Schein, Edgar H., *Organizational Psychology*, New Jersey, Englewood Cliffs: Prentice-Hall Inc., 1965, p. 33.

[2] 《鲁迅全集》第3卷，北京：人民文学出版社1981年版，第142页。

分形象地以中国人好看热闹说明这一点:"假如有一个人,在路旁吐一口唾沫,自下蹲下去,看着,不久准可以围满一堆人;又假如有一个人,无端大叫一声,拔腿便跑,同时准可以大家都逃散。"[1] 现代社会心理学也以跨文化的实验研究得出了类似的结论,即在农业社会和原始的部落社会中从众性较高。[2]

对在农业社会中人们的从众性较高的解释是多种多样的。尽管在这方面尚未有定论,但中国社会的现实已经对这一结论提供了最为充足的证明。在我们这个国家里,新事物不易出现,但一旦出现就会铺天盖地地蔓延开来,就是我们的高从众性的一种说明。以1992年兴起的"选美热"为例,在此之前反对者呼声甚高,但一旦天津、上海、南京等大城市办起来之后,全国上下就没有一处不闻风而动。一个国家用行政手段来反对"选美"是不正常的,但一个国家尤其是我们这样的发展中国家在一年中举办上百场"选美"活动更是不正常的。现在我们已经看到,正是这种极端盲目的从众倾向在将中国的"选美"活动发挥到极致的同时,也最终结束了它在中国的短暂寿命。这大概就是事物发展的不可抗拒的内在逻辑,是事物生与死、兴与亡的辩证法,也是时尚嬗变与兴替的基本规律。

(原载《南京社会科学》1994年第8期)

---

[1]《鲁迅全集》第5卷,第474页。

[2] Triandis, Harry & R. W. Brislin, "Cross-Cultural Psychology", *American Psychologist*, Vol.39, No.9, 1984, pp. 1006-1016.

谣言、恐慌与风险社会

有关谣言及与其相近的流言的研究是社会心理学中的一个常规议题。谣言（rumor）与流言（gossip）都是大众在社会中相互传播的无根据、不确切的信息，但两者还是有区别的：前者是有意捏造的，后者是无意传讹的。流言最早出自《尚书·金藤》，其文曰："武王既丧，管叔及其群弟，乃流言于国曰：公将不利于孺子。"而谣言则始见于屈原的《离骚》："众女嫉予之峨眉兮，谣诼谓予以善淫。"注云："谣谓毁也，诼尤谮也。"因为流言和谣言的传播都是匿名的，常常无法知道制造者的动机，加之它们的几何级数式的繁衍力量（一张纸对折50次的厚度是从地球到月亮的距离，就是这种繁衍力量的最好注释），所以有时人们也并不刻意将两者区分开来，而一律称之为"传言"（legend）。

一、谣言及其产生机制

无论古今中外，流言和谣言都是一种常见的社会心理现象，或者说是一种以信息传播为特征的集群行为。单单在近300年，就产生了一系列传播面广、影响深远的谣言或流言：乾隆时期的1768年，一场"叫魂"谣言，使民众确信"妖人"能够通过割剪发辫、偷取衣物甚或呼唤姓名的方式盗取他人的灵魂，导致了江浙12个省份近2亿人口的社会大恐慌[1]；在1789年的法国大革命中，贵族和第三等级平民之间的相互猜忌和不信任酝酿了无数的谣言，而这些谣言反过来又助长了这场革命的无理性色彩，使得它最终朝向血腥、暴力的极化方向发展；1853年太平天国起事后的14年里，谣言一直就是军事行为的一种辅助手段，天王洪秀全通过谣言动员民众：太平军是上帝派来的仁义之师，任务就是扫平满清妖孽；在19世纪末期盛行数十年的几十起大规模的满清教案中，制造和传播"鬼叫"（指基督教）、"采生折割"、"奸淫妇女"等各种耸人听闻的谣言，也是士绅阶级、满清官员和普通大众对抗基督教渗入、"激励民众"反抗的主要手段[2]；1911年的武昌起义的提前爆发，与清廷将捕杀新军中所有剪去发辫的汉族士兵的传言流行有关，传言造成的恐慌促成了士兵们的铤而走险、振臂一呼[3]；1976年，一个名叫"蛐蛐儿"的普通杭州年轻工人制造的

---

[1] 孔飞力：《叫魂：1768年中国妖术大恐慌》，上海：上海三联书店1999年版。
[2] 苏萍：《谣言与近代教案》，上海：上海远东出版社2001年版，第226页。
[3] 马勇：《1911年中国大革命》，北京：社会科学文献出版社2011年版，第182页。

"总理遗言",既是"文革"10年中最大的"反革命"谣言,也确实给了当时成千上万的关心共和国命运的传谣者们莫大的心理安慰[1];及至2003年,因SARS病毒的流行而引发的大规模的流言和谣言,同样引起了整个中国社会的食品与药品抢购、群体性惊恐,以及民工和大学生的无序溃散[2]。其实,在日常生活中,那些与某个人或某件事有关的小规模的流言和谣言更是每日每时在发生着,它是人们社会心理的畸形伴生物。

2011年,因为全球性的经济萧条和国内各种社会矛盾的交织,使得这一年多少有些波诡云谲,而谣言也因此几度横生。其中流传最广的,当属因日本大地震而引发的食盐短缺谣言及由此引起的"抢盐"狂潮。

记得日本大地震发生在3月11日,过后的15日那天在学院开会,议论到这场大地震,一位同仁谈到他在上海的亲戚上午打电话来,让他们赶紧买一些含碘食盐,据说可以防止日本核电站损坏带来的核辐射。当时大家没在意,都当笑话听。但第二天也就是16日,就发生了全国范围内的大面积"抢盐"狂潮:围绕食盐形成的"谣言"(人们形象地称之为"谣盐")满天飞,据说那几天江浙沪一带的通话量爆炸性增长,"谣言"通过电话、手机短信和网络呈几何级数式增长;全国各地尤其是沿海城市到处都是

---

1 袁敏:《重返1976——我所经历的"总理遗言"案》,北京:人民文学出版社2010年版。
2 周晓虹:《传播的畸变——对"SARS"传言的一种社会心理学分析》,《社会学研究》2003年第5期,第43—54页。

排队买盐的人群，一些小盐商们也随行就市，趁机加价销售，那两天商店里的食盐销量是平日里的几十倍，一时间卖了个干干净净；"抢盐"大战中，武汉人郭先生拔得头筹，一举购得6500公斤食盐（有意思的是，1988年因人民币贬值出现抢购潮时，抢购食盐的"冠军"也在武汉，不过那一次只有200斤，和今天的郭先生相比称得上是小巫见大巫）；接着，这股食盐现货市场上的"恐慌"抢购情绪蔓延到股市上，17日，A股市场上为数不多的盐业股集体飙升，云南盐化更是风光无限、"一字涨停"，从3月15日的2000万元交易量，一路蹿升到18日的2.86亿元！

虽然在主流媒体的强势攻击下，上述谣言只盛行了几天，但它的力量和日本大地震引发的海啸可有一比，也称得上是翻江倒海。在谣言高涨的那几天，不要说乡下不识字的老婆婆，据说连太平洋西岸旅居美国的华人也在抢购食盐（这让人想起毛泽东的一句诗词："环球同此凉热"）。网络和手机上调侃"盐荒"的信息也数不胜数，连好事者为电视上热播的《非诚勿扰》撰写的台词都是："女：有房吗？男：没有；女：有车吗？男：没有；女：有存款吗？男：也没有；女：那你还来相亲？男：我有盐啊；女：喔，老公！"

已有的有关谣言的社会心理学研究主要集中在两个方面，其一是谣言制造者的动机分析，其二是谣言传播过程中的"再造"机制。就谣言和流言的制造而言，当然与事件的重要性和信息的模糊性有关，但在其制造和传播过程中，参与者的个人或群体动机显然千差万别。在2003年有关SARS传言的研究中，我曾将制造者的动机分为三类：认知的歪曲、判断的歪曲和行为的歪曲。

认知的歪曲是由观察或信息的错误造成的，比如，在SARS肆虐期间，当主流媒介不能有效地报道事件之时，某座大楼的预防性消毒、街道上正常行驶的救护车、医务人员的患病（包括与非典完全无关的其他疾病）以及患者人数的变化，都可能成为人们认知、评估及传播SARS病毒流行情况的依据。

判断的歪曲是通过对观察尤其是获知的信息的不当判断造成的，以3月流行的"谣盐"为例，日本地震引发的福岛核电站爆炸，自然会使公众尤其是与日本相邻的沿海地区的公众产生对核辐射的恐惧，并通过自己有限的知识判断含碘食盐可以防核辐射，而海水本身的污染又会使食盐缺乏，因此有必要多买一些"备荒"。在这种心理支配下，无论是造谣或是传谣，当事人自己都信以为真。

最后，行为的歪曲，由这一动机制造的传言一般都是典型的谣言，因为制造和传播者虽然在客观上对传播这类谣言乐此不疲，但在主观上他们自己是不相信的。自己不信又起劲儿传播，唯恐天下不乱，自然有其背后的动机。动机之一可以称作表意性歪曲（expressive distort），用社会学家特纳的话来说，它的目的只是为了"表达或强化行动者的情绪，而不是为了影响外部情境"[1]，用通俗的话来说就是为了"过瘾"或"宣泄"。在SARS期间，公

---

[1] Ralph H. Turner & Lewis M. Killian, *Collective Behavior*, Englewood Cliffs, New Jersey: Prentice-Hall, Inc., 1957, p. 86.

安部门就发现，不少网友通过手机短信或在网络上发布假消息，目的只是为了好玩或恶作剧。动机之二就复杂一些，可以称作功利性歪曲（utilitarian distort），此时谣言的制造者或传播者具有明确的政治或经济动机，他们不过是将造谣或传谣作为牟取个人或集团利益的手段。前述近几百年发生的那些经典谣言是如此，近十年来发生的一些大规模谣言也是如此。比如，2003年SARS流行期间，各地都有商贩在蛊惑SARS传染性的同时，夸大自己所售商品的紧缺性或药品的有效性。再比如，还是2003年，在与SARS的肆虐同时推进的美伊战争中，萨达姆政权的新闻部部长萨哈夫的"卓越"表演，让人想起哈罗德·拉斯维尔的观点——谣言是宣传战或心理战的主要技巧。[1] 又比如，在这次的谣言传播中，那张在网络上流传甚广的"宁波抢盐"照片，一般明眼人都看得出是食盐炒家在利用日本核泄漏事件炒作牟利。

二、谣言传播过程中的再造

同谣言的制造相比，谣言在传播过程中的再造，因为涉及人群间的互动和建构，更是一个标准的社会心理学议题。对这一主题的论述一般都会提及1942年美国社会心理学家G.奥尔波特和L.波斯特曼关于"珍珠港事件"后战时谣言的分析。这一谣言的

---

[1] Harold D. Lasswell, *Propaganda Technique in the World War*, New York: Knopf/Cambridge: MIT Press, 1971.

传播反映了美国民众对官方"战时损失报告"的不信任，而奥尔波特和波斯特曼的分析不仅指出了形成谣言的两个条件——事件的重要性和信息的模糊性，而且提出了谣言传播过程中的三种基本机制：削平、磨尖和同化。[1] 这些机制的存在说明流言和谣言在大多数情况下不是一个人的贡献或创造，而是一系列传谣者行为累加或"群体贡献"的结果。

削平（leveling），用奥尔波特和波斯特曼的话来说，即传播者会按自己的理解，将接受到的信息中的不合理的成分削去，重新安排某些细节，使之变得"更短、更明确、更容易被理解和传告"。以2003年的SARS传言为例，尽管在早期的传言中内容十分丰富，涉及病毒类型、传染性、发病地点、临床症状以及死亡情况，但在后来大规模流行时，传言被压缩成"广东发现不明病毒，包括医务人员在内数百人死亡"。而且，有意思的是，因为这一传言后来的大规模传播是通过手机实现的，而手机短信的高度复制性，也使其内容表现出了相对的恒定性，这也是现代传言的一种新特征。

磨尖（sharpening）是谣言或流言再造的第二种常规机制，它指的是从大量的背景材料中选择数量有限的细节加以凸显、夸大和传播的现象。容易理解的是，磨尖和削平有着密切的联系，因为谣言经过削平以后所剩下不多的内容正好不可避免地被突出或

---

[1] G.W. Allport & L. J. Postman, "The Basic Psychology of Rumor", *New York Academy Sciences*, 1945, VIII, Serial II.

被磨尖了。一般说来，最容易为传播者磨尖的传言内容，也恰恰是公众最为关注的那些信息，显然他们在传播过程中保留这类信息并获得合理化解释的动机也就越强。

如果说削平和磨尖涉及的都只是信息的选择性过程，那么我们还没有说明为什么有些信息被磨尖了，而另一些信息则被削去了。另外，被人们用来建构谣言或流言的信息就真的是随意的吗？

来看看50岁以上的人也许都还记得的那个传言。据传，理查德·尼克松1972年访问中国时，曾顺手将毛泽东住所的一只价值连城的九龙杯偷走了。得知消息后，睿智的周恩来安排即将离开中国的尼克松总统观看中国杂技，在表演现场，一位魔术师通过将一只仿制的赝品"变没了"，而迫使尼克松打开自己的公文箱，并交还了九龙杯。显然，在这个传言中，体现出了毛泽东时代中国人的价值观、政治信仰和文化准则：其中包括美帝国主义是纸老虎，他们无论是文攻还是武斗都不是中国人的对手；我中华文化五千年源远流长，即使美国总统也对我们的文物垂涎三尺；聪慧而勤勉的周恩来总理是我们的"好当家"；以及中华文化对"面子"的顾及（直接讨还九龙杯是不当的）；如此等等。[1]

上述传言及其解析，涉及了同化（assimilation）这一典型的公众嵌入行为，它说明在传言的传播过程中，人们会依照自己或

---

[1] I. D. London & M. B. London, "Rumor as a Footnote to Chinese National Character", *Psychological Report*, Vol.37, No.2, 1975, pp. 343–349.

群体的习惯、兴趣、希望、担忧、预期、常识、传统以及文化价值观等来进行信息的取舍和细节的再造。这种再造说明建构谣言或流言的信息的采集并不是随意的，它是人们的生活世界和世界观的反映。

说到这里，有必要讨论民间传言和都市传言及两者的区别。先说民间谣言，其最鲜明的特点是具有马克斯·韦伯所说的"巫魅"特征。[1] 比如，我们前面提及的1768年的"叫魂"和19世纪末与教案有关的那些谣言，都是民间谣言的典型。在这些谣言中，无论是包括流浪乞丐、游方僧道在内的"妖人"窃人魂魄时施以的"妖术"，还是洋教士们对男童女娃施以的采生折割的"妖术"，显然在今天看来都荒诞不经。即使是在2003年的SARS流行期间，5月份以后随着农民工从北京、广州等城市向乡村的溃散，再流行出来的一些谣言也开始具备民间传言的"巫魅"特征。比如，谣言传"一婴儿出生伊始就能说话"，并道出了防治非典"秘诀"：放鞭炮驱邪。也许人们还记得，此谣言有若干变异，或为"一位80岁的哑巴开口说了话"，或为"一位妇女怀孕两年才生子"，而这些"神异之人"传授的驱邪"秘诀"除了放鞭炮外，还包括喝绿豆汤、烧纸钱，或在水碗中加茶叶、大米等。

相比而言，都市传言就不仅不具备"巫魅"的彩色，有时甚至还很"科学"。你看SARS期间流行的那个最让人瞠目结舌的传

---

1 M. Weber, *From Max Weber: Essays in Sociology*, Edited by H. H. Gerth & C. Wright Mills, New York: Oxford University Press, 1946, pp. 51, 282.

言——"北京要用飞机洒农药的方式进行全城消毒"——显然就具备现代医学所弘扬的科学主义逻辑,唯一的荒诞不过是将消毒的空间场域从一间病房扩大到了一座城市而已。而这次的谣言一样披着科学的外衣:首先,福岛核电站的威胁是现实的,而核辐射发生后通过摄入碘化钾而保护甲状腺不受放射性物质的侵害似乎是科学之举;其次,食盐含碘,盐又来自海水,而海水污染影响盐业生产,因此有必要备足食盐……这一系列的推论似乎都建立在科学的基础之上,只是大多数人不知道:其一,碘只能防止碘-131带来的危害,而放射性核物质远非只有一种碘-131;其二,即使防止碘-131的危害也需要大剂量的碘,而这恰恰又会导致对人体的其他危害,比如,引发甲亢或自身免疫性甲状腺炎。因此,貌似科学的推论其实是不科学的。

最早研究都市传言的,是美国社会学家简·哈罗德·布鲁范德。20世纪80年代初,布鲁范德对发生在现代美国都市的一系列"都市传言"(urban legends)进行了研究。这些传言无一例外都是没有根据的,但在传播过程中它们往往被说成是发生在朋友身上的真实故事,诸如"弯钩事件"(传言中的强奸犯手中总是握着一个具有象征意义的杀人弯钩,很像美国电视剧 *I know* 及其续集 *I still know* 中的那个隐身主角)、"微波炉里的狗"(接受了儿子赠送的微波炉的老妇人,将洗澡后的爱犬用微波炉烘干时,将狗烤成了肉饼)以及"肯德基炸鼠"(肯德基出售的炸鸡块,实际上是一只卷着奶油面糊的死老鼠)。布鲁范德的真知灼见在于,他意识到大多数都市传言是对现代生活危机的一种警示,如性解放、微波炉和快餐店，它们强调或暗示了新事物的风险性。[1] 从这个意义上说，都市传言是一种现代性的后果，而布鲁范德也是最早预示现代社会风险的社会学家。

三、风险社会与现代性

危险（danger）自古有之，但风险（risk）是现代性的产物。用吉登斯的话来说，当16世纪和17世纪西方冒险家们用"风险"这个概念来表示驶向未知海域的航海探索的时候，这个词被创造了出来，并用于指代与未来社会有关联的各种各样的不确定性。[2] 区别危险和风险其实很容易，那就是后者所具有的不确定性。当一个人从摩天大楼上跳下来的时候，只有危险而无所谓风险，因为虽然他每下落一层的时候尽可以大喊"到现在为止，一切顺利"，但粉身碎骨的结果其实是已经确定了的。

说风险是现代性的产物，并不是说今天的社会生活比先前的常规生活更为危险（显然，我们的祖先们比我们更容易遭受雷鸣电闪和飞沙走石的危害），而是说在今天的生活中许许多多的风险都来源于现代工业文明，或者来源于我们自己而不是来源于外部环境，比如现在人们常常谈及的全球性的环境危机、经济崩溃、核裂变和基因重组技术，以及颇具"中国特色"的食品安

1　Brunvand, Jan Harold, *The Vanishing Hitchhiker: American Urban Legends and Their Means*, New York: W. W. Norton, 1981.
2　安东尼·吉登斯:《失控的世界》，周红云译，南昌：江西人民出版社2001年版，第18页。

全问题——从含有三聚氰胺的三鹿奶粉到含有瘦肉精的双汇火腿肠。正如此,《世界风险社会》一书的作者乌尔里希·贝克会说,风险社会就是工业社会的一种类型,因为工业以及它的片面性效果给我们的社会,或者说因为全球化进一步给我们的世界,造成了一系列的危险甚至致命后果。[1]这些后果所以是危险的甚或是致命的,有时还不在它们具有一时一地的危害性,而在于诸多现代风险根本就不受时空限制:以核事故为例,这次的福岛核电站爆炸,不但通过大气环流,而且进一步通过数千吨入海的核废水,正在对日本以外的国家(韩国、俄罗斯、中国甚至美国)形成超越空间的影响;而1986年的切尔诺贝利核事故对受害者造成的遗传上的损害,也完全具有超越时间的力量——它不但危害当事人,而且还可能殃及其子孙。

一般人能够想见,现代社会风险的增长,加之传播的便捷性(2003年SARS传言的传播借助了当时刚流行的手机短信,这次的"谣盐"传播在手机短信之外又用上了新流行开来的微博),自然会增加包括谣言和流言在内的传言尤其是都市传言的滋生可能,并同样会增加恐慌在人群中的蔓延和扩张的可能。不过,谣言和流言的社会后果并不限于无事生非和寻衅滋事,在现代社会生活中有时它也会有诸多积极的意义。既然现代都市传言常常是因新事物的风险性而生的,在某种程度上它就有可能成为这种风险的

---

[1] 乌尔里希·贝克:《世界风险社会》,吴英姿、孙淑敏译,南京:南京大学出版社2004年版,第65页。

预警机制之一。换言之，谣言和流言的传播可能会切实减少我们所面临的风险。以各式各样的有关核辐射的流言和谣言为例，不论是苏联的切尔诺贝利，还是美国的三里岛，或是这次日本的福岛，也不论这些传言本身的真假如何，它确实都在一定程度上引发了人们对核能事业危险性的警觉，这种警觉不仅可能促使人们削减发展核能方面的计划（比如，切尔诺贝利事故后，中国台湾就暂缓了龙门核电站计划；这次福岛核事故之后，各国也在检查自己的核电站是否安全），而且可能从根本上改变人们对核能利用的看法。当这种警觉到达一定程度的时候，它未尝不会起到最终拯救人类的作用。

传言的警示作用从最近发生的另一则案例中也能够体现出来。进入4月，在上述"谣盐"刚刚退潮后，另一则传言接踵而至。据传，最近半年以来在广东、江苏、北京、上海等六省市，开始流行一种被称为"阴性艾滋病"的神秘疾病，感染途径与艾滋病相似，可以通过性交、口水和血液传播，病症表现为淋巴肿胀、皮下出血、舌苔长毛（舌苔发白），以及免疫力低下。最为恐惧的是，这病不仅无法医治，甚至根本无法确认（所有自感患病者的HIV病毒检测均为阴性，这也是"阴性艾滋病"病名的由来）。尽管卫生部曾经采集了59人的血样，结果都没有问题，但疑病者依然坚信自己是"不明患病者"。他们自觉与家庭成员相隔离，上网相互交流，同时也都忧心忡忡。媒介报道时有些医生称这一现象为"恐艾症"，我觉得倒更像是集体性癔症。唯一的新特征是，在传统的集体性癔症中，现实的人群面对相同的恐怖来源产生了某种强烈的心理暗示，而在我们现在谈论的"阴性艾滋病"中，虚拟人群的相似恐惧特征是通过网络传播形成的。如果要问及这类传言究竟有什么积极的意义，我想人们对"阴性艾滋病"及其传言的关注和恐惧，多少会影响到人们性生活的实践形态。换言之，在今天这样一个前所未有的宽松年代，对自己的包括性行为在内的各样举止略加检点或者说节制才是根本的防"艾"之举。

这样一来，传言和风险真的可能会陷入一种奇妙的怪圈之中：一方面，现代社会的传言常常都是对现实社会的一种风险的警觉或反应；另一方面，这种警觉或反应发生得越早，与其对应的风险发生的可能性就越小，而传言本身成为"谣言"的可能性也越大。从这样的角度说，我们既不必对各种传言剑拔弩张、防范过度，也不必唯"谣"是从，一听大惊，二听失色，三听逃命。现代的风险既然是与未来社会相关联的，一般说来它们就多多少少为我们留出了观察的时间，为我们的科学判断提供了可能。古言道："流言止于智者。"这道理在现代社会仍然有效，只是在今天恐怕已经没有恒定的智者（你要让社会生活中的每一个人都成为某个领域内的专家或智者是不现实的），智者是在与政府、公共媒介和科学事实接触和打交道的过程中形成与改变的。

以早几年有关转基因食品的争议为例，实事求是地说，除了从事生物学研究的专业人士以外，包括受过大学教育者在内，一般公众对转基因食品存在的可能风险是不清楚的，他们大多像郭于华所调查的那些消费者一样，以为作为高科技产品的转基因食品（如转基因大豆油）"营养更好"。[1]在这种自己缺乏知识的领域，人们一般更愿意将选择的权利交给政府的相关部门或科学家，但事实证明，无论是政府的相关部门还是科学家，在一段时间内，都有可能出于对国家粮食安全（如转基因作物不但具有高产、稳产的特点，而且往往更能够抵抗病毒和杂草的侵扰）或其他方面的考虑，在发展转基因食品的同时，忽视或承担转基因食品可能具有的潜在风险。在这样的背景下，尽管我们现在尚不能确定转基因食品究竟是天使还是魔鬼，但将相关事实和知识告知消费者或公众却是十分必要的。你起码应该让他知道，他现在吃的食品与传统食品不同（这也是国家对转基因食品实行强制性标识的原因）。这样看来，在转基因食品真正被揭开其面纱之前，围绕转基因食品所形成的各种议论或传言，未必就不具有积极的意义：转基因食品的赞同者和反对者都可以根据科学的研究，提供正反两方面的证据，从而为人类找到一条既安全可靠又能够填饱肚子的路径做出各自的贡献。

3月的"谣盐"过去了，4月的"阴性艾滋病"恐慌也很快就退潮了，即使7月高铁事故引发的恐慌也没有抵挡住速度对中国人的吸引力，节假日里高铁依旧一票难求，我们在现代化的进程中还是越走越远。而伴随着全球化，世界一体的格局也日趋形成。想着电视里每天仍在频繁报道的包括空气中的雾霾、道路上

---

[1] 郭于华：《天使还是魔鬼——转基因大豆在中国的社会文化考察》，《社会学研究》2005年第1期，第84—112页。

的车祸（比如甘肃正宁的校车事故）、食品中的各种添加剂，以及工业文明制造出来的其他形形色色的风险，悬在我们头顶的"达摩克利斯之剑"不但没有放下，反而越悬越高。相比这些潜在的或现实的威胁，谣言不过是压在我们心头的浮云一片，唯愿这浮云不要成为压垮人类的最后一根"稻草"。

（原载《南京医科大学学报（社会科学版）》2011年第6期）

"中国体验"两极化震荡国人心灵

尽管人类社会的变迁自古有之,但是变迁成为人类自觉思考的主题却是现代性的产物。正是鉴于变迁与现代社会科学有着天然联系,我们应该努力将改革开放30多年来中国社会发生的巨大变化进行学术转换。近10年来,围绕上述学术转换,已经有诸多学者一再论及"中国经验"及其意义,但事实上总结"中国经验"只是这种"转换"的可能路径之一,"转换"的另一路径是"中国体验"——在这个翻天覆地的时代13亿中国人民的精神世界所经历的巨大的震荡,人们在价值观、生活态度和社会行为模式上的变化。显然,中国经验和中国体验是我们理解中国社会变迁的双重视角,或者说,中国体验起码在精神层面赋予了中国经验以完整的意义和价值。

何谓"中国体验"

与"中国经验"相比,"中国体验"是一个全新的概念。我们说"中国体验"是一个全新的概念,并不意味着要用这一概念代替先前的"中国经验"或其他相似概念。"中国体验"的概念之所以具有新颖性,一方面是指它和"中国经验"一样,也是中国社会这30多年的急速变迁的结果,因此先前的专家学者没有也不可能关注到这样一种社会现象;另一方面则是指虽然它和"中国经验"一样都是变迁的结果,但和"中国经验"相比,"中国体验"至今尚未引起人们足够的关注。很少有人意识到,在中国宏观的经济与社会结构发生变化的同时,中国人的微观价值观和社会心态同样发生了前所未有的嬗变。中国经验与中国体验作为1978年开始的这场史无前例的社会大变迁及其结果的一体两面,赋予这个独特的时代以完整的历史意义和文化价值。如果单单总结"中国经验"而忽视"中国体验",我们就不可能发现在这场涉及13亿人口的现代化过程中,作为现代化之主体的中国人的精神起了何种作用,人们的欲求、愿望和人格在改变中国的同时又发生了何种改变,表现他们喜怒哀乐的社会心态是如何随着社会的变迁而潮起潮落,最后,他们的精神世界遭遇过、现在又在面临何种困窘和茫然?

作为一个拥有13亿人口的民族在这场大规模的社会转型过程中所经历的精神历练与心理体验,"中国体验"起码应该具备这样一些基本的内涵:

第一,"中国体验"不同于中国经验,或中国道路、中国模式、中国奇迹,它不是中国社会在最近30多年中发生的那些结构性或制度性的宏观变迁,而是中国人民在宏观变迁的背景下发生的价值观和社会心态方面的微观变化。

第二,"中国体验"既包括积极的心理体验,也包括消极的心理体验,前者诸如开放、流动、竞争、进取、平和、包容,后者诸如物欲、拜金、浮躁、冷漠、缺乏诚信、仇富炫富……人格的边际化或社会心态的两极化恰是中国体验的最重要特点,这在相当程度上说明中国体验本身就是变迁的一种精神景观。

第三,"中国体验"虽然是一般经由传统向现代转变的社会都可能出现的人格和社会心理嬗变,却因为中国特定的人口规模、转型前后的经济与社会结构差异、历史悠久的传统文化、全球化的推动以及变迁的速度之快而带有一般的精神嬗变所不具备的特点,这些特点使得社会心理学家对人类精神世界嬗变的研究具有了全新的意义。

第四,虽然"中国体验"具有独特性,但并非就不具备某种程度上的普世意义,也就是说,这一"体验"对其他民族或国家尤其是剧变中的发展中国家可能具有借鉴意义,一部分甚至可能在一定程度上加以复制。

"中国体验"的两极化特征

"中国体验"或中国人精神世界嬗变的二元性或两极化特

征，表现为传统与现代的颉颃。其实，传统与现代的颉颃是所有转型或变迁社会的常态现象。这种精神上的传统与现代的重叠或颉颃，既为社会和个人生活的变革提供了可能，也同时使得生活于其间的个人或社会群体"无所适从"或"朝秦暮楚"，以致整个社会表现出来的现象是，每种人都多多少少有"不守其分"或"不安其位"的行为，每种组织都多多少少有越界逾限的作风。费孝通先生生前曾以传统中国社会为蓝本，设想在今日中国建立一个人人都能"安其所，遂其生"的美好社会，但现在看来，只要我们的社会未能从转型中相对固定下来，或者说中国人不能从精神上解决"漂"的问题，这一理想的实现就依然待以时日。

"中国体验"或中国人精神世界嬗变的二元性或两极化特征，表现为理想与现实的落差。理想之所以会激励着每一个中国人，是因为中国社会在不断地进步，尤其是改革开放这30多年来的进步，让人们感受到了希望；但是，现实又常常令人不满。经过30多年的变迁，当中国社会从原来接近平均主义的同质社会变成了一个贫富差距悬殊的异质社会之时，尽管人们对贫富差距的容忍度已经大大提高，上述心态还是不可避免地演化成了整个社会的"仇富"心理。急速的社会变迁不仅持续改善了人们的生存状态，也大大提高了他们感受幸福的阈值。这一方面提高了他们的社会期望，另一方面却使得他们的满意感大打折扣。只有同时考虑到这两个因素，才能够解释"不满"为什么现在会成为一种遍及不同阶层的普遍心态。

"中国体验"或中国人精神世界嬗变的二元性或两极化特征，

表现为城市与乡村的对峙。在中国，由于城乡分治多年，加之城乡之间的差别一直十分巨大，由此形成了两种不同的人格模式：都市人格和乡村人格。其实，人格特征上的城市与农村的对峙，并不仅仅发生在市民和农民之间，每一个具体的人也都可能同时存在着两种不同的人格和行为特征。因此，有的市民在行为方式上可能更"乡村"一些。比如，他们不遵守交通规则、不爱护公共卫生，因为他们尚不适应同生共济性更强的城市生活。同理，有的农民在行为方式上也可能更"城市"一些。比如，苏南的周庄农民为接触现代工业文明付出的代价较小，并因此形成了适应变迁的"秩序感"；而温州的虹桥农民在建立个体所有的乡村工业的过程中付出了较高的心理和社会代价，但也获得了高度的自主性和效能感。

"中国体验"或中国人精神世界嬗变的二元性或两极化特征，还表现为东方与西方的冲突。自1840年以后，中国社会的进步与发展一直就处在东西方的冲突之中，1978年改革开放后全球化浪潮的冲击，使得中国人的价值观和社会心态时刻处在东西方的交融与冲突之中。1949年以后，随着国家成为唯一的利益主体，国家的利益更是取代了个人、家庭和家族的利益，而国家提倡的"螺丝钉精神"则片面强调集体的至上性和绝对性，严重忽视了个人的存在，但最终却使得集体主义成为徒具其表的"虚假意识"。改革开放以后，尤其是1992年推行社会主义市场经济之后，上述"虚假的集体主义"发生转变，但同时也带来了整个社会转向拜金主义和享乐主义，从《非诚勿扰》中"拜金女"马诺"宁可坐在宝马车里哭,也不坐在自行车上笑"的婚姻观,到武汉打捞船工"挟尸要价"的金钱观,仅仅30多年,中国人就从一个极端走到了另一个极端,整个社会陷入了价值冲突和价值危机的困境之中。

"中国体验"或中国人精神世界嬗变的二元性或两极化特征,也表现为积极与消极的共存。精神嬗变过程中积极与消极的共存,本身就是变迁或转型的一种特征;同时任何一种心理特征或精神特质也都可能引发积极或消极的社会影响。如果我们只看到最近30多年来整个社会朝向市场的转型,以及中国经济的迅猛发展和GDP的狂飙突进,却忽视同样一种价值观也会带来拜金主义和享乐主义,在理论和认知层面上一定是片面的。同理,变迁的迅疾,既可能造就中国人积极能动的社会心态,当然也会孕育焦虑、浮躁和夸耀(在这方面中国高铁的得失就是一个最好的例证)。显然,当人们从价值观上普遍接受了经济上致富的改革或文化目标后,既有可能遵从社会规则、采取制度化手段"发家致富",当然也可能违法乱纪,通过越轨行为窃取财物。从缺乏诚信、杀熟、造假,到贪污、受贿、诈骗,乃至强取豪夺、杀人越货,其实都不过是为了达成"致富"目标而采取的不同手段而已。区别仅在于越轨者在现存的制度体系中占有何种资源和权力,以及个人具有何种社会、文化和人力资本而已。

中国体验的独特意义与普适价值

所谓中国体验的独特意义,指的是在这场规模浩大的社会变迁或转型过程中，中国人精神世界的嬗变是否有着不同于其他国家，尤其是西方发达国家人民曾经经历过的精神嬗变的内在特点与嬗变逻辑？如果中国人精神世界的嬗变不过是西方国家在现代化进程中曾经经历过的心理嬗变的一种重演或复现，那么这种嬗变就没有自己的独特意义，所谓"中国体验"自然也就成了一种伪命题。而所谓中国体验的普适价值，指的则是中国人精神世界的嬗变是否具有普遍性的一面，对其他国家尤其是那些与中国相似的发展中国家的人民是否具有借鉴意义？如果中国人精神世界的嬗变只是一种个案，那么这种嬗变就没有自己的普适价值。

认真检视中国社会这30多年来的变化，以及这一变化对中国人精神世界的影响，显然其独特性是无可怀疑的。诚然，这个世界上不乏人口众多的国家（如印度），也不乏经济与社会结构发生了重大转型的国家（如俄罗斯），同样不乏拥有悠久的历史传统的国家（如印度和埃及），它们现在也无一例外都处在全球化的影响之中。但是，既历史悠久，又人口众多，在面对共时态的全球化冲击的同时，也在经受历时态的社会转型，并且取得了举世瞩目的成就的国家，大概只有中国。这种多重因素交织在一起的广泛而深入的变迁，不仅对中国人民来说是独特的，是我们先前五千年的历史中不曾有过的，而且对世界各国来说也是独特的，是其他民族或国家未曾经历的。而在这种奇特的变迁背景下，中国人的价值观和社会行为，或者说人们的精神世界所经历的震荡和嬗变，无论在广度还是深度上，自然也会具有自己鲜明的特点。

但是和"中国经验"一样,"中国体验"具有自己的鲜明特点,并不意味着中国人及其精神世界只是具有特殊意义的"他者",中国体验一样具有普遍性的一面,或者说具有某种普适价值。我们可以从两个方面来表述这种普适意义:其一,对那些和中国一样具有相似的文化传统和历史遭遇的东方世界的各个民族和国家来说,13亿中国人民所经历的复杂而剧烈的精神世界的嬗变,或许可以为他们未来所经历的嬗变提供一种借鉴或参照;其二,鉴于在人类及人类文化中存在某些普遍性的因素,就像我们已经习惯了用在西方形成的理论模式解释中国或东方的经验现象一样,在中国或东方形成的理论图式,也完全具有解释西方或其他民族或国家的经验现象的可能。事实上,东方和西方也许并没有我们想象的那么多不同,以往在西方形成的理论图式和未来在东方形成的理论图式的差异,可能只是我们在不同的发展时期触摸到的人类不同的发展侧面而已。

(原载《人民论坛》2012年8月[下]总第375期)

中国人的精神漂泊何时终结

人民论坛记者：有人说，在我们这个社会中，焦虑已经超越了个人情绪和心理，成为一种社会病，而我们，则是身处在一个患上了"全民焦虑症"的时代，这会给整个社会的行为方式带来哪些显著的影响？

周晓虹：在中国社会转型过程中，焦虑是很重要的一个特点。人们觉得社会转型和变迁很慢，恨不能一步走到头；认为个人生活的变化也很慢，希望能有迅速的改变，往往生出一种深切的期待，期待自己的生活、自己的状态、自己的行动发生快速转变，在这种情况下，自然就产生较深的焦虑感。而社会上上下下，无论是发展得快还是慢的群体，无论是发展得快还是慢的个人，都有一种巨大的超越别人或是怕被别人超越的精神压力，从而演变成为"全民焦虑"。焦虑使我们全部的行为方式都有一种"当下"的特点。因为非常焦虑，怕被别人赶上，于是一切行为的逻辑，都是以赶上别人或者不被别人赶上为前提的，而对其行为的未来、长远的后果不会去考虑。身后被人追赶着，以至于无法停下脚步来思考前进的方向是否正确，这必然使得行为有一种目光短浅的特征。

人民论坛记者：您从社会变迁的视角下解读全民焦虑，但很多时候，我们直观地感受到是因缺乏社会规范、社会保障而焦虑，如何解释这样的焦虑感？

周晓虹：这个实际上还是要摆在变迁的背景下来看。30年前的社会保障体系更加不完善，但为何30年前我们没有那么深的焦虑？因为没有变迁，我们也没有能力来改变自己。但是今天不一样的地方在于，如果你努力一点，似乎上升能力就会强一点，由此产生出一种斗志，这种斗志就使你觉得要好好去发展，要好好地找出机会，要好好地攀登上去，要改变自己的命运。换言之，当我们一方面感觉到人生有危机，另外一方面又觉得有能力、有把握来克服这种危机的时候，焦虑感便油然而生了。这两个方面，缺了任何一个，都不会产生焦虑。所以焦虑一定发生在既有危机也有机会，个人觉得抓住机会就能改变的情形之下。

不仅如此，社会缺乏规范本身就是一个变迁的产物，并不是社会缺乏规范，而是说社会发生巨大的变迁，原有的规范解体了，新的规范还没有建立起来，而我们若继续遵从原有的规范，又不足以适应社会变迁，因此我们感觉到社会缺乏规范。的确，人们的行为似乎不再有成法可遵从，比如说在过去的社会中，我知道如何举手，你知道还以投足，我们对这个规则非常了解。现在社会发生巨大变迁，我举手，你不知道我下面是什么动作，不知道应该怎么回应，于是产生一种焦虑。总体上讲，我觉得就是一点，**社会从宏观层面上发生了变迁，变迁本身带来了焦虑**，带来了原有社会秩序的崩溃，支撑这种社会秩序的原有的制度，也受到了挑战，这样的情况下，又生出越来越多的焦虑。

人民论坛记者：是否每个国家在现代化道路上都会遭遇突然爆发的焦虑？中国当前的这种焦虑心理是否也有着深深的中国烙印？

周晓虹：这个问题实际一面是说其是否有普适性，一面是说其是否有特殊性。对于别的国家在转型过程中是否也会遇到同等的焦虑，我认为这个是肯定的。司汤达在1830年就曾讲过，在法国，因为一个中尉（拿破仑）忽然变成了皇帝，就使得很多人生长出了对无限上升的期望。这时候，所有的人包括少年都已经丧失了平常所具有的安乐的本性，一步步生出很强的功利心理，走一步，看三步。

个别人的人生经历使得全民都产生腾飞的感觉，这个对于中国的意义就在于，中国在这30多年里也发生了巨大的变化，而且这样的变化甚至让所有的人以为变得还不够，应该变得更多、更快。反过来想，如果有这样一个社会，一切都是慢吞吞的，那么惊恐自己落后的这种焦虑就不会产生了。父辈的今天就是你的未来，若一代一代都是如此，作为个人，无论在未来或是在当下都不会倾向于折腾；但如果父辈的今天不是你的未来，甚至兄长的今天与你的未来都可能迥异、几岁几年都会发生变迁的话，巨大的焦虑感就产生了。

那么中国的烙印在哪里？我觉得中国的烙印在两个方面，一个是变迁的广度，一个是变迁的速度。从广度上来讲，可以想一想，这个世界上何时出现过事关13亿人的巨大变化？无论是美国、欧洲抑或日本的现代化，充其量就是1亿到3亿人的变化，世界上没有一个国家经历过13亿人这样一个广度的变化。至于速度，在1949—1978年的30年间，我们因为制度的刚性问题、学习苏联体制的问题，整个社会的变迁非常慢，虽然社会一直有各种的政治运动，但是其实整个社会结构、经济增长、人文精神、生活方式的变迁并不大。所有的变迁都发生在1980年以后，短短30多年间，我们经历了西方世界100年的变化。若是西方在现代化的过程中，也经历了突发的焦虑，那么我们以数倍的人口和数倍的速度经历现代化发展时，我们这种焦虑感肯定是别人的数倍。

人民论坛记者：焦虑随着社会变迁而产生，那么随社会变迁的继续进行，焦虑感也会自然地化解吗？

周晓虹：不是说随着社会变迁的进行，焦虑情绪就会有所化解，而是说，当中国这种巨大的变迁，有一天能够缓下来的时候，我们这种焦虑感就会减少。不久前我曾写过一篇文章提到，"如果我们不能够让变迁彻底完成的话，那么中国人就不能解决精神上的'漂'的问题"。巨大的变迁使得我们产生精神上没有依托的感觉，我往往会从变迁的角度来理解我们精神的二元性、漂浮性、不定性。费孝通先生曾说，我们应该做到"安其所，遂其生"，这样的社会是最好的。但是如果我们的变迁不能够停下来，要解决"安其所，遂其生"的问题是不可能的，如果变迁持续，精神的漂泊就会伴随着中国人。

欧美的发达社会，相对来说焦虑感要弱一点，就是因为社会大的变迁已经进行完毕，对于更大变迁的驱动力也相对较弱。在欧美社会，机会要少得多，一个人在短短的生命中间，变化的可能性大大降低，因而一个现实的人脑子里要去挣钱、要发财、在短暂的一生中光宗耀祖的冲动小得多。到欧洲去看那些街头咖啡馆里坐着的人，时间就是用来打发的；而我们，到今天信奉的还是"一万年太久，只争朝夕"。

人民论坛记者：您比较关注中产阶级，具体到当下，在中国社会各个群体中，反而是中产阶级的焦虑度非常高，为什么会出现这种情况？

周晓虹：中产阶级的焦虑感为什么高？第一，跟中产阶级的地位有关。中产阶级处在社会中不上不下的阶层，希望能够再往上爬一些，可是没那么简单；如果不奋斗，可能就要因"落后"而掉下去，其地位并不稳定。因为这种不稳定，就更加容易陷入深深的焦虑。相反，在很多落后的地区，在山村里生活的人，对于改变自我境遇的动力不强，在生活中也少有相关的资讯来帮助其改变，有时反而会产生一种贫困文化，乐天知命。

第二，跟中产阶级的知识和获取信息的能力比一般人要强有关。如果在一个小村子里面不出来，你的比照对象就是村子里的那些人，那些人的生活一般来讲也甚少会发生比较大的变化，在这种情况下，你对自己所处的状态就非常懵懂，并不知道很落后。但是中产阶级则不同，他们的流动性比较强，文化知识水平也比较高,受过良好的教育甚至在海外接受过教育,与外围世界一比照的话,对自己的地位就会不满,因此焦虑感也比一般的人更强。

第三,中产阶级已有一定的财产、一定的社会地位,他对失去的担忧也比一般的、最普通的草根阶级要强烈,当变迁持续进行的时候,他就更易产生对自身地位的惊恐,去维持这种地位的焦虑感会更强,也会更难以停下来,逼迫自己必须不断地往前走。

(原载《人民论坛》2013年3月［下］总第398期)

开放：中国人社会心态的现代表征

在所有关于民族性格或变动中的社会心理的讨论中，"开放"都是一个社会、一个群体或单个个体的精神世界的积极呈现方式，或者说是一种现代性的表征。开放，最为生动也最为形象地表现了作为行动主体的民族、群体或个人，对他民族、他群体或他人及其所拥有的观念、行为或事物所持有的积极接触、大胆交流和宽厚包容的社会心态。早在20世纪30年代，鲁迅先生就有感于近代中国的落伍保守，提倡以开放为特征的"拿来主义"。他以中国鼎盛时期的汉唐为例，说明"开放"是一个民族自信的标志，而保守则是一个民族孱弱的象征。在《坟·看镜有感》中鲁迅写道："汉唐虽然也有边患，但魄力究竟雄大，人民具有不至于为异族奴隶的自信心，或者竟毫未想到，凡取用外来事物的时候，就如将彼俘来一样，自由驱使，绝不介怀。一到衰弊陵夷之际，神经可就衰弱过敏了，每遇外国东西，便觉得仿佛彼来俘我一样，推拒，惶恐，退缩，逃避，抖成一团，又必想一篇道理来掩饰，而国粹遂成为孱王和孱奴的宝贝。"[1]

20世纪70年代，美国社会心理学家英格尔斯和史密斯在阿根廷、智利、印度等6个发展中国家的大规模研究基础上，提出了现代人的12个人格特征，其中有三条以上都与"开放"这一社会心态有关。具体包括：乐于接受新经验；准备接受社会的变革，也就是说"在发展中国家里，一个人能够欣然接受在他周围发生的社会变迁过程"；以及"可信赖性或信任感"，或者说"我们假定一个现代人比传统人更能信赖一个陌生人"。[2]此后，杨国枢在台湾所做的中国人的现代性研究中，也将"平权开放"视为一种积极的现代社会心态。他认为这一特征"强调的是一种平权思想，主张人民可以批评政府官员，学生可以与师长辩论，子女可以向父母理论，妻子的信仰应受丈夫尊重，与这种平权观念密切关联的是一种开放与容忍的胸怀"[3]。而2011年春天通过的《国民经济和社会发展第十二个五年规划纲要》也明确写到，要"培育奋发进取、理性平和、开放包容的社会心态"。

尽管我们曾有过鲁迅所说汉唐时代的开放与包容性格，但总体上说来，在漫长的中国历史上，我们民族的社会心态是封闭保

---

1 鲁迅：《坟·看镜有感》，《鲁迅全集》第1卷，上海：人民出版社1973年版，第183页。
2 英克尔斯、史密斯：《从传统人到现代人——六个发展中国家中的个人变化》，顾昕译，第25—28页。
3 杨国枢：《中国人的心理与行为：本土化研究》，北京：中国人民大学出版社2004年版，第388—389页。

守的。我们曾经论述过，中国传统的社会心理具有乡土主义、特殊主义、功利主义、平均主义和保守主义倾向，而这些心理倾向又无一不与"种地"这种传统的农耕社会的谋生方式有关。[1]正是由于土地是乡民们的生活根基，而土地又是无法移动的，因此，对以耕种土地为生的传统中国农民来说，"世代定居是常态，迁移是变态"[2]。进一步，土地的重要性使得乡民形成了浓厚的重本轻末的土地依赖意识，种地造成了乡民的安土重迁，而安土重迁不流动则进一步造成了乡土社会村落之间的孤立与隔膜，以及乡民的保守与排外。具体说来，由于平时极少与外部世界打交道，于是乡民们在村上或乡里尚能往来自如，但一出了村便两眼一抹黑；由于乡民总是在血缘和地缘的圈子里打转转，碰上家人、族人、乡里人或熟人尚能应付裕如，但见到外人或陌生人则局促不安、深怀畏惧警惕之心。另外，由于"种地"这种经济行为的产出极为有限，承担风险的能力弱，加之乡土社会中对发财致富者的敌视和嫉恨，不可避免地形成了乡民的保守主义倾向。他们害怕任何性质的社会变动，害怕尝试新的东西，因为这种变动和尝试都带有某种程度的危险和不确定性，甚至可能导致自己第二年没饭吃。这种保守主义倾向还连带着造就了传统农民规避风险、推崇经验和盲目从众等一系列心理与行为特征。同时，像少言寡语、迟缓木讷等现代社会的负面特征在乡土社会里常常会得到高

---

1 周晓虹：《传统与变迁——江浙农民的社会心理及其近代以来的嬗变》，北京：生活・读书・新知三联书店1998年版。
2 费孝通：《乡土中国》，北京：生活・读书・新知三联书店1985年版，第3页。

度的褒扬,被视为少年老成、稳重可靠的象征。

近代以来,由于人口的过度增长和西方资本主义的野蛮进入,中国自给自足的自然经济开始解体,传统中国陷入了巨大的危机之中。伴随着古老的中国向外部世界的被动开放,首先是沿海地带开始从传统经济中剥离出来,开始了自己的现代发展,并形成了一系列与保守的内地相对立的开放特色。[1]变迁从器物引向文化,再从文化引向价值观和社会心态的层面;变迁从西方进入中国,再从上海、北京、广州、南京这样的大都市向中小城市,向沿海和长江流域的乡村渗入,千百年来不变的传统在与现代接触的过程中开始面临严峻的挑战。像上海这样的通商口岸,以及广东和江苏、浙江等沿海地区,重商思潮开始涌动,人们的价值观和消费心理也开始发生迅疾的变化。[2]中国向世界的开放在1937年因日本的全面入侵而告中断,此后更因为内战的到来而陷于停滞之中。尽管1949年告别了战乱,整个社会趋于稳定,但由于受到苏联式社会主义的影响,高度集权的计划经济体系导致国家对经济运作和社会生活全面干预,使得整个社会愈来愈封闭。普通民众也被限制在城市里的"单位"或乡村里的"人民公社"之中,对外来事物的接触和个人的流动都成为历史,以致"开放"在相当长的时间里竟被视为个人行为不检点的同义语。

中国人社会心态的再度开放,是1978年开始的改革开放这一

---

[1] 柯文:《在中国发现历史——中国中心观在美国的兴起》,林同奇译,第144—145页。
[2] 乐正:《近代上海人社会心态(1860—1910)》,上海:上海人民出版社1991年版。

伟大实践直接孕育的精神产儿。正是这场伟大的变革，催生了中国人朝向现代价值观和社会心态的转型。今天，在改革开放35周年后，谈论中国人精神世界的转型，不能忽视改革开放这一历史背景。其一，就改革的力量而言，十一届三中全会之后，以联产承包责任制为主导的农村经济体制改革的推行，使得农村经济显示出前所未有的繁荣景象，在这样的背景下，1982年召开的中国共产党的十二次代表大会，进一步提出了有系统地进行经济体制改革的任务；在这一基础上，1984年的十二届三中全会，明确提出了"社会主义商品经济"的概念，并决定推进以城市为重点的经济体制改革；此后，改革的步伐一再加快，2013年召开的十八届三中全会更是明确提出，要由市场来决定资源配置。其二，就开放的力量而言，由于世界文明浪潮的波及、西方社会思潮的影响，不仅使1984年以后的中国掀起了一场"现代化"的学习热潮，也使人们普遍经受了"全球意识""第三次浪潮"和"新技术革命"等现代观念的冲击。进入2000年后，更由于开放的力度加大，中国人对整个世界的了解进一步全面而深入。比如，单单2013年一年中国人出境的总数就达到了9000万人次以上。这一切改变了长期以来中国人在观念和行为方面的拘谨与保守，他们的社会心态变得前所未有的开放。

中国人社会心态的开放特征，体现在他们比以往任何时代都乐于接受新的生活和新的经验。我们已经谈及，传统中国人因为千百年来过着"脸朝黄土背朝天"的农耕生活，他们习惯于旧有的生活，对了解新生活与新经验充满畏惧与不适。但是，今天的中国人尤其是改革开放后成长起来的年轻一代，则比他们的前辈更乐于接受新生活和新经验。以四处打拼的浙江人为例，早在20世纪70年代后期，因为迫于人均土地短缺的压力，他们就在当时的重重重压之下，以弹棉花、"鸡毛换糖"或修理皮鞋为业，开始了在全国各地的流动与谋生生涯。这也在相当程度上解释了，为什么一进入改革开放，这些原先的"乡巴佬"、泥腿子"摇身一变"能够很快转型为企业家或经商好手。其实，他们早年的流动与都市体验，已经为其人格和社会心态的现代性长成提供了无与伦比的良机。[1]这其实也是在国门打开之后，他们敢于满世界闯天下的原因所在。[2]其实，这场巨变涉及的并不仅仅是农民，也包括了长期以来因单位制的无所不包而养成惰性的城里人。1992年之后，在邓小平"南方谈话"的鼓励下，许多原先抱着铁饭碗的城市职工甚至包括一些原本衣食无虑的干部，都在市场经济的召唤下投身商海，成了我们这个变迁愈益迅疾的时代的"弄潮儿"。

中国人社会心态的开放特征，还体现在他们比以往任何时代都渴望并愿意参与社会变革。像英格尔斯和史密斯所说，这一点与"乐于接受新经验"密切相关，但意义却超越了后者。这是因为"后者只限于个人，而前者还涉及别人"。具体说来，"'准备接受变革'特别指在社会组织中接受变革，例如更广泛的政治参与、社会与地理的流动性的增加、妇女享有更多的机会，上

---

[1] 周晓虹：《流动与城市体验对中国农民现代性的影响》，《社会学研究》1998年第5期。
[2] 王春光：《温州人在巴黎——一种独特的社会融入模式》，《中国社会科学》1999年第6期。

级与下级之间以及年轻人与年长者之间的关系变得更自由"[1]等取向。不错，中国的改革开放是自上而下推动的，是邓小平等老一辈领导人高瞻远瞩的战略部署；但是这场大变迁或大转型所以能够成功，能够在短短35年内取得如此巨大的成就，与我们的人民不满于整个民族和个人生活的停滞不前，渴望并愿意投身社会变革密切相关。以在中国农村的改革开放中占有重要地位的联产承包责任制为例，正是不满于当时的人民公社制度的僵化与低效，安徽凤阳小岗村的18户普通农民才敢于冒坐牢的风险，按下自己的手印，签订"包产到户"的协议。正是他们的成功，激励了当时的省委书记万里和改革开放的总设计师邓小平，也由此最终引发了中国农村的巨变。城市里的变革也一样如此。在1978年中国领导层立志改革后，首先源于对个体经济的观念转变，其次因为上千万知青返城带来的就业压力，中央决定鼓励和扶持个体经济适当发展。切合实际的"顶层设计"因为与民众的求变心态十分吻合，很快获得了来自基层社会的响应：不仅广州回城青年容志仁开起了小饭店，安徽芜湖人年广久创立了名闻遐迩的"傻子瓜子"，北京人刘桂仙更是大胆辞去了某研究所的"铁饭碗"，开起了北京第一家私营餐馆——悦宾饭店。其实不仅在经济领域，即使在中国属于"敏感区"的政治领域，中国人也表达出了积极的参与意愿。2006年，在俞可平说"民主是个好东西"[2]的同时，在厦

---

[1] 英克尔斯、史密斯：《从传统人到现代人——六个发展中国家中的个人变化》，顾昕译，第25—26页。
[2] 俞可平：《民主是个好东西》，北京：社会科学文献出版社2006年版。

门和上海数以千计的民众都以"散步"的方式理性而又睿智地表达了他们的民主诉求,从而导致了地方政府倡导的PX化工项目和磁悬浮工程的下马。

最后,中国人社会心态的开放特征,同样也体现在他们面对不同民族、不同群体、不同个体及其价值观、生活态度和行为方式时,比任何时代都具有宽容和赞赏之心。我们知道,任何民族或任何群体,甚至任何个人,因为认识事物的角度、方法以及立场所限,常常会不自觉地将我族、我群或我自己的价值观、生活方式乃至物质表现形式视为天经地义的,由此极易形成排斥他族、他群或他人的民族中心主义或我群中心主义。早在20世纪30年代,鲁迅先生在《热风》中就批评过"合群的爱国的自大"。当时最为奇怪的现象就是,我们的民族越是落后,我们的国人就越是自大;而我们越是自大,自然导致我族越是落后,越是排斥外来的文化和文明。但是,经过35年的改革开放,中国人的社会心态已经发生了相当大的变化,无论对他族、他群还是他人,我们都开始渐渐培育起了宽容和赞赏之心。比如,我们意识到与发达国家还有相当的距离,所以改革开放伊始,我们就对包括市场、股票、证券、期货这些原本以为独属资本主义的东西大胆实施了鲁迅倡导的"拿来主义";而对外来的包括语言、歌曲、音乐、服饰、影视在内的流行生活方式的吸取则更为明显:从最早的迪斯科舞和流行音乐,到后来的圣诞节与情人节,一直再到近年来走红的日本动漫和服饰"韩潮",在中国人的历史中从来没有像今天这样对外来的一切如此兼容并蓄。2005年湖南卫视的

"超女"节目风行时,那句"我不喜欢你的歌,但我誓死捍卫你想唱就唱的权利",更是这种开放宽容之心的真实写照。

开放,是中国人社会心态迈向现代的精神表征之一,它也是改革开放35年来我们在精神文明领域取得的伟大进步之一。正是因为怀有开放的社会心态,以及流动、竞争、平和与包容的精神品质,我们才能够海纳百川、兼容并蓄,在短短的35年中取得今天这样的伟大成就。因此,我们也只有继续秉持开放的心态,才能够最终实现我们民族腾飞的伟大梦想。

(原载《江苏行政学院学报》2014年第5期)

焦虑：迅疾变迁背景下的时代症候

焦虑，是一种十分复杂的情绪或心理反应，其中交织着紧张、忧虑、担心、焦急和恐惧，是心理学所关注的一种重要的负面心理现象。精神分析大师弗洛伊德在1910年出版的《精神分析引论》一书中，专辟第25讲讨论"焦虑"及其心理特征。弗洛伊德将"焦虑"分为真实的焦虑和神经症的焦虑两类。如果说"真实的焦虑是对危险的一种反应"，常附着于一定的对象和情境之上，是"各种不同的特殊的恐怖症的焦虑"，比如对蛇的恐惧、对乘坐火车的担忧，以及因一只硕鼠在身边蹿过产生的惊恐等都会引发焦虑，那么，神经症的焦虑"则与危险几全无关系"，"这种焦虑里头有一种普遍的忧虑，一种所谓'浮动着的焦虑'，易附着在任何适当的思想之上"。[1] 在心理学家看来，适度的焦虑是

---

[1] 弗洛伊德：《精神分析引论》，高觉敷译，北京：商务印书馆1984年版，第314—321页。

人们预期到某种危险或痛苦即将发生时的一种适应反应,是一种常见的生理防御手段;但过度的焦虑则是一种病理现象。

上述心理学家讨论的"焦虑"是具有负面特征的个体心理现象,但社会学家所关注的"焦虑"则是一种群体心理现象,是带有时代特点的宏观社会心态。比如,尽管我们这个民族在过去的30多年中已经取得了举世瞩目的成就,尽管我们每个个体的生活也同样发生了不同程度的积极改变,但是我们每一个人、每一个群体,甚至每一层、每一届政府或每一家企业,都觉得社会发展或变迁的速度还是太慢,自己所在的地区、企业或单位发展得也还是太慢,个人生活的改变同样也还是太慢。几乎所有的个人、群体或组织都希望能有更为迅疾的改变,恨不能自己的生活、自己的状态或自己的行动都能够"一步到位"。这种深切的期待,以及因此形成的巨大的超越他人或怕被他人超越的精神压力,日积月累,慢慢演化成一种四处蔓延的"全民焦虑",或者说成为一种波及全社会的时代症候。以致2011年7月23日"动车追尾"事故后,人们会动情地恳请:"中国,请停下你飞奔的脚步,等一等你的人民。"[1]

作为一个有着五千年文明史、在近代又远远落后于世界诸强的民族,"全民性"的焦虑显然并不是鲁迅先生所称的代代相继的"国民性"。林语堂先生在那本被赛珍珠誉为"迄今为止最真实、最深刻、最完备、最重要的一部关于中国的著作"《中国人》

---

[1] 童大焕:《快是无用的,等等你的灵魂》,《新周刊》2012年第1期。

中，将"知足常乐"列为传统中国人最重要的性格特征之一，而其中"悠闲"是一种不可或缺的品质：如果一个中国人能够做到"'因过竹院逢僧话，又得浮生半日闲'，他便会快活得像一只小鸟"。[1] 显然，在一个变迁缓慢的社会，当"父亲的今天就是你的未来"之时，所有的人都会倾向于接受命运的安排，此时作为个体的焦虑虽然可能存在，但作为一种普遍流行的社会心态，则常常是无可奈何或消极避世。

这样看来，我们今天所体验到的四处蔓延的"焦虑"，也许倒是一种随社会急剧变迁而出现的社会心理特征，或者说是齐美尔所说的"现代性体验"。其实，尽管今天你去巴黎、维也纳或布拉格，看到人们都在街头悠闲地喝着咖啡，一杯蛇胆酒大小的意式浓缩咖啡就能够泡上一个下午（有意思的是，意式浓缩咖啡[Espresso]的意大利文原意却是"加速奔驰"），但在面临19世纪的社会大转型时欧洲的前辈们也同样遇到过类似的"焦虑性"体验。《红与黑》作者司汤达在《罗马漫步》中就曾写到，法国大革命后，"因为有一个炮兵中尉当了皇帝，并且把两三百个生来靠每年三千法郎收入生活的法国人提拔到社会的顶层上去。所以全体法国人都滋生出一种疯狂的和必然要使你倒霉的野心。甚至年轻人也都抛弃了他们那种年龄所喜爱的娱乐，而渴望成为议员"[2]。换言之，急剧的社会变迁带来的一部分政治暴发户个人地位

---

[1] 林语堂：《中国人》，郝志东、沈益洪译，上海：学林出版社1994年版，第76页。
[2] 北京大学西语系资料室编：《从文艺复兴到十九世纪资产阶级文学家、艺术家有关人道主义人性论言论选辑》，北京：商务印书馆1973年版，第349页。

的火箭式上升，最终成了200多年前法国民众人人怀揣的焦虑性体验。这庶几正是后来无论是民主还是专制都不能使人民满意，持续的焦虑和不断变革的意愿最终影响到整个欧洲，用雨果的话说，"革命沉闷的轰响，仍然在地层深处，正在欧洲的每一个王国底下，沿着其地下坑道，从矿场的中心竖井——巴黎——向外涌出"[1]。

从这样的意义上说，今日中国社会的焦虑源头其实一直也可以追溯到1840年因西方列强的船坚炮利所导致的国门洞开。正是因为民族危亡和西风东渐，使得我们民族的一大批仁人志士如赛珍珠所言"开始为自己的国家感到不安"，从洋务运动、百日维新再到辛亥革命，"他们迫使古老的封建王朝退出了历史舞台，他们用极快的速度改变了教育制度，他们用坚持不懈的热情设计了现代化管理的蓝图"[2]。1937年，日本帝国主义的全面入侵打断了这种现代化的努力，也因此进一步加深了整个民族的危亡感和普遍焦虑。

抗日战争的胜利及其后中国革命的胜利避免了民族消亡的危险，但并没有解除中国人对落后及快速改变国家面貌的焦虑。从某种意义上说，1949年那场涉及"中国向何处去"的大决战，使得中国共产党人作为胜利的一方反倒陷入更深的焦虑之中：他们急于用最快的速度改变中国社会的面貌，以此表明执政的合法性

---

1 霍布斯鲍姆：《革命的年代：1789—1848》，王章辉等译，北京：中信出版社2014年版，第355页。
2 参见林语堂：《中国人》，郝志东、沈益洪译，第3页。

和所走道路的正确性。

正是在这样的社会心态左右下,我们会一再缩短"赶英超美"的时间表,豪情万丈地吟诵"一万年太久,只争朝夕";并且连续发动工商业的社会主义改造、农业合作化、"大跃进"和人民公社运动,以及最终导致中国社会危机四伏的"文化大革命"。在当时,除了"阶级斗争"以外,整个中国最豪迈的语言都是和"快"这个与"慢"对应的词相联系的。比如,"大干快上""快马加鞭建设社会主义""一天等于20年",以及"我们只用了××年就走完了西方几百年才走完的道路",等等。最后,这种单纯求"快"的动机酿成了不顾社会发展规律的瞎折腾和穷折腾,甚至国民经济还"一度濒于崩溃的边缘"。[1]

1978年开始的改革开放确实彻底改变了中国社会的面貌,但一样没有改变中国人内心深处的不安和焦虑。进一步,因为下述几方面的原因,这种焦虑反倒沿着深度和广度两个方面蔓延开来,最终成为一种全民性的时代症候:(1)由于改革开放和其后推行的市场经济,中国社会发生了巨大的变化,而这种变化在改变中国人民物质生活的同时,也使人产生了过度的速度自信;加之对经济发展速度的强调,尤其是GDP崇拜愈演愈烈,使得举国上下都为赶超他国、他地区和他人所激励,这30多年来我们对"深圳速度""高铁速度"以及GDP年增长率的推崇实际上都反映

---

[1] 胡锦涛:《高举中国特色社会主义伟大旗帜 为夺取全面建设小康社会新胜利而奋斗——在中国共产党第十七次全国代表大会上的报告》,北京:人民出版社2007年版,第9页。

了日益加重的内心不安和焦虑。简单地说，越是变就越想变，越想变就越觉得变得太慢。(2)正是因为快速的社会变迁或社会转型，使得原有的社会秩序受到了冲击或者挑战，用费孝通先生的话说，甚至带来了"更为迫切的心态秩序的危机"。[1]秩序危机最突出的表现，就是旧秩序受到了广泛的挑战，但新秩序却有远远没有形成或左右人们的日常生活。旧制度和新方案相重叠，旧风俗和新潮流相重叠，旧观念与新词汇相重叠，虽然"这种新与旧的作风的混合，现代与传统观念的重叠，或许正是转型社会的一个突出特质"[2]，它为社会和个人生活的变革提供了可能，但同时也使得生活于其间的个人或群体变得"无所适从"，因变迁而产生的陌生感和不确定性不可避免地导致整个社会焦虑的产生。(3)除了市场经济的法宝以外，整个改革开放最成功之处就在于它通过对个人利益的激励，激发了整个民族的才智和拼搏精神（当然也滋生了"一切向钱看"的拜金心理），但事实上也使得一个国家或民族在近代以来的唯恐"落后"的焦虑传导为13亿人唯恐"落后"的个体体验。不错，1978年以前整个中国都在不断"折腾"，但是由于这种折腾违背了科学规律，且没有直接与普通人民的自身利益相连接，因此外在的狂热并没有演化为内生的焦虑。但是，改革开放却赋予我们的人民改变自己命运的可能：如

---

1 费孝通：《中国城乡发展的道路——我一生的研究课题》，《费孝通文集》第12卷，北京：群言出版社1999年版，第316页。
2 Riggs, F. W., *Administration in Developing Countries*, Boston: Houghton Mifflin Company, 1964, p. 12.

果你努力一点，似乎上升的空间就大一些，机会就多一些，同样财富也多一些，由此进一步激发了人们改变个人命运的斗志。事实上，焦虑的产生不仅要有危机，也同样要有通过努力克服危机的可能。危机与努力之间的张力，正是焦虑的滋生空间。正是在这样的意义上说，焦虑的积极意义在，它同样也是我们前行的动力。

2009年我应美国著名智库布鲁金斯研究所之邀，去华盛顿参加有关中国中产阶级的研讨，其间重回哈佛大学看望裴宜理和傅高义两教授，这离我1999年访问哈佛大学正好十年。裴宜理教授问我有什么感受，我答道"十年了，一点儿都没有变化"，裴教授再问："没有变化好还是不好？"我再答："没有变化的美国尤其是哈佛所在的坎布里奇小镇让人感到无比的宁静，不会有丝毫的慌张；但是对我的那个不发达的祖国来说，一天没有变化，那里的人民就会感到没有奔头，就会慌张，或者说焦虑。"

在美国或者说在坎布里奇的遭遇，让我进一步思考"焦虑"作为一种"现代性体验"的意义。从某种意义上说，美国和中国的差异，以及因此差异造成的两国人民不同的心理体验或社会心态，实际上就是一个后现代国家和一个尚未实现现代化但却对现代无比渴慕的国家之间的差异。诚然，如前所述，在美国和欧洲现代化的历程中，他们的民族和人民当时也一定经历过类似的发展的"焦虑"，只是有这样两方面的原因造成了他们的焦虑在性质和程度两方面与我们迥然不同：一方面，由于西方国家的现代化是原发性的，并且至今仍在相当程度上遥遥领先于包括中国在内的不发达国家，因此他们从未体验过因"落后"于人甚至"落后就要挨打"而产生的焦虑；而作为后发性现代化的国家，这种焦虑却贯穿我们自1840年以来的整个近代历史，以致中华民族这100多年来的行为逻辑都是以"赶上别人"为前提的。另一方面，无论在变迁的广度还是速度上，中国的变化尤其是1978年以来的变化都是前所未有的。无论是美国、欧洲还是日本的现代化，充其量都只是1亿—3亿人的变化，世界上确实还没有一个国家经历过13亿人这样一个广度的变化。至于速度，一个连续30年GDP以10%的速度狂飙突进的国家同样也不多见。我相信，由此产生的作为一种"现代性体验"的中国人的焦虑也一定是他人曾经体验过的焦虑的倍数。

近年来，我在一系列论文中将中国人在现代化进程中所体验到的价值观和社会心态的独特嬗变称之为"中国体验"，并认为它与人们广泛讨论的"中国经验"一起作为1978年开始的这场史无前例的大变迁或社会转型的一体两面，赋予我们这个独特的时代以完整的历史意义和文化价值。[1] 当然，我们强调"中国体验"的独特性，但并不否认中国体验的正反两面性。如果说，我们这组笔谈上篇所讨论的开放、流动、竞争、平和与包容是中国人社会心态变动的积极面向，那么下篇所讨论的焦虑、物欲（拜金）、浮躁、暴戾与炫富就是消极面向。同理，我们既经历了中国高铁

---

[1] 周晓虹：《社会转型与中国社会科学的历史使命》，《南京社会科学》2014年第1期；周晓虹：《转型时代的社会心态与中国体验》，《社会学研究》2014年第4期。

短短10多年就达全球里程第一（11 028千米）、总营运里程全球一半，以及速度第一（从每小时200千米到350千米，再到380千米）的幸福体验（这是一种非常嗨的体验），也在2011年7月23日这天经历了"当头棒喝"的沮丧体验。应该说，这种"冰火两重天"的体验其他国家确实没有感受过：既没有感受过从骑蜗牛立马"换乘"火箭的体验，也没有感受过从火箭上掉下来的体验。不必回避"动车追尾"的难堪，正是这"难堪"才能使我们反思前述"恐后"式焦虑中潜藏的危险。1992年，费孝通先生在香港中文大学举行的"潘光旦纪念讲座"上提倡心态研究时，希望中国社会最终能够养成"安其所，遂其生"的心态秩序[1]；尽管我们强调，只要中国社会的剧烈变迁没有基本完成，我们就无法最终彻底解决中国人精神上的"漂泊"问题[2]，但我们还是认同费孝通先生的"警示"是解决我们民族心理上的焦虑或精神上的"虚火"的一剂良药。唯愿我们的民族能够尽快放慢飞奔的脚步，等一等你的人民，也等一等我们多少已经弃之不顾的"灵魂"。

（原载《江苏行政学院学报》2014年第6期）

---

[1] 费孝通：《中国城乡发展的道路——我一生的研究课题》，《费孝通文集》第12卷，第315页。

[2] 张潇爽：《中国人的精神漂泊何时终结——访南京大学社会学院院长周晓虹》，《人民论坛》2013年第9期。

摒弃无聊，或意义感的再造

1993年，堪称"先知"的费孝通先生在体察到巨大的社会变迁所带来的中国人精神世界的起伏与嬗变时，就倡导要养成一种"安其所，遂其生"[1]的心态秩序，用以抵制现代社会的功利与物欲对人性的裹挟。在这种裹挟之下，尽管自1978年起的改革开放已经取得了举世瞩目的成就，绝大多数人的个人或家庭的生活也发生了巨大的变化，但几乎每一个人或每一家单位、机构、地区都还是觉得自己的变化太慢，以致在相当时间内形成了一种巨大的希望超越他人或怕被他人所超越的精神压力，甚至演化成一种四处蔓延的"全民焦虑"。[2]

最近10余年来，随着温饱问题的解决、社会财富的增加，中

---

[1] 费孝通:《中国城乡发展的道路——我一生的研究课题》,《费孝通文集》第12卷,第315页。
[2] 周晓虹:《焦虑：迅疾变迁背景下的时代症候》,《江苏行政学院学报》2014年第6期。

国社会快速进入小康时代，在面对部分因焦虑而生的激烈竞争之时，在一部分人尤其是青年群体中抵抗的"利器"竟渐渐更替为"躺平"甚至"摆烂"。2020年5月，在豆瓣平台上拉出了一个名曰"985废物引进计划"的组群，一个月内入群的人就达5万，现在更是多达14万，超过985高校一年的招生总人数！这些来自985高校的群友大都曾是"小镇做题家"，本想做天之骄子，但现在却自嘲成了"废物"（five）："面对缤纷的城市、优秀的同学，感受到了一万点暴击！"尽管这14万人未必真的都来自985高校，也未必真的都"混得"灰头土脸，却反映出在现实生活中越来越多的人因碰壁而失意，因失意而自嘲，继而无欲又无聊。如果说人们竞争或奋斗意志的消解，就外部而言与改革红利的消失、疫情和市场的严酷以及阶层的固化多有关联，那么就内心而言则与温饱解决后意义感的消解或无聊的滋生有关。究其本质，依旧与"全民焦虑"一样，是另一种消极的群体心态。

一、无聊：现代性症候群的核心表征

在心理学中，无聊（boredom）通常被视为一种不愉快、缺乏刺激和低度生理唤醒的心理体验或情绪状态。和前述焦虑一样，无聊也是一种日常生活中常见的心理体验。不过，尽管无聊一直与人类相伴，但作为一种群体性精神症候群甚至"社会瘟疫"则孕育于现代社会，并在物质极度丰富的后现代社会变得愈加显著。

早在20世纪初现代社会降临不久，德国存在主义大师海德格尔便在《形而上学的基本概念》（1929）一书中，将无聊确定为"一种与时间的关系，一种我们面对时间的方式，一种时间感"。由此可以将无聊分为三种形式，并具有度时（passing the time）、踌躇（being-held-back）和空虚（being-left-empty）三类属性：第一种无聊最为常见，此时当事人"被某事物搞得无聊"，因此感到度日如年，如在机场候机（尤其当航班延误打破了时间预期时）或在车站候车。第二种无聊是因"在某事中感到无聊"，如陷于手头的一堆工作，却要去参加一个晚会，尽管晚会精彩无比，但你依旧会产生深深的无聊感。第三种无聊可以称之为"深度无聊"，没有具体刺激或注意的焦点，也就无法用"度时"的方式来对抗，甚至要解释也没有办法来举例，因为发生这种无聊之时"与某种特定的情境、特定的起因或诸如此类的东西完全没有关系"。[1]

与此同时甚至更早，在传统中国向现代转型之际，鲁迅发表了小说《在酒楼上》（1924），描述了主人公吕纬甫如何由一个辛亥革命时期的热血青年，变成了一个与现实妥协、只关注生活中的蝇营狗苟的平庸之辈或宵小之徒。在小说中，吕纬甫叙述近况时，一气用了六个"无聊"，而吕纬甫的一句"无非做了一些无聊的事，等于什么也没做"[2]则揭示了"无聊"的根本要害在于无

---

[1] 海德格尔：《形而上学的基本概念》，赵卫国译，北京：商务印书馆2017年版，第120、214页。
[2] 鲁迅：《在酒楼上》，《鲁迅全集》第2卷，北京：人民文学出版社2005年版，第24—34页。

意义感。

我们所以将无聊称作一种现代性症候群的核心表征，是因为在现时已经现代或比较现代的那些国家中流行的一系列精神现象或心理症候中，无论是躺平、摆烂、废柴，还是疲软、佛系、社恐，无聊都是一种最基本的心理说明或精神托词。最早从20世纪60年代美国盛行的嬉皮士开始，到后来英国的"尼特族"（NEET, not currently engaged in employment, education or training）、日本的御宅族、美国的"归巢族"，以及我们所熟悉的"家里蹲""啃老族""宅男"或"双失青年"（失学+失业），以及世界各地都不鲜见的"草莓族"，其基本的特征都是终日无所事事，不就业、不升学、不进修。这些另类青年族群的出现以及规模的不断扩大和年龄的日渐上移，成了现时世界各国的另类景观甚至社会问题。

二、意义感的抽离与无聊的滋生

作为一种常见的心理现象，无聊古已有之。尽管因为不确定性及难以测量性，无聊获得的研究尤其是实证研究相对较少，但是随着现代社会的到来尤其是向后现代社会的转变，还是引起了人们相当的关注。除了上述海德格尔和鲁迅外，齐美尔更早就注意到，在19世纪末或所谓现代的大都会里，因为惯常的个人身份和意义的确定性都被感官冲击的旋涡所席卷，随之而来的是匿名的大众和产生无聊的所谓"倦怠"（blasé）态度。再往后，法国社会学家列斐伏尔在"日常生活批判"中,将"无聊"的产生归咎于资本主义社会盛行的福特主义及相应的重复劳动及人受控于物的异化现象。进一步,当现代实验心理学介入这一主题后,无聊或被归于由工作的单调乏味重复引起的心理疲劳,或被归于因注意力无法集中产生的情绪反应,甚至还可以被归因于由多巴胺的分泌不足引发的生理反应。

在所有述及无聊的研究中,两个最常见的归因是事件的重复和意义感的缺失。诚然,人是一种动物。作为动物,出于谋生的本能,人一方面对新颖性的刺激会做出积极的反应,这有利于他或她探寻新的生存机遇;另一方面也不会对即便单调但对维持自己的生存至关重要的信息或活动做出完全排斥的反应。这既是适应环境的要求,也是进化的结果。从这样的意义上说,无聊并非单调或重复的必然后果。一如谋生之艰难的农耕社会,日复一日的脸朝黄土背朝天,并不必然会使人产生"耕种"的无聊之感,反倒会因丰收产生愉悦之情。显然,一日无耕,便一日无以果腹,更一日无以续命,在这里谋生或续命是意义感的第一要义。那时,无聊至多是一种个体性的体验,而不会是一种集体性的精神状态。

但是,人更是受意义感支配的动物,甚至在特定的情境中,人对意义感的追求还会超过对维系生命的考量。我们在"新中国工业建设口述史"中发现,在改革开放前物质条件贫乏的年代,正是"主人翁意识"的形成为工人阶级的劳动确立了意义感,缓解了作为劳动者的工人与劳动成果的疏离带来的精神异化,在缺乏物质激励的时代调动了生产积极性。[1] 再以读书为例，现今大学生们的厌学常常是一个引发人们感叹的话题。如果说传统社会士子文人悬梁刺股的动力常常出于光宗耀祖的动机，那么现代大学里青灯黄卷苦读的学生同样受着不同价值观或意义感的驱使。在社会学家埃尔德研究的成长于美国大萧条时期的孩子们，他们的苦读在于能够借此"摆脱过去的不良影响"[2]；对成长于改革开放时代的知青社会学家来说，1977年的恢复高考对改变他们的人生道路有着极其重要的影响。一如社会学家张乐天所言："高考成了我人生中一个非常重要的转折，分数出来以后，整个世界就变了。"

认真想来，现时中国社会一部分人尤其是青年人中蔓延的"无聊"的情绪或心态，与40余年来伴随着经济的繁荣而使得生存或起码一部分人的生存成为一种无虑的"自然"有着相当的关联。正是因为活着太易，本该感到幸福的生活并未催生积极的体验，对衣食无忧的年轻一代来说，一方面，"唾手可得"抽离或消解了他们日常谋生的意义感；另一方面，数字化时代的到来，在相当程度上改变了谋生的方式或手段，许多工作可以按自己高兴在任何时间和地点处理，缺失了工作的氛围、瓦解了由集体氛围营造的神圣感。当然，也应该承认的是，社会生活中依旧并不鲜见的不公平和不公正，也使许多没有背景的平民子弟如上述"小镇做题家"们感到，奋斗就如没有意义的"折腾"，这在在都

---

[1] 常江潇、周晓虹：《新中国工人阶级劳动传统的形成——以洛阳矿山机器厂为例》，《社会学研究》2021年第4期。
[2] 埃尔德：《大萧条的孩子们》，田禾、马春华译，南京：译林出版社2002年版，第451页。

滋生了生活和工作的无聊感，也使得每日打发时间成为一种需要琢磨的日常"功课"。于是，如果说单调可能派生出寂寞、孤独、搞怪和恶作剧，那么意义感的沦丧就容易产生无聊、内卷、躺平及摆烂……

三、从无聊迈向有趣：意义感的再造

改革开放以来，中国社会发生了翻天覆地的伟大变化，也造就了世界上最坚毅、最具有奋斗精神的一代人。尤其是数以亿计的"泥腿子"告别脸朝黄土背朝天的传统命运，或进城打工，或进入乡镇企业，直接成就了中国制造业大国的地位。他们以自己的勤劳、勇敢甚至牺牲，改写了我们民族落后的历史，谱写了21世纪世界现代化的卓越篇章。

但是，一如上文所述，在中国社会的整体面貌发生急速变化的同时，像世界上先后富裕起来的国家或地区一样，在我们的社会尤其年轻人中也出现了以"无聊"症候群表征的奋斗精神衰退、意义感消解的社会情绪，而且对于在一瞬间解决了"温饱"问题的中国人来说，意义感的抽离似乎来得更为迅速。如果从这样的意义上说，无聊也是值得警惕的一种消极的中国体验，那么我们应该如何摒弃无聊，或者说从无聊坚实地迈向有趣——奋斗得有趣、创造得有趣，以及生活得有趣？

首先，只有坚实的奋斗才能摒弃无聊，抵达有趣。今日之中国赖40年改革开放之进步，实现了全民小康这个千年梦想，也比以往任何时候都更加接近于实现中华民族的伟大复兴；但是，我们在许多方面依然面临严峻的挑战，必须鼓舞全体人民尤其是青年一代继续奋斗，才能实现到本世纪中叶建成社会主义现代化强国的伟大目标。因此，面向未来的年轻一代，应该"立志做有理想、敢担当、能吃苦、肯奋斗的新时代好青年"[1]。应该勇于将实现新的百年的伟大目标作为自己的历史使命，而"那些给其生命提出正当使命并赋予其内容的人，就无需担忧无聊"[2]。

其次，只有积极的创造才能摒弃无聊，实现有趣。在这里，创造既体现了人类意志的主动性和目的性，也体现了人类行为的有效性或可实现性。但是，积极的创造不仅包括构成日常生活之丰腴的各类器物，也包括涉及价值观、社会制度和生活意义感在内的精神财富的创造。单就本文的主题而言，在人类数千年的文明史上，那些以这样或那样的方式推动了人类进步的先哲们，都是能够凭借有限的物质资源成功打造或创造生活或行为意义感的伟大人物。他们虽然称不上专业的社会心理学家，但无一不是凭借着对人类社会心理的出色洞悉，或直接赋予单调的生活以意义感，或在人们的日常生活和意义感之间建立起了常规的逻辑联系，再或通过各式各样的典范或榜样，带动了芸芸众生矢志不渝地追求意义感。如果说无聊的存在，本身就是对生活意义感的一

---

[1] 习近平：《高举中国特色社会主义伟大旗帜 为全面建设社会主义现代化国家而团结奋斗——在中国共产党第二十次全国代表大会上的报告》，北京：人民出版社2017年版，第71页。

[2] 海德格尔：《形而上学的基本概念》，赵卫国译，第236页。

种消极强调或印证，那么我们就只能通过不断地创造生活的意义感，才能最终摒弃无聊。

最后，只有丰富的生活才能摒弃无聊，邂逅有趣。尽管一直以来我们都在歌颂劳动和创造，却常常忘记其最终目的是为了使人类能够从繁忙和辛劳中获得解放，赢得闲暇。自工业革命以来，机器的广泛使用和生产效率的提高，不仅使普罗大众能够衣食无忧，也使他们能够逐渐摆脱繁忙，忝列一百多年前凡勃伦所言的"有闲阶级"。但是，单有空余时间的延长并不能自然营造有意义感的生活，更不会当然摒弃无聊。要摆脱无聊、邂逅有趣，就要制造"复调"的生活，赋予我们日渐丰裕的生活以充盈的意义感。一生惜时如金的马克思说过："时间实际上是人的积极存在，它不仅是人的生命的尺度，而且是人的发展的空间。"[1]摆脱不了谋生之繁忙的古人提倡利用"三余"时间读书，即利用所谓"冬者岁之余，夜者日之余，阴雨者时之余也"，那今天的我们呢？显然，如果我们能尽可能将大部或即使一部剩余充之以"有趣"，我们就能有效地抵御无聊，实现意义感的再造。

（本文为作者在南京大学当代中国研究院与腾讯集团研究中心、《探索与争鸣》杂志联袂举办的"意义感：数字时代民众的幸福感知与价值锻造"研讨会上的讲演，原载《探索与争鸣》2023年第6期）

---

1 马克思、恩格斯：《马克思恩格斯全集》第47卷，北京：人民出版社1979年版，第532页。

理解的艰涩

终看后浪推前浪

在我们这个社会变迁异常迅猛的时代,许多旧事物的完结和新事物的出现较之以往的时代确实都颇具"革命性"的色彩。于是,一如20世纪60年代丹尼尔·贝尔的《意识形态的终结》一书出版后,一系列的以"终结"为主题的著作蜂拥而出,1998年,当德莱顿和珍妮特的《学习的革命》中译本"隆重上市"之后,不到一年的时间里,林林总总的以"革命"为主题的著作就齐刷刷地摆满了大小书摊的前排:《父母的革命》《学生的革命》《管理的革命》《教育的革命》……它让我们体验了在中国这个"政治革命"的热情已经退潮的国家里,时尚或者说流行的力量。

我或多或少地翻阅过这些以"革命"的名义出版的书,却没有体验到"革命"的那种震撼或激情。但是,当我读完孙云晓、康丽颖送来的《向孩子学习》一书的清样时,却从心里油然生出这样的念头:这倒是一本能够冠之以"革命"或"代际革命"的书籍。不是吗?"向孩子学习",这样一个看似平淡、缺乏震撼力的小书,却以大量翔实而胜于雄辩的事实,向我们描述了20世纪末中国社会在代际关系或文化传承方面出现的种种革命性变化。当我们读到书里描述的人高马大的父母在小孩子的指点下"怯生生"地打开电脑、移动鼠标,或学富五车的大学教师、新闻记者被自己上小学的不起眼的孩子问得"一愣一愣"的……我们确实不得不承认,今天,发生在亲子之间的这一切变化确实是革命性的。

这种变化所以能够称之为"革命性"的,是因为它毫不留情地"颠覆"了几千年中形成的"父为子纲"的亲子关系,将我们社会中原本的教化者和被教化者的关系整个倒了个个儿。我们知道,自人类进入文明社会以来,不论社会发生过怎样的变化,文化传承和社会化的内容有何不同,其传递方向和教化者与被教化者的角色总是固定不变的:就文化传承的方向而言总是从上一代人向下一代人。与此相应,在家庭内部,亲代总是扮演教化者的角色,子代总是扮演被教化者的角色。亲子两代在生物繁衍链条上的前后相继性,决定了双方在社会教化上的不平等性。社会教化过程中的"父为子纲"称得上是一切文明社会文化传承的基本法则。

但是,上述法则及其天经地义的合理性自近代以来逐渐开始面临挑战。自15世纪起在欧洲工业革命的推动下,遍及全球的社会现代化运动在使人类的物质生活条件得到极大改善的同时,也使人们的价值观、生活态度、知识体系和社会行为模式发生了前所未有的改变。这种改变的深度和广度在第二次世界大战后变得日益明显可见，以至于我们常常能够从同时生活在世的两代人之间发现明显的差异、隔阂乃至冲突。早在20世纪40年代末，对社会文化变迁怀有浓厚兴趣的人类学家和社会学家就对这种被称作"代沟"的现象给予了认真的关注：杰弗里·戈雷尔注意到由于迁徙到新的环境中去，美国的父辈丧失了欧洲的父辈所具有的权威性，因此常常会遭受更能适应新生活的儿子的拒斥[1]；费孝通则描绘了20世纪上半叶的中国，由于新旧两种文化的交锋所引发的亲子两代人之间的激烈冲突。[2]自那以后，描绘这种冲突或曰以社会生活中的"代沟"现象为主题的研究著述风涌叠出。

亲子冲突的出现，预示了单向的由父及子的传统社会教化或文化传承模式的危机。由于社会的急速变迁，以及面对这种变迁亲子两代的适应能力不同、对新事物的理解和吸收快慢不同，在亲代丧失教化的绝对权力的同时，子代却获得了前所未有的"反哺"能力。第二次世界大战以后，人们注意到，在社会化过程中出现了传统的受教育者（晚辈）反过来对施教者（长辈）施加影响的现象。这种"反向社会化"现象的出现，说明在急速的社会变迁背景下，不仅文化传承的内容有了极大的变化，而且亘古不变的文化传承的方向和形式也有了变化。

最先出色地描述这种变化的，是美国人类学家玛格丽特·米

---

[1] Gorer, Geoffrey, *The American People: A Study in National Character*, New York: W.W. Norton and Co., 1948.
[2] 费孝通：《乡土中国/生育制度》，北京：北京大学出版社1998年版，第210页。

德。1970年，在风起云涌的美国青年"大造反"运动结束之后，她在《文化与承诺》一书中提出，纷呈于当今世界的代与代之间的矛盾与冲突既不能归咎于社会和政治方面的差异，更不能归咎于生物学方面的差异，而主要导源于文化传递方面的差异。她从文化传递的角度，将人类社会由古及今的文化分为三种基本形式：前喻文化、并喻文化和后喻文化。"前喻文化是指晚辈主要向长辈学习；并喻文化，是指晚辈和长辈的学习都发生在同辈人之间；而后喻文化则是指长辈反过来向晚辈学习。"通过对三种文化模式尤其是后喻文化模式的深入分析，米德令人信服地论证了在急速的社会变迁的巨大推动之下，新的文化传承模式出现的历史必然性。具体来说，原先处于被教化者地位的晚辈所以能够"反客为主"，充当教化者的角色，是因为古往今来没有任何一代能够像他们一样经历如此巨大而急速的变化，也没有任何一代能够像他们这样"了解、经历和吸收在他们眼前发生的如此迅猛的社会变革"。[1]

在米德畅谈"后喻文化"之时，中国社会正处在大动荡但却鲜有变迁之际。但仅仅10年之后，当中国社会从封闭走向开放之时，在急速的社会文化变迁中，很快同样出现了传统的教育者和被教育者的位置变得模糊甚至颠倒的现象。并且，由于中国社会是在长期的封闭、停滞乃至倒退以后，突然面临开放，面临一个

---

[1] 玛格丽特·米德:《文化与承诺：一项有关代沟问题的研究》，周晓虹、周怡译，第85—86页。

如此现代化的外部世界的，这种强烈的反差使得年长一代从"至尊"到"落伍"的过程几乎是瞬时性的，这也使得在中国，传统的亲子关系的"颠覆"比任何国家都来得突然。所以我始终认为，尽管"向孩子学习"或反向社会化不是中国社会独有的现象，但80年代以后的中国肯定是将这场"代际革命"演绎得最为淋漓尽致的国度。[1]

中国的改革开放已经整整20年了。在这20年中，我自己所以会对上述"向孩子学习"或反向社会化现象予以高度关注，不仅因为1986年我与周怡共同翻译了玛格丽特·米德的《文化与承诺》，将前述三种文化模式的理论最先介绍到中国社会学界和青年研究领域[2]；而且更为重要的是现实生活给了我触动和启发，其中发生在1988年和1998年的两个事件又更是具有特殊的意义。

1988年的事件发生在我自己的家庭中。在此之前三年，我的父亲，一个在部队服役40余年的老军人从他刚刚发下来的服装费中拿出200元，给我这个还在攻读硕士学位的穷学生买衣服。但是，父亲在将钱给我的同时强调："不准买西装。"当时，在他的眼里，西装是西方资产阶级生活方式的代名词。尽管那时的我已经"偷偷"在学校里穿上了更为"邪乎"的牛仔裤，但还是遵守"投资人"的意愿买了一套中山装。可是三年后，1988年的春节，年初一一大早，父亲就将我拖起来，拿出一套西装，让我教他打

---

1 周晓虹：《试论当代中国青年文化的反哺意义》，《青年界》1988年第1期。
2 周晓虹：《米德和她的〈文化与承诺〉》，《读书》1987年第6期。

领带。这一事件给了我深深的触动，联想到当时年长的一代普遍开始在价值观、生活态度和行为模式方面向年轻的一代"让步"（他们对原先视为洪水猛兽的迪斯科舞的态度的一百八十度的大转弯，是这种"让步"的证据之一），使我意识到一种类似米德所说的"后喻文化"已经在中国出现。在这样的情形下，我写成了万余字的长文《试论当代中国青年文化的反哺意义》。在文章中，我用了一个十分本土化的概念——"文化反哺"，来指代这种由年轻一代将知识、文化传递给他们生活在世的前辈的现象。我将"文化反哺"定义为"在急速的文化变迁时代所发生的年长一代向年轻一代进行广泛的文化吸收的过程"。

此后的10年是中国社会的变迁更为迅猛的10年，而我自己因为从事其他研究再也没有回到这一课题上来，一直到1998年春天被发生在身边的一件小事所惊醒。我的好友周宪教授在一次有关如何使用计算机的私人讨论中，面对自信而不服输的同事，竟使用了在他看来最具说服力的反驳方式："不对不对，你说得不对，我儿子说……"几乎是在他的这句话落地的同时，我蛰伏了10年的灵感复苏了。换句话说，我意识到了这句话中蕴涵的"革命性"意义。对比我们小的时候常用的引经据典式的语言"我爸爸说……"，可以毫不夸张地认为，这位学富五车的大学美学教授的论证方式不但证明了新的文化传承方式的出现，甚至还预示了一种全新社会的到来。实事求是地说，任何一个认真观察社会并稍稍有些敏感的人都会发现，在网络社会和数字化生存时代，在电子计算机面前，父母心甘情愿地"拜"子女为师的现象，不过是我们这个急剧变化的世界亲子两代人之间传统的教化者与被教化者关系出现"颠覆"的无数事件中的一件特例罢了。不久以前,还有一位研究者深入描述过"孩子得自于市场、广告、同龄人的食物信息和知识,有时甚至超过其长辈",因此父母有关食物的知识常常是来自孩子们的。[1]因此,我们完全可以通过对这样一系列类似事件的描述与分析,证实家庭内部乃至整个社会的文化传承模式出现的革命性变化,并由此反观当今社会与先前社会迥然不同的文化变迁历程。

我就是在重新回到"文化反哺"的主题上来的时候,得知在数千公里以外的北京,有一群比我更年轻的研究者也对这一主题发生了兴趣,并且他们以更大的投入同全国范围内数十位专家学者联袂"上演"了一场大剧。他们在上百个个案的基础上,通过翔实的数据和理性的分析,将"向孩子学习"的"横幅"轰轰烈烈地挂到了我们迈向21世纪的路口上。1998年夏,我在北京出席教育部的一次会议时,第一次和孙云晓、康丽颖两位作者见面。我不但得知他们几乎和我同时注意到了这一现象,而且我发现他们的观点和论证方式也和我有着惊人的相似。[2]由此,我深信,"向孩子学习"或"文化反哺"现象已不单单是我们个人的一种"过敏"或"杜撰",北京、南京以及全国其他地区的这么多社会学

---

[1] 郭于华:《社会变迁中的儿童食品与文化传承》,《社会学研究》1998年第1期。
[2] 周晓虹:《文化反哺:变迁社会中的亲子传承》,原为1998年台北"海峡两岸现代化进程中的家庭与其相关问题研讨会"论文,后发表于《社会学研究》2000年第2期,第51—66页。

家、心理学家、教育学家和普普通通的父母和孩子们都感受到这一现象的存在，说明它既不是一种偶然，也不是一种特例或个案，它已经成为我们这个充满生气的国家社会生活中的一种十分普遍的现象。我们无论怎样都不会高估这一现象的革命性意义，因为它不仅说明中国社会在自1979年以来的20年中确实发生了翻天覆地的变化，而且它为我们消解因变迁迅猛而形成的两代人之间的矛盾、对立与冲突（即所谓"代沟"）找到了一条理性而负责的途径。

当然，坦白地说，要长辈们承认自己不如孩子，心甘情愿地向孩子们学习或接受他们的"反哺"，确实是一件令人难堪甚至近乎残酷的事。尤其对我们这一代人来说，史无前例的"无产阶级文化大革命""砸烂旧的教育制度""斗资批修""上山下乡接收贫下中农再教育"……这一系列连续不辍的政治运动在激发我们的"激情"的同时，也掏空了我们的大脑、降低了我们的智商；而我们的孩子今天面临的则是卫星或闭路电视、电子计算机和因特网，3岁背唐诗、10岁学英语、13岁学高等数学……仅仅20年的光景，血脉相连的亲子两代在成长的岁月里面临的竟是有着如此天壤之别的社会和文化环境。这种差别怎能不使我们在惊叹孩子们的幸福的同时，想到自己当年的悲凉和窘迫？怎能不使我们在惊叹孩子们的聪明能干的同时，不自觉地维护起内心世界的最后一点自尊？

但是，情感和自尊不能掩饰放在我们眼前的事实，以往的苦难也不能成为否认我们今天落后的借口。我想，我们这一代人最大的不幸在于我们以吞压缩饼干的方式体验到了生活的酸甜苦辣，但我们最大的幸运其实也正在于此。这种前所未有的体验，应该养成我们宠辱不惊的品格。因此，从这样的意义上说，由我们这一代人自己喊出"向孩子学习"的口号，不是作秀，而恰恰是我们不甘落伍的心灵写照。我想，如果我们这一代人真正能够做到这一点，不仅能够化解两代人之间的鸿沟，而且在孩子们的心目中，我们终究会树立起一块人格的丰碑。其实，今天，《向孩子学习》这本小书的出版已经为这块丰碑奠定了第一块基石，这也是我们应该感谢孙云晓、康丽颖两位作者的地方。

（本文系为《向孩子学习》[孙云晓、康丽颖主编，昆明：晨光出版社1998年版]一书撰写的"序言"）

性格就是命运
——早期中国社会学的历史诠释

一

这是一本整整晚了8年出版的著作。2010年8月，陆远就在我的指导下，完成了题为《早期中国社会学的困境——以1940—1950年代的社会学家为例》的博士学位论文。记得这年秋季开学伊始，9月1日星期三的下午，陆远顺利通过了答辩，赢得由复旦大学社会学系周怡教授担任主席的答辩委员会的一致好评，随后不久获得博士学位并留校任教。

碰巧不久后的2012年，其时由谢立中教授担任主任的北京大学社会学系，有意设立一项旨在鼓励博士研究生的学术创新精神，提高社会学博士学位论文质量的奖项，以促进中国社会学研究的繁荣和发展。因为此前不久，我国早期著名社会学家、北京大学社会学系教授余天休的女儿——美籍华人胡余锦明女士，出资人民币500万元在北京大学设立了"余天休社会学基金",北京大学社会学系就与当时的19家拥有社会学学科博士学位授予权的社会学院系协商,并征得胡余锦明女士的同意,设立了现在早已名闻遐迩的"余天休社会学优秀博士论文奖"。评选规则确定,该奖项自2012年起每年(后来好像改为每两年)评选一次,参评对象为前一年度在中国大陆高校获得博士学位的社会学(一级)学科博士学位论文,每届获奖者不超过5名。

陆远的博士学位论文经学院推荐被报送"余天休社会学优秀博士论文奖"评选委员会。据我所知,这一年秘书处共收到24篇推荐论文,可以说每一篇都是经过各校精心选出的上乘之作,竞争之激烈可以想象。前后四个月,通过通讯评审和会议评审两轮"过关斩将",陆远的博士学位论文脱颖而出,最终与华中科技大学社会学系狄金华博士的《被困的治理——一个华中乡镇中的复合治理》、北京大学社会学系马强博士的《俄罗斯心灵的历程——俄罗斯黑土区社会生活的民族志》两篇博士学位论文一起,共同荣膺首届"余天休社会学优秀博士论文奖"。

这年的年末,在北京大学举行了隆重的颁奖典礼。我记得清华大学社会科学院院长李强教授、中国人民大学社会学系刘少杰教授、北京大学社会学系主任谢立中教授,分别为狄金华、陆远和马强三位博士颁发了获奖证书,并宣读了"余天休社会学优秀博士论文奖"评选委员会的颁奖词。评选委员会通过的陆远论文的颁奖词为:

陆远的博士学位论文《早期中国社会学的困境——以1940—1950年代的社会学家为例》，以"早期中国社会学的困境"为主题，通过深描数位社会学家在1940—1950年代的历史境遇，追寻作为一种思想体系和一门学科制度的社会学在这个时期的发展轨迹，并进而探求其中隐藏的知识与权力之间的复杂关系。作为一种"社会学的社会学"研究，该文对于提升社会学学科的自我反思能力颇具价值，也为获取历史借鉴提供了可能。

该文主题鲜明，揭示了作为一门学科制度的社会学在当时所面临的"实用性"与"批判性"、"学术性"与"政治性"之间的诸多困境。该文研究视角独特，在资料收集上下足了功夫，文献翔实；在历史脉络的叙述上，层次分明，文字流畅；在具体内容的分析上，逻辑清晰，平允可靠，体现了作者较强的驾驭材料和理论分析的综合研究能力。该文在中国社会学史的研究上堪称佳作，把中国社会学史的研究提升到一个新的层次。

陆远完成这篇论文之时只有27岁。作为一篇出自未满而立之年的青年学者之手的博士学位论文，获得这样的评价不可谓不高。它既体现出作者在社会学理论和历史领域纵横捭阖的天分，也显示出邓公开启的改革开放赋予了年轻一代彰显个人才华的机遇。于我而言，这篇论文不仅替我圆了探究20世纪上半叶中国早期社会学困境的学术梦想，而且在颁奖典礼的当天，也使我有幸和狄金华博士学位论文的指导教师吴毅教授一起,应邀在北京大学发表了学术讲演。我当天的讲演题为《文化反哺与器物文明的代际传承》,讲演的文本选自刚刚发表在《中国社会科学》上的同名学术论文和随后不久出版的个人著作《文化反哺:变迁社会中的代际革命》。[1] 这样的选择与那天我的心情可谓严丝合缝,我就是想表达:在我们这个急速变迁的时代,年轻一代在包括学术在内的社会生活的各个领域中,正在包括价值观、行为模式和器物使用的诸多方面向年长一代提供各类有益的启示。这个被我称之为"文化反哺"的现象,不仅影响到或者重塑了中国社会的代际关系,而且极有可能为我们这个古老的国家带来不一样的未来。我想,这样的影响可能不仅发生在陆远和我之间,也会发生在狄金华和他的导师吴毅教授、马强和他的导师高丙中教授之间。在今天,正是年轻一代的进步,保证了学术思想的日益丰富与精进,或者更广义地说,保证了人类文明的继替与辉煌。

二

尽管我在指导学生的教学生涯中,一般不会强加干涉学生的选择和兴趣,但也还是会根据他们的特长和我在学术上的兴趣或困窘,指导他们选择合适自己的研究选题。陆远的本科和研究生

---

[1] 参见周晓虹:《文化反哺与器物文明的代际传承》,《中国社会科学》2011年第6期;周晓虹:《文化反哺:变迁社会中的代际革命》。

读的都是历史学，而且他比一般的历史学的学生有着更好的历史进深感，因此赢得了包括匹兹堡大学历史系教授许倬云先生在内的一批历史学家的青睐。有鉴于此，几乎在他考上博士研究生之时，我就有意让他选择以历史社会学或社会学史为志业。记得他的博士学位论文选题的选择，最初是为了回答这样一个问题——这也是长期以来我自己的一个困惑：为何社会学在1949年以前被视为激进的学科，并且许多社会学教授确实成为与国民政府分庭抗礼的第三条道路的拥护者或共产党的同情者，但在1949年以后又被视为资产阶级的保守学科而遭到取缔？这是否有着更为深刻的学科背景或社会历史根源？

　　这一困惑并非是我一个人的胡思乱想。记得台湾大学的叶启政教授说过，1983年他去香港中文大学参加第一届"现代化与中国文化研讨会"时，曾当面请教费孝通先生：为什么1949年国民党去台时带走了胡适、罗家伦、傅斯年、梅贻琦等诸多学术大师，却鲜有社会学家随蒋介石去台？费先生的回答既称得上"政治正确"，也算是尊重事实。老人家回答："几乎所有的社会学家都厌恶国民党。"其实，不仅厌恶国民党，社会学家们在政治立场上大抵还都"同情共产党"[1]。有一个例子充分说明了社会学这个本身既带有保守倾向但更带有激进的左翼色彩的学科在20世纪40年代后期的国共之争中倒向共产党的事实：1949年1月25日，在傅

---

[1] 叶启政：《台湾社会学的知识—权力游戏》，台北：《政治大学社会学报》2003年总第35期。

作义的军队起义撤离之前，张东荪、费孝通、雷洁琼和严景耀突破北京城的封锁，到河北西柏坡会见了中共领袖，与毛泽东、刘少奇、周恩来、朱德、任弼时五大书记谈笑风生、共进晚餐、彻夜长谈[1]，并参加了筹备新政协的座谈会。其中，除了张东荪为政治学家外，其余三人皆为社会学家，起码两个半为社会学家（雷洁琼的丈夫严景耀为社会学家和犯罪学家）。显然，在40年代末"改朝换代"之际的北平知识界，完全可以把社会学这个小小的学科划归为"红色"营垒。

社会学家的"离经叛道"留给蒋介石的阴影，一直到退居台湾都没有散尽。所以到20世纪80年代以前，社会学在台湾都未被正式视为合法的社会科学。除了台湾大学和中兴大学两所大学设有规模不大的社会学系外，另设有社会学系的东海大学、东吴大学和辅仁大学都属于私立教会大会，台湾的最高研究机构"中央研究院"更是迟至1995年才成立社会学研究所筹备处，此前社会学家大都栖身于民族学研究所、三民主义研究所（现改名为人文社会科学研究中心）等相关机构。而1930年由孙本文、许士廉等发起成立的中国社会学社，虽说1951年即由迁台的龙冠海等学者于台湾复社，并恢复推动相关会务，但由于其核心人物如孙本文等人均未前往台湾，因此名义上虽在台"复社"，然而不但研究与会务惨淡，而且整整20年后的1971年才开始发行《中国社会学刊》作为机关之学术刊物，定期举办的规模较大的学术活动更是

---

[1] 参见雷洁琼：《雷洁琼文集》，北京：开明出版社1994年版，第481—483页。

延至80年代后。[1]

1949年以后的一段时间，是社会学家与新中国的"蜜月期"。1949年8月举行的"北平市各界人民代表会议"，一样给了包括费孝通及其老师潘光旦在内的社会学家黑暗退尽、黎明降临的感受。1949年8月31日，北平新华广播电台播发了著名社会学家费孝通的文章，他说自己很早就听见过这"民主"两个字，但是究竟怎样才算是一个民主的社会呢？并不明白。正是在北平各界人民代表会议上看到的场景，让他一下子明白了什么是民主：穿制服的、穿工装的、穿短衫的、穿旗袍的、穿西服的、穿长袍的，还有一位戴瓜皮帽的，在一个会场里一起讨论问题，使他第一次对民主的形式和民主的事实有了认识。

为了跟上新中国一日千里的变化形势，或者说服务于"新民主主义革命的时代"需要，费孝通意识到"原有大学制度和教学内容暴露了它的弱点，必须加以改造了"，由此达成"坚定为人民服务的立场"。[2]在1949年6月23日至1950年4月20日的近10个月内，他以前所未有的热情撰写了10多篇文章，论及大学的改造。单就自己栖身的社会学而言，费孝通意识到问题是"极其复杂的，除了搬运贩售西洋各家社会学说之外，和实际结合起来的方向主要是两个：一是在外国捐款下搞社会工作，一是从社会病态入手去做社会调查"。尽管费孝通对社会学与新制度的内在冲突的认识

---

[1] 王崇名：《〈思与言〉与台湾社会学的发展》，台北：《思与言》2013年第4期（总第51期），第159—198页。

[2] 费孝通：《大学的改造·当前大学种种问题》，《费孝通文集》第6卷，第1页。

尚不清楚，以为同包括法律在内的其他社会科学相比，"社会学系课程的改造，在一定程度上没有这样严重"，甚至自觉社会学"在新设的政治课中（可以）起着很大的作用"，但他与新制度接轨的意愿总的说来旗帜鲜明："社会学改造到最后必须完全是科学的社会学，也就是马列主义。"[1]

不过，社会学家对新中国的积极拥戴态度、对自己的学科主动改造的意愿，以及他们与包括党的领袖毛泽东在内的私人情感[2]，都没能改变50年代社会主义中国对社会学学科的消极定性。从1952年秋开始，教育部仿照苏联，开始了以培养工业建设人才和师资为目的的院系调整工作，全国的高等院校从211所调整为201所。虽然单从数量上看，高等院校的调整不大，但是社会学却被从专业目录和系科中调整没了。费孝通和他的两位老师吴文藻和潘光旦，被调至新建的中央民族学院；而远在南京的原中央大学的社会学家孙本文则调任地理系教授，讲授统计学及国民经济计划。[3]

因为自己"安身立命"的学科突遭"废黜"，可以想见包括费孝通、吴文藻、潘光旦在内的社会学家几年后遇到贯彻双百方针时，会怀有怎样迫切的欲图恢复社会学学科的心情。书生们的

---

1 费孝通：《大学的改造・当前大学种种问题》，《费孝通文集》第6卷，第41—43页。
2 其实，毛泽东与社会学家的交往及个人情感并非只有一个费孝通，或一个西柏坡。1951年10月，在全国政协第一届第三次会议上，会间休息时毛泽东曾专门走下主席台，看望身有残疾、时任政务院文化教育委员的潘光旦，并与之亲切交谈。
3 参见周晓虹：《孙本文与二十世纪上半叶的中国社会学》，《社会学研究》2012年第3期。

向往此时因苏联参加了国际社会学大会而变得现实起来,后来毛泽东也向参加国务会议的费孝通颔首同意恢复社会学,1957年中共中央宣传部甚至组织成立了"社会学工作筹备委员会"……这一切使1949年以后多少因社会学被取消变得消沉的社会学家们兴奋起来:先是吴景超写了《社会学在新中国还有地位吗?》;接着,费孝通先是写了《关于社会学,说几句话》,随后又写了那篇著名的《知识分子的早春天气》,他们及吴文藻、潘光旦、林耀华、陈达、李景汉、陶孟和、赵承信、袁方、雷洁琼等20余位社会学家为此行动了起来[1],一切似乎就要梦想成真。然而好景不长。或许与此刻知识分子过于激进的批评态度有关,或许与当时的社会政治环境有关,不仅社会学没有获得恢复,而且在随后开展的"反右"运动中,除了雷洁琼和与费孝通同为"吴门弟子"但反戈一击的林耀华[2],上述社会学家悉数成为右派。

三

改革开放或社会学重建以来,围绕1952年大学取消社会学,

---

[1] 有意思的是,在1957年恢复社会学的举动中,唯一冷静的倒是那个1949年以前与国民政府走得最近的孙本文。尽管对社会学同样无法割舍,孙本文在此时却采取了极其冷静的态度,在回信询问及恢复社会学事宜的先前中央大学的学生陈定闳时,这位国民政府时期社会学的掌门人写道:"此乃北方诸教授之主张,我愿观其变。"(陈定闳:《孙本文研究》,载《孙本文文集》第十卷"附录",北京:社会科学文献出版社2012年版,第189页)

[2] 李刚:《费孝通与林耀华——1957年"恢复社会学"运动中的吴门弟子》,《书屋》2006年第7期。

及1957年"恢复社会学"的努力失败,已经有了许多研究。经常提及的原因之一,自然是社会学的资产阶级性质,及与这一性质密切相关的学者们的资产阶级立场。在费孝通1950年写成的《社会学系怎样改造》及其他社会学家50年代的自我反省及批判中,这都是一个被从业者自己一再提及的"软肋"。不要说与共产党及其领袖关系密切的费孝通等堪称"红色教授"的吴门弟子,即使原本对马克思主义抱着敬而远之态度的孙本文,1949年以后也迫于急速转变的政治形势和越来越强大的外部压力,几度宣布"与资产阶级社会学"决裂[1],转而学习马克思主义,甚至回信给向他索要著述的西方学者说:"我终于明白,我的所有著作只值得付之一炬,因此我无可奉送。以前我忽视了卡尔·马克思的著作的学习,现在我每天都要花几个小时来读他的书。请不要再来信。"[2]尽管社会学家们1949年以后都表达了要跟上时代的愿望,但1957年前后他们批评党及其领导人的举动还是使"党认识到思想改造没有奏效",总的说来社会学家们的"思想仍然是右的"。[3]

另一个经常提及的原因,涉及苏联对待社会学及相关的社会心理学等学科的态度。陆远在这本著作的第六章中,详尽叙述了"社会学在苏联的命运"。据说在孔德还在世的1840年前后,俄国

---

[1] 孙本文:《帝国主义时代资产阶级社会学的思想内容及其对旧中国的影响》,《新建设》1956年第11期;孙本文《坚决反对资产阶级社会学复辟》,《文汇报》1957年10月4日。

[2] O'Hara, Albert R., "The Recent Development of Sociology in China", *American Sociological Review*, 1961, Vol.26, No.2, pp. 928—929.

[3] 戴维·阿古什:《费孝通传》,董天民译,北京:时事出版社1985年版,第205—206页。

人就开始接触到了社会学。此后，不但在1917年的"十月革命"之前苏俄社会学达到了"繁荣"的境地，而且1917年苏维埃革命后的两三年里因剧烈的社会动荡的来临甚至一度成为"显学"。[1]但是，在20世纪20年代用"红色教授"代替资产阶级学者即"白色教授"的运动中，俄国社会学的代表人物索罗金遭到批判，大学中的"旧社会学课程"也随之为社会形态发展史、历史唯物主义等课程所取代，到1922年年底社会学教研室被陆续解散，索罗金更是在这一年的9月被驱逐出境。[2] 1949年以后，社会学在苏联的命运成了新中国的自然"对标物"。50年代到中国指导高等教育改革的苏联专家А.П.阿尔辛杰夫提出了"要设这一'系'或不设这一'系'"的基本标准，即它是否"负有培养那种人才的任务"，而"教育学、社会学、政治学系的任务就不太明确……什么叫做社会学？在科学的领域内根本就没有这样一种科学"。[3]

其实，在上述原因之外，我一直以为中国社会学在50年代的遭遇，即陆远所说的"断裂"的动因，更与社会学这一学科的先天性质或学科性格有关。古希腊哲学家赫拉克利特说："人的性格即是他的命运。"如果"性格即命运"这句话有几分道理的话，那么像社会学这样一门诞生于近代西方大转型背景下的学科，在

---

[1] 陆远：《传承与断裂：剧变中的中国社会学与社会学家》，北京：商务印书馆2019年版，第224页。

[2] 参见索罗金：《漫长旅途之1919—1922》，载别尔嘉耶夫等：《哲学船事件》，伍宇星编译，广州：花城出版社2009年版，第217—243页。

[3] 转引自阎明：《中国社会学史——一门学科与一个时代》，北京：清华大学出版社2010年版，第296页。

它的缔造者法国人孔德手中呱呱坠地时就先天地带有两块"胎记"：用雷蒙·阿隆的话说，除了"秩序"以外，还有"进步"。[1]如果说"进步"的理想是社会学直接从法国启蒙主义思想家那里继承来的历史遗产，那么"秩序"的观念则由法国大革命及由此而生的惊恐而来。[2]事实上，正是由这一矛盾性格派生出了社会学的批判性与实用性：基于前者它具有先知的功能，对社会保有一定程度的批判锋芒；而基于后者它则具有牧师的功能，希望能够对社会进行改良而不是革命的策略。不错，从法国大革命摧毁了封建制度，并成为现代资本主义诞生的助产婆这一根本意义上说，它对西方社会学的出现无疑起着积极的推动作用；但是，从直接而浅表的层面看，西方社会学的出现最初乃是对法国大革命及革命造成的旧社会秩序崩溃后果的消极回应。许多社会学家都不仅认为孔德及其社会学源于对法国启蒙思想尤其是法国大革命的反动，而且指出正是这一点导致了至今为止在社会学中仍然占主导地位的保守主义倾向。比如，刘易斯·科瑟和瑞泽尔就几乎以一致的口吻说：社会学尤其是孔德为首的法国社会学，一开始就是启蒙思想和反启蒙思想不协调的混合。[3]

回到中国的语境之中。长期以来，社会学及社会学家与中国革命间的错综复杂的关系一直为人所不解。其实，社会学及其早

---

[1] 雷蒙·阿隆：《社会学主要思潮》，葛智强、胡秉诚、王沪宁译，上海：上海译文出版社1988年版，第104页。
[2] 参见周晓虹：《群氓动力学：社会心理学的另类叙事》，《社会学研究》2018年第6期。
[3] 参见周晓虹：《西方社会学历史与体系》第一卷，第18—19页。

期从业者的命运就是由上述这一学科本身带有的激进和保守的双重性质决定的：前者追求"进步"，后者维护"秩序"。如此，一方面，如前所述几乎所有社会学家都同情共产党，除孙本文外，他们在40年代大多成了这股"改朝换代"的进步力量的同盟者，在当时处于统治地位的国民党眼中他们是蛊惑民心的"左派"；另一方面，现代社会学自诞生之日起就因迫切需要解决秩序的崩坏问题而带有浓郁的保守性质，在中国也不例外——几乎所有的社会学家也都对激烈的"革命"抱着敬而远之的态度。那个在1949年后几乎丢掉专业、"有业无务"[1]的李景汉，1933年在革命刚起之时写下的一段话就颇能体现这种倾向：

> 现在有一个很时髦的口号是"打倒"。凡不顺某人之眼，或不合某派之心的事事物物，统在打倒之列。……如此乱打乱倒不大要紧，老百姓夹在打与倒的中间可就大受其罪了。社会调查的工作，不是破坏是建设，是要调查出来何者的确应该打倒，如何才能打倒，打倒的步骤为何，打倒以后拿甚么较好的来代替，否则先慢着打倒。吃粗粮固然不好，而犹胜于无粮饿死，破屋固然不好，而犹胜于无屋冻死。好食物有了准备之后再弃粗粮，好屋建筑之后再拆破屋。否则非弄成鸡飞蛋打，国困民穷，甚至亡国灭种不可。[2]

---

[1] 阎明：《中国社会学史——一门学科与一个时代》，第312页。
[2] 李景汉：《实地社会调查方法》，北京：星云堂书店1933年版，第5页。

这段为陆远的博士学位论文开篇所引的文字，清楚地说明了大多社会学家希望以渐进式的改良来解决中国社会的问题，你要说他们反对"暴力革命"也不为过——因此，他们自然又是标标准准的右派。可以说，正是这一学科所天生的这种激进和保守的双重性质，使得社会学1949年以前不被看好，1949年以后同样不受待见。可以想象，即使没有1957年的"反右斗争"，即使诸多社会学家们不在此役中几乎"全军覆没"，在倡导"不断革命"的时代也是难有"社会学的春天"的。从这样的意义上说，1949年以后社会学在中国"被废黜"的命运是由这一学科的固有性格与那一时代的社会性质之间的内在冲突决定的，它既不取决于社会学家对新中国的态度，甚至也不取决于毛泽东本人的个人好恶。

现在看来，陆远极为成功地诠释了由社会学的内在矛盾性格导致的这一学科在中国的早期命运。2010年夏天，当我第一次读到陆远完成的这部博士学位论文时，我就不吝赞誉地写道：

> 作者没有像通常的学者那样，一般论述中国社会学的发展史，而是将学术史的探讨和知识社会学的研究结合在一起，力图探讨一门学科、一门学科的相关知识的生产过程，以及知识的生产和社会文化结构的关系，我觉得这样的研究是有意义的。作者在研究早期中国社会学的发展时，从其所遭遇的困境入手，希望能够解决或解释其所经历的断裂，并且作者将这种断裂置于三个层面上加以解释——学科的取

消、学科知识之间和学科知识与他学科知识之间的断裂、学科知识与社会文化转型之间的断裂，我个人觉得……这种思考是深邃的。

一句话，陆远的著作成功地说明了：早期中国社会学发展的困境，无论体现为"认识社会"和"改造社会"，还是"服务国家"和"批判现实"，都是其天生秉承的"秩序"和"进步"这对矛盾性格的反映而已。在这一层面上，认识和服务同构，而改造和批判同理。所以，在1949年以前，社会学可以在认识和服务的层面上存活，尽管它的改造和批判的功能受到相当程度的限制；但1949年以后，在一个认为已经不存在社会问题的国家，它的认识和服务功能消解了，而它的改造和批判功能则自然成了挑剔社会的"反动"象征。而这，正是这门弱小的学科所具有的天然性格导致其在50年代横遭"暴毙"的内在原因。

最后，为了回应开篇的文字，多说一句：我纵然极其推崇作者的才华，但也常常觉得，如果陆远能够更为积极地对待自己的文字，或者进一步说更为积极地对待自己的学术生涯，读者们也不必"苦等"8年才能读到这些洋溢着才华和卓识的文字。不错，我们理当反对粗制滥造，但我们同样不赞成虚掷年华。从这样的意义上说，如欲改变命运，唯有先改变我们自己的性格。

（本文系为《传承与断裂：剧变中的中国社会学与社会学家》[陆远著，北京：商务印书馆2019年版]一书撰写的"序言"）

韶华不为年少留

2019年5月,在"知青与铁姑娘口述史研究工作坊"暨南京大学当代中国研究院成立大会上,我和《知青青春情志——大丰知青口述记忆》一书的主编朱怡生先生相识。虽然早就从南京大学团委朱晓雪女士那里知道了她的父亲,但在这次会议上依旧没有找到机会与怡生先生好好谈谈。因为请到了20世纪60年代中国知青的旗帜性人物董加耕夫妇,受董加耕激励下乡的南京知青"七十二贤"中的顾抗、樊勇亮先生;1964年因家庭成分不好下乡的重庆知青、现美国海波特大学历史学系邓鹏教授及"插友"刘定强、刘正生兄弟;陕西知青、曾任陕西省妇联副主席的高小贤女士;回乡知青、《人民公社制度研究》作者、复旦大学张乐天教授;北京赴海南知青、南京师范大学金一虹教授;上海赴安徽知青,但后来都成为著名知青研究专家的金大陆和金光耀教授;南京江浦知青、复旦大学周怡教授;以及南京赴内蒙知青吴家铎、杨玉民、焦亚宁先生和我的中学同学、中国最大的民营书店——北京人天书店董事长邹进……那天的南京大学社会学院可谓是高朋满座。一天的会议除了发言、讨论，研究院的专兼职研究员金一虹、周海燕、陆远、刘亚秋、沈捷和我以及几位博士、硕士研究生还利用午间的时间完成了对10位与会知青的口述史访谈，我访的是董加耕夫妇，自然没有机会了解怡生先生的个人生命史和心路历程。

一晃五个多月。10月中旬，我因去天津参加南开大学百年校庆回宁时乘坐高铁感染肺炎在校医院挂水多日，将愈未愈之时怡生先生约了来医院看我，并请我为他编辑的这本皇皇数百页的《大丰知青口述记忆》作序。两人对谈近两个小时，才知道了他同样跌宕起伏的一生，更知道了大丰知青农场的缘起，一时不胜感慨，也就将作序的事情痛快地应允下来。

怡生先生出生于1952年，比我正好大五岁。1969年年初，刚刚初中毕业的他，随同1966、1967和1968年三届初中及高中毕业的同学——所谓"老三届"——响应号召上山下乡，从江苏大丰县城下放到当地的"金墩人民公社"插队落户，接受贫下中农的再教育。在大丰乡下，和所有知青一样风餐露宿、战天斗地，但怡生先生一直没有放弃过理想和追求，用他的话来说"一曲《知青之歌》、一本《第二次握手》就是艺术，就是精神食粮"。

离开农村后，怡生先生先是参军，退伍后当过美工、会计、采购员、保管员、工会主席、人秘股长、副经理、秘书股股长，县人大常委会秘书、县财经委副主任、乡党委副书记、乡长、县技术监督局副局长，并最后在市文化局副局长任上退休。我惊讶于怡生先生短短的几十年里竟有如此丰富的职业经历，承担了如此众多的人生角色，而且我也知道退休以后的朱局长依旧没有闲着：除了有一大堆兼职外，他还创建了大丰小海慢城旅游文化发展公司、盐城大丰馨悦知青文化研究中心、大丰新程教育科技发展有限公司，或任董事长、法人代表，或任总经理、总设计师。而在这些退休后从事的"副业"之外，我最看重的是他与马连义一同创办的"大丰上海知青纪念馆"，他不仅担任了大丰知青研究会的秘书长，还编辑起了已经发行40余期的《大丰上海知青》杂志。今年已经67岁的怡生先生做起事来像一团火，但我也是在医院的病榻上才得知，他前两年刚刚做过心脏手术，术前甚至已给家人留好了遗嘱。那天怡生先生揭开衣襟、露出当胸尺余长的刀疤，他那副像在叙述他人病情的超脱神色，驱走了我因连日狂咳不断、挂水弄得手背青紫带来的落寞神情和沮丧心态。

对包括怡生先生和我在内的所有知青来说，无论这一生最终会走到哪里、会取得何种职业成就，也无论是像我、焦亚宁和邹进这样只有短短两年插队经历就上了大学的幸运儿，或是像董加耕、邓鹏那样将人生最美好的10年光阴都掷于乡间的"被放逐的朝圣者"[1]，我们这一代人或短或长的上山下乡的生命历程、或明或

---

1 "被放逐的朝圣者"系邓鹏教授发表的论文《被放逐的朝圣者——"文革"前老知青的精神炼狱》(《社会科学论坛》2013年第2期）的主标题，特指1966年"文革"前到农村和边疆地区参加农业生产的将近130万城市知识青年。这批老知青当中的大多数

（转下页注）

暗的知青身份，都会铸就与这个时代相交织的鲜明的自我认同与社会记忆。这其实也是退休之后的怡生先生，以及我们这一代人与知青这一身份或议题反复"纠缠"与"较劲"、不甘放弃的集体"宿命"。

尽管大规模的上山下乡始于1968年，但其历史最早却可以追溯到1955—1956年。当时在团中央和北京团市委的组织下，先后有三批北京城乡青年组成垦荒队奔赴黑龙江；1956年在《一九五六到一九六七年全国农业发展纲要（草案）》中，提出解决城市失业的最好办法是"到郊区、到农村、到农垦区或者到山区"[1]；次年，在这一《纲要》的"修正草案"中，正式出现了"上山下乡"的字眼[2]。20世纪60年代后，由于"大跃进"的失败，上山下乡作为减少城市人口、缓解就业压力的一种手段开始推广。据统计，到1966年"文革"开始前，已共有120万—130万左右的城市青年到农村插队落户，其中有许多是邓鹏教授所说的因家庭成分上不了大学的"被放逐的朝圣者"。[3] 这130万人中虽少数经社队推

（接上页注）

成员出身于政治上"有问题"的家庭，以致他们在1963年—1965年的高考和中考中整体性落榜。在特定的历史条件下，一方面，上山下乡即"被放逐"成为他们的唯一出路；另一方面，在思想上紧跟"伟大领袖"，希望能够通过接受贫下中农的"再教育"而"脱胎换骨"，又使他们成为虔诚的"朝圣者"。

[1] 《一九五六到一九六七年全国农业发展纲要（草案）》，《人民日报》1956年1月26日。

[2] 杜鸿林：《风潮荡落（1955—1979）——中国知识青年上山下乡运动史》，深圳：海天出版社1993年版，第11、17页。

[3] 托马斯·伯恩斯坦：《上山下乡：一个美国人眼中的中国知青运动》，北京：警官教育出版社1993年版，第24页；邓鹏主编：《无声的群落：大巴山老知青回忆录（1964—1965）》，重庆：重庆出版社2006年版，第13页。

荐在"文革"前就上了大学（如作家冯骥才[1]）或进了工厂，但大多数人或借"文革"的混乱返城，或在农村成了真正的农民。

到1968年夏，更是由于已延续两年的"文革"，学校里积压了1966、1967、1968三届（即前述"老三届"）共九个年级的应该毕业却没有分配出去的大学、高中和初中学生，总数达到近千万人[2]，这不但给城市管理、普通家庭甚至给社会治安都带来了严重的压力。恰逢此时，甘肃会宁的191户城镇居民，于1968年7—12月的半年内，先后到全县所属的13个人民公社安家落户，并提出"我们也有两只手，不在城里吃闲饭"；在此背景下，毛主席在当年年末提出"知识青年到农村去，接受贫下中农的再教育，很有必要"[3]，由此将已经历时10年的上山下乡运动推向高潮。从这时起，前后有1600余万城市青年上山下乡，直至1978年末刮起的大规模的"返城风"起，连同"文革"前的130余万人，共有1700余万人融入这股"洪流"之中。

由于"文革"中断了知青们的教育生涯，使他们的生命轨迹发生了巨大的变化，也由于中国乡村的落后、生活的艰辛，几乎所有有关知青生活的叙事——小说、回忆录和访谈——都无一例外涉及"苦"或"苦难"的语境。因为上山下乡耽误了学业、婚姻和事业，20世纪80年代在这一代人最常用的叙事语词是"蹉跎

---

[1] 冯骥才：《老红卫兵心路历程》，载于晖编：《红卫兵秘录》，北京：团结出版社1993年版，第235—237页。

[2] 周全华：《"文化大革命"中的"教育革命"》，广州：广东教育出版社1999年版，第90页。

[3] 《"我们也有两只手，不在城里吃闲饭"》，《人民日报》1968年12月22日。

岁月"。而20世纪90年代之后,"蹉跎岁月"向"青春无悔"[1]的叙事转向,则成为时代转向的风向标。刘亚秋根据访谈和阅读发现,"青春无悔"确实构成了90年代后知青对这一段经历的主流记忆,甚至成为一种广泛的"社会心态"。[2] 在这一记忆的个体层面,"无悔"是因为当事人将经历视为一种财富和品性的磨炼;在这一记忆群体层面,"无悔"被归因为"我们扛起了共和国的苦难",如此一来,这样的苦难就有了崇高的意义。

大丰知青的叙事是在同样的革命逻辑下展开的,但又有着自己独特的历史线索。在南京大学校医院的病房里,怡生先生告诉连日去挂水的我,早在20世纪50年代初,地处江苏盐城的大丰就在时任上海市市长陈毅的谋划下,在东北角黄海之滨划出一块逾25万亩(合166.5平方千米)的土地作为上海的"飞地"(一称"北上海大丰"),成立隶属于上海劳教局的上海农场,专门接受1949年革命后多少显得"多余"和格格不入的城市无业人口:包括流浪者、地痞、流氓、青帮、洪门、娼妓、历史反革命甚至罪犯,以后又包括了需要改造的右派或其他"黑五类"分子……1968年年底首次接受了来自上海的8000余名知青。1973年,估计是为了适应全国范围内大规模"上山下乡"的需要,上海农场划出18余万亩土地成立了后来闻名遐迩的"海丰农场",并陆续通

---

1 据考证,"青春无悔"一词最早来源于1991年春,原云南生产建设兵团部分四川知青为纪念赴滇支边20周年,决定在成都举办一个题为"青春无悔"的大型图片展。此后,"青春无悔"也成为叙述"上山下乡"经历的常规叙事。
2 刘亚秋:《"青春无悔"——一个社会记忆的建构过程》,《社会学研究》2003年第2期。

过黄海滩涂的围垦发展成为30余万亩土地的地方国营大型农场。也是从这时起，上海乃至全国各地的知青都开始转投大丰，单是上海一地的知青就达8万人之多。

12年前，刚刚从市文化局副局长岗位上退下来的怡生先生和与其志同道合的市委宣传部副部长马连义一拍即合，在原先的上海知青、时任上海光明集团总裁曹树民的支持下，在原海丰农场元华厂部的旧址上建起了占地面积达560亩、建筑面积5.2万平方米的"大丰上海知青纪念馆"，全馆包括中国知青主题馆、北上海历史展陈馆、大丰上海知青纪念馆、海丰少年馆、中国知青图书文献馆五大特色展馆，收藏了知青生产、生活实物4万余件，是国内目前规模最大的知青主题纪念馆。

光阴如驹。2019年是怡生先生上山下乡50周年的纪念日。这位一生奔忙，几乎从17岁插队起就忙碌不停的知青将58位当年一起在大丰"战天斗地"的"插友"们的回忆录、感想和诗歌集结成册，编出了这部洋洋大观的《知青青春情志——大丰知青口述记忆》，他以自己的方式——知青独有的方式为自己50年前的"壮举"、为逝去的青春奉上了最好的"祭奠"。纵然一如秦观所言——"韶华不为年少留"，但在怡生先生这样的达观之人面前，历史的严酷、岁月的无情都会在好男儿的九曲回肠之中，化作过眼的烟云。

(本文系为朱怡生主编《知青青春情志——大丰知青口述记忆》撰写的"序言")

找回对土地的感觉

一

在所有把玩文字的活计中，为人撰序恐怕是最勉为其难的工作。自己的文字，不论怎么说，动手前总有基本的准备工作。要么一手经验老到，要么二手文献充足，要么数据值得玩味，要么观点新潮前卫……你什么都不占，是决然不会贸然轻易动手的。否则，不仅智商怼不住，时间就更是无底洞，赔本的"买卖"偶尔做个一两回可以，常做就不是理性之举。

但是，为人作序就不同。你总得跟着别人的思路或爱好走。你为别人作序，就免不了要对作者或作品做一些基本的介绍和评论，或对别人的观点做些引申、发挥或斧正。从这个意义上说，序在古时多放在书的后面是有道理的（所以，现在依旧有人会写后序，或称之为"跋"），你也总是先读了人家的文字才会有自己的感受。有人说最早的序始于孔子的赞《易》，总是先有《周易》，才有孔子的称颂。这就决定了你对别人的谈论，总要有起码的了解。别人"上天"，你不能"入地"；别人谈诗作赋，你不能扶花弄草。道理很简单，人家的文在前，你的序紧跟在后。这就决定了，别人出的如果是道"难题"，你即使恶补自己的知识盲点，也常常会捉襟见肘。所以，答应似易，交稿实难。

正因撰序不易，我不但在月霞教授提出请我作序时"腻腻歪歪"，而且在应允下来之后也迟迟不敢贸然动笔，或者说不知道如何下笔。幸运的是，因为最近想写一篇纪念费孝通和林耀华两位先生诞辰110周年的文章[1]，又把林先生的那本《金翼》找出来翻来覆去地看，结果有一天竟然找到了为月霞教授《山里的花园生活》作序的灵感。在林先生描述自己家族史的《金翼》中，张芬洲和黄东林两位姻亲兄弟最早通过合开店铺挣了钱，但后来张家却在内忧外患下失败，黄家虽然生意一度红火，却在日本人的入侵中备受煎熬。到了20世纪40年代日军占领福州时，年逾七十的东林依旧像年轻时一样拿着锄头，从事"种地"这中国人"首要而又持久的生计"。读过这书的人谁都不会忘记那部家族史的结尾：在东林带领孙儿们耕地时，一架敌机在他们头顶上掠过，孙儿们仇恨地仰视着天空，但是老人却平静地对他们说："孩子们，别忘了把种子埋入土里！"

---

[1] 遗憾的是，后来想写的论文没有写成，而两位先生的110周年诞辰又已过去，只能留待120周年（2030年）再尝试一下了。

二

无论天地翻覆，首先要"把种子埋入土里"，其实并非东林一人的执拗，乃是千百年来中国乡土社会的基本底色。记得费孝通先生在《乡土中国》一书中也写道："乡下人离不开泥土，因为在乡下住，种地是最普通的谋生方法。……我记得我的老师史禄国先生也告诉过我，远在西伯利亚，中国人住了下来，不管天气如何，还是要下些种子，试试看能不能种地。"中国人对土地的近乎神圣的崇拜，千百年来不但孕育了乡土关系，而且派生出了中国农民乃至中国人对血缘以及地缘的重视。

在农民的眼中，没有土地的农民不是正经的农民。有能力扩大自家的田地是家庭兴旺的象征，而"崽卖爷田不心痛"千百年来一直是典型的败家子行为。其实，这种对土地的情感不仅出现在中国农民中间。在关于传统农民的经典描述中，美国人类学家雷德菲尔德提出过，赋予土地一种情感和神秘的价值是全世界农民特有的态度；法国社会学家孟德拉斯也认为，在农民的价值系统中，"金钱不是一种可靠的价值。真正具有价值的只有土地，因此要想富起来必须种好地"。

近几十年来，因为迅猛的工业化及城市化，几亿农民离开了原先养育他们的土地，一任"孔雀东南飞"。尽管城里的生活依旧不易，但乡间的谋生艰难和城市生活的吸引，使得进城的农民尤其是年轻的一代真正想回去的毕竟不多，农民对土地的依附40年中发生了断崖式的衰退，以致在2020年以来的疫情和国际关系恶化的双重压力下，因田无人种而正在弥生越来越浓烈的绝非想象的恐慌。

不过，无论是昨天还是今天，进城都不会完全消解农民或农家子弟们对土地的感情，消解的只是单纯依赖"种地"谋生的幻想。近些年来，因为改革开放，更因为由此而导致的城乡分割的二元体制的式微，进了城的农民及其子弟，甚至原本就几代在城市生活的中国人，竟也开始孕育出各式各样的"回乡"念头。于是，有为官者赋闲后返乡做起了乡贤，或为邻里出谋划策，或为乡党寻找资源；有创业者下乡承包起土地，或试探集约经营，或寻求致富之道；也有资产者去徽州古村购买老宅，约三五文青开设民宿客栈，邀约同道吃五喝六、激扬文字；还有像月霞教授夫妇那样的文化人，他们虽无万贯资产，也无创业的"雄心大志"，只因喜爱土地，便图能够靠自己的双手果实累累、花开四季。并且，这种"回乡"，有时并非指一定要回到自己的"原乡"，而只是回到能够孕育出勃然生机、庇护心灵的土地之中，就像月霞教授在《山里的花园生活》中所说的那样：用一颗赤子之心，"找回对土地的感觉"：

> 我不知道是不是每个出生于农村的人都和我们一样总想亲近土地，接一接所谓的"地气"。老人在世的时候，我还经常回农村的老家，每次回去都有一种很踏实的感觉。老人不在后，回农村的次数就很少了。在被称为"水泥森林"的城市里待久了、待惯了，慢慢就忘记了对土地的感觉，心也

逐渐麻木。……自从有了山里的家以后，对土地的感觉慢慢又回来了，园艺改变我们的生活方式也是始料未及的。自从有了山上的庭院，我和先生除了出差以及冬天太冷的时候不上山，周末时光几乎都在这世外桃源度过。眼前是自己播种的生命，看着它们茁壮成长有的只是满心欢喜，一切烦恼都被我们抛之脑后。

月霞教授对土地的热爱，其实并非是她一个人的执念。我虽不在乡间长大，但对土地一样有真挚的向往。记得小的时候住在部队大院里，我家的小楼前有一片大概是国民政府抗战胜利还都后种下的桃树，长至20世纪70年代不知是因为寿命到了，还是因为禁不住我们这些孩子摘桃子时的摇晃，不几年便死了。在院里壮硕的飞行员叔叔们鲁智深倒拔垂杨柳一般将枯树扛回家烧火后，那一大片空地就成了我立志成为"中国米丘林"的试验场。我那时候开垦土地、种瓜果蔬菜、为植物授粉的劲头一点儿也不输月霞教授和她的先生。及至后来"上山下乡"，磨炼革命意志，还做了一年多生产队长，有了三百多亩土地，带着几十位劳力"折腾"，虽吃尽苦头，对土地的情感却日渐敦厚。

就在前几年，因为在南京和吴江两地创建了群学书院，又因为卖了手中的一套房，一时卡上有了二三百万的"闲钱"，竟也"烧包"到想去徽州现在叫作皖南的地方买一处古宅和三两亩地，回归乡间，扯上群学书院的旗帜，过几天"沽酒客来风亦醉""布谷飞飞劝早耕"的生活。为此，还和对土地同样钟情也当过生产队长的张鸿雁教授自驾去皖南的碧山村转了几天，几番要到刷卡买房置地的地步，唯因房主屡屡变卦，才最终浇灭了那心头的一团"虚火"。后来，张教授退休，终在南京附近的汤山豪掷"纹银"400万，建成现在名噪江南的"卧香山庄"；而我也终因舍不得功名利禄，出任"资深"（教授），开启口述史和集体记忆研究的新河，而将布衣还乡的初心抛之脑后。痛哉，惜哉，不如说羞哉！

三

其实，说羞，不仅说因舍不得所谓的"事业"年逾花甲也"死乞白赖"未肯退隐江湖，也是指如若我真有月霞教授一样的一处山野趣居、三两亩山地，就能打造出和她一样如此惬意的"山里的花园生活"吗？说说简单，其实未必。

认真说来，追求山里的花园生活，除了对土地的挚爱以及即使不算充裕但也堪称"小康"的经济条件外，恐怕还得有能够奢享或品味这种生活方式的"三闲"作为保证。这"三闲"的第一闲，当然是闲暇之便，即时间上要能够有保证。对那些年富力强，正在事业的上升期的人来说，你让他放下手中的事业或追逐，回归乡里，既会断送个人的远大前程，枉对父母含辛茹苦的期望和自己寒窗苦读的岁月，也不利于实现我们民族伟大复兴的宏伟蓝图。所以，城里人对花园生活的享有，常常像月霞教授和先生一样，要在周末的时光或退休的日子里才能实现。而在半退不退之际，恐怕都会有月霞教授一样的尴尬：

> 自从有了山里的房子后，每周我和先生都像孩子盼过节一样盼着周末的到来。周五一下班我们就进山，整个周末都在山里度过。……不知道从什么时候开始我和先生变成了两只陀螺，从进到院子就开始不停地转。北方的春天和初夏常常一周见不到一滴雨，那些不耐旱的花，像绣球，被旱得耷拉了脑袋东倒西歪。我实在不忍心看着这些一周没喝水的花继续忍受干渴，于是我俩还没进院子就分配好工作，一个拉水管浇上层的花，一个接水管浇下层的菜，一遍下来通常需要两三个小时，期间还要拔除大量杂草。

我不知道现在月霞教授是否已经完全有了闲暇之便，是否已经可以为了过上乡间闲暇的生活而首先变成旋转不停的陀螺？其实，任何一种美好都需要付出并非是一句空话，山里的花园生活需要闲暇，但闲暇绝非是单纯的闲着，真正的闲暇是要用来支付创造的代价的。

在闲暇之便以外，第二需要的是闲淡之心。所谓闲淡之心，是指你真正对外界的一切不再有攀比之意和焦虑之感。此时，一个项目有没有，或者一篇文章发不发，甚至工资收益的大小，学术荣誉的有无，在在都不如春种、夏播、秋收或冬藏，都不如被太阳晒蔫的花朵、被虫蛀空的瓜果、见了底的水池、木头上长出的木耳。这时，你为春困，夏忙，秋喜，冬倦，花开花落就是你的缤纷四季,三胖、小雪就是你的家人,咪咪、小黑就是你的左邻右舍,而两亩三分地就是你的全世界……这时的你虽然同样整天忙碌不停,但内心里却充满闲淡。

我记得,几年前,月霞教授还担任《河北学刊》主编时,到南京来组稿,找到原先在河北大学时的同事、后来调入南京大学的从丛教授约我。因为多年来总在《河北学刊》发文章,陆续与王维国、田卫平几任主编都打过交道,自然会非常高兴地与月霞教授谋面闲谈。那次谈了些什么我已经记不得了,但月霞教授的闲淡气质,给我留下了直接的、难以忘却的感受。因此,当从丛教授告诉我,月霞教授不仅过上了惬意的田园生活,而且为此写下了一本很值得一读、更令人羡慕的《山里的花园生活》时,我一点都不惊讶。人们总说文如其人,其时,文真正如的是其人的生活。

再进一步,若有闲淡之心,必获得闲适之意,而这是品味山里的花园生活的第三闲,也是闲的最终目标或意义之选。记得几年前曾和胡荣等几位教授一起自驾欧洲,从德国弗莱堡出发南下,经奥地利的因斯布鲁克穿越阿尔卑斯山抵达意大利,两个国家的富裕程度和民众的审美趣味也即刻高下立显:奥地利山里的民居每家每户的院落总是花团锦簇,由此你可以清晰地看见由多少个世纪的富裕打造的审美趣味和闲适之心;即使是山里的人家罕有外人前往,依旧布置成想象中天堂的模样。但意大利的民居及庭院布置却单调乏味,我一再为曾诞生了文艺复兴运动和但丁、达芬奇和米开朗琪罗的民族其民众阳台上的单调装饰而震惊，在那里踏足不会比我们的广东或江苏农村因短期的暴富而产生的审美更富诗意。从那以后我就相信，单纯的富裕决然产生不出骨子里的闲适之意。

闲适之意，是指由闲暇、闲淡而产生的舒适和自在之意。我以为，如果最终没有达成这种舒适和自在之意，闲暇就不过是闲着的同义语，闲淡也不过是无所事事的另一种表达。只有闲适，才是一个人主动的自由之选，它没有丝毫的强迫，也绝非不得已而为之的选择，它是一个人经由自己乐意的忙碌而获取的整个身心的解放，这就像当年马克思为共产主义描绘下的那副令人向往的图景："上午打猎，下午捕鱼，傍晚从事畜牧，傍晚后从事批判。"我不知道月霞教授现在晚饭后是否还从事批判，但我知道，如若在花团似锦的庭院里从事批判一定更显锋芒。

（本文系为《山里的花园生活》[快乐农妇著，桂林：广西师范大学出版社2020年版]一书撰写的"序言"）

八月长江万里晴

包括江浙沪皖在内的长江三角洲，系由磅礴而下的万里长江冲积而成的广袤平原，有着发达的水系和丰饶的土地，自古以来就是中国经济最为富裕、文化最为精致的区域。自春秋（吴、越）以降，经东吴，续宋、齐、梁、陈，接丰裕典雅之（南）宋，伴随着农业和手工业的发展，至明孕育出最早的资本主义萌芽，也形成了九座较大的城市——南京、杭州、苏州、松江、扬州、无锡、常州、湖州、徽州，及至近代更是产生了日渐成为南北贸易中心的国际化都市——上海。而数千年来在这片人杰地灵的土地上，翘楚横生、英才辈出，从帝王将相到文人墨客，从商贾名伶到贩夫走卒……光彩从来夺目、风头自古无两，在中华民族五千年的历史上谱写了难以计数的精彩华章。

近代以来，在欧美列强的冲击下，国门洞开、西风东渐。中华民族在遭受危难的同时，也受到了后来产生了伟大历史转向的现代洗礼。在迅猛的社会变迁背景下，不但生产洋枪洋炮、贩卖洋品洋货的现代工商业应运而生，而且包括社会主义和社会学在内的各类思潮和诸多学科也蜂拥而至。自1897年福州人严复译《群学肄言》始，在中国社会学短短一百余年的历史上，长三角地区成为中国社会学最为重要的思想生产基地和观念传播区域，并先后产生了孙本文（江苏吴江人，1892—1979）、陈达（浙江余杭人，1892—1975）、应成一（浙江杭州人，1897—1983）、吴泽霖（江苏常熟人，1898—1990）、潘光旦（上海宝山人，1899—1967）、柯象峰（安徽贵池人，1900—1983）、吴文藻（江苏江阴人，1901—1985）、吴景超（安徽歙县人，1901—1968）、严景耀（浙江余姚人，1905—1976）、费孝通（江苏吴江人，1910—2005）等一大批名闻遐迩的社会学家。他们以自己的胆识和才智，更重要的是以自己对中华民族负有的高度责任感投身社会学研究，使社会学这门来自西洋的学科在1937年日本全面侵华之前达到了欧美以外的巅峰地位。

回溯20世纪上半叶的波诡云谲，我们能够发现，当社会学初入华夏之际，从孙本文到吴文藻再到费孝通，民国时期整整一代知识分子所以能够得风气之先，明锐地体察到了中国社会的巨变，既得益于长三角地区悠久的历史与深邃的文化的长期浸染，更得益于这一地区在西方的冲击下率先做出了自己独特而积极的回应。正是这双重的历史馈赠与文明眷顾，像费孝通所言，使得成长于江浙沪皖的这一辈青年知识分子会较早地考虑：如何将西方的新动力对接进我们的旧传统？而他们也因此各自以自己的方式成为乡土社会变革的先导。

1928年9月，正值长江下游的长三角地区秋高气爽、万里晴空之际，此前纷纷先后从美国留学归来的孙本文、吴景超、吴泽霖、潘光旦、应成一等几乎清一色来自长三角的"乡党"们在上海发起并组织了联络东南各省社会学工作者的"东南社会学会"，这不仅成了江浙沪皖社会学学术共同体建设之滥觞，也为1930年同样在上海成立的"中国社会学社"的设立奠定了基础。8年后的1936年8月25日，也是在大暑退去的初秋季节，稍稍年轻一点的费孝通在故乡吴江县开弦弓村完成了"江村调查"，取道上海乘船留学英伦，后来据此撰写了被功能主义大师马林诺夫斯基誉为"人类学实地调查和理论工作发展中的一个里程碑"的《江村经济》一书，并获伦敦经济学院的博士学位，而开弦弓村也成为中国社会学和人类学历史上的地标性村落。

1979年3月，被迫取消30年的社会学在中国大陆重获新生，次年上海大学之前身复旦大学分校便成立了改革开放后中国大陆的第一个社会学系（筹），并于1982年正式挂牌。此后40年中，先是南京大学（1988年）和复旦大学（1988年），后是浙江大学（1999年）和安徽大学（1999年），再后是华东师范大学（2001年）、河海大学（2004年）和华东理工大学（2005年）也陆续成立了社会学系，并先后获得一级学科博士学位授予权，这一切不仅使得长三角地区成为中国社会学研究人才与教育机构最为密集的区域，而且在这一地区众多社会学系所任职的同仁们也与京津地区及全国各地的社会学同道一起共领风骚，为中国社会学的发展和中国社会的进步做出了卓越贡献。

2018年暑假即将结束之时,又是"八月长江万里晴"的季节。为推动长三角地区社会学的进一步发展,增进社会学人的交流与合作,推动知识的增长与精进,南京大学、复旦大学、上海大学、浙江大学、华东师范大学、华东理工大学、河海大学和安徽大学——长三角地区八所拥有社会学一级学科博士点的高等学校的社会学学科,借费孝通教授完成"江村调查"告别开弦弓村的时间节点——8月25日,相约在江苏吴江七都镇这个中国社会学最重要的地标[1],商定自愿结成"长三角社会学论坛(联盟)",并约定以七都镇为永久盟址,以七都镇与我创办的"(太湖)群学书院"为办公场所[2],并经七都镇人民政府慨然应允,以七都镇范围内费孝通纪念馆、孙本文(孙氏)故居等文化与文物场馆为无偿使用资源,开展非营利性的文化、学术与社会活动。

"长三角社会学论坛"由上述八所高等学校社会学科和七都镇人民政府派员(每单位1—2人)共同组成主席团,采用轮值制度,在每年8月25日投票推选年度轮值主席和候任主席,候任主席

---

[1] 1992年孙本文出生于吴江七都镇吴溇村,1936年7—8月吴江松陵镇人费孝通在庙港镇开弦弓村(江村)从事社会学人类学调查,写出《江村经济》;2003年12月,地处"吴头越尾"的七都镇和庙港镇合并,由此成就了中国社会学界的一段佳话:七都是1949年以前中国社会学社第一任社长(正理事)孙本文的出生地,也是1949年以后中国社会学会第一任会长费孝通的田野研究基地。

[2] 2016年,我在朱虹教授和陆远博士的协助下,在南京和吴江分别创办了两家群学书院。前一家择孙中山先生逝世时宋庆龄和孙家亲属守灵暂居的中山陵永慕庐为址,后一家紧邻费孝通先生1936年以开弦弓村为田野开启江村调查的七都镇老太庙。

在次年自然晋升为轮值主席，同时选举新的候任主席。轮值主席和候任主席不得重复出任，主席团成员每三年重选一次，每位成员可连任一届（不超过六年）。"长三角社会学论坛"同时选举产生学术委员会，由上述八所院校的社会学家组成学术委员会，处理相关的学术事项。2018年8月25日，第一次会议选举周晓虹教授担任首届轮值主席（2018—2019），上海大学张文宏教授担任候任主席（2019—2020）；选举浙江大学赵鼎新教授担任首届学术委员会主席（2018—2021），南京大学翟学伟教授担任副主席（2018—2021）。

为方便组织工作，"长三角社会学论坛"还成立了由上述八所高等学校社会学科和七都镇人民政府派员（每单位1人）组成的秘书处，并邀请"社会学吧"创始人李斌先生加入；秘书处设立秘书长和候任秘书长各一人，分别由当年度轮值主席单位秘书和候任主席单位秘书出任，学术委员会也设秘书长1人。2018年通过推选，南京大学陆远博士、上海大学项军副教授分别担任论坛秘书长和候任秘书长，浙江大学钱力成副教授担任学术委员会秘书长。

会议还商定，"长三角社会学论坛"将以下述方式开展活动：（1）每年的8月25日前后，将依主题性质举行规模不等的学术研讨会，同时进行下一年度的主席和候任主席的换届或选举工作，并讨论下一年度工作计划；（2）每年元旦后寒假的第一周周末，将举行新年茶会（团拜）暨新春学术雅集，就社会学研究的新趋势和中国社会发展的新态势进行研讨，同时为前一年度退休的教师举行荣休仪式;(3)以(太湖)群学书院为常设平台,举行"孙本文—费孝通讲坛";(4)以费孝通纪念馆、孙本文故居、(太湖)群学书院等为资源,开展社会学及人类学方面的教师访问学者计划和学生游学活动;(5)经由各机构协调,出版以教师的个人著作或学生的博士学位论文为主的"长三角社会学丛书",以优秀硕士学位论文为主的《长三角社会学优秀硕士论文选编》;(6)举行其他与社会学及人类学相关的学术活动。

"长三角社会学论坛"的成立受到了中国社会学会、七都镇人民政府和上海证大喜玛拉雅集团的大力支持:中国社会学会会长、上海大学李友梅教授,中国社会学会副会长、中国社会科学院社会学研究所所长陈光金教授出席了大会,并致辞表示祝贺;为方便工作的推进,七都镇党委书记肖军、副镇长王志萍不但分别担任主席团成员和秘书处秘书,七都镇还专拨相应经费用于论坛的日常运作;上海证大喜玛拉雅集团同样赞助了论坛成立大会及其后的"新年学术雅集"等各项活动,董事长邱海滨出席大会,并作为大会主席团成员积极参与了其后的工作推进。

论坛成立以后,便依约定开展了多项活动:几乎在论坛成立之日,便由首任轮值主席周晓虹和学术委员会主席赵鼎新分别组织八所院校的十余位教师,在《浙江学刊》和《探索与争鸣》两家期刊发表了《改革开放40年与中国社会的发展》(上下两期)和《大变迁时代的学术回响》两组"笔谈",不但讴歌了中国社会40年来的成就与进步,而且展示了中国社会学人在改革开放这一伟大历史进程中的积极作用;2019年1月19—20日,"长三角证大喜玛拉雅社会学论坛"之"新年学术雅集"在吴江七都镇太湖大讲堂和（太湖）群学书院隆重开场，应邀前来的北京大学社会学系张静教授、谢立中教授以及长三角八所院校的十余位教授先后登场，就中外社会学的走向及中国社会的诸项现实问题发表了精彩的讲演；整个新年学术雅集活动在20日下午的退休教授荣休仪式上达到高潮：浙江大学社会学系冯钢教授发表了题为《人生四十年：我的社会学之路》的退休感言，专程前来的冯钢教授的南开大学同学、清华大学的景跃进教授发表了《我的同学冯钢》的精彩评论，南京大学的博士研究生王余意同学为荣休的冯钢教授献上了美丽的鲜花，而冯钢、景跃进、张静、刘林平和周晓虹这五位南开大学1984级社会学研究生班的同学在"江村"相聚，更是重建以来的中国社会学成长与壮大的一段美好诠释。

也是在"长三角社会学论坛"成立之日，八所院校的社会学同仁即约定，向先行一步的京津冀社会学同仁看齐，开始共同选编长三角社会学优秀硕士学位论文。"论坛"主席团委托华东师范大学社会发展学院院长、教育部"长江学者"特聘教授文军主持该项工作，并由我从旁协助。这项工作从2018年11月开始启动，先由八所院校从各校近五年的社会学硕士学位论文中择优报送，再由"长三角社会学论坛"学术委员会通过匿名评审的方式进行遴选。八所院校共计报送了24篇候选论文，学术委员会通过匿名投票最终遴选了11篇优秀硕士学位论文。唯一遗憾的是，因为我们给定的论文篇幅在3万字以内，而有的同学论文长达8万余字，为此，我们的学生们也不得不过早体验了老师们常常体验的忍痛割爱之感。

尽管只有11篇论文，但学生们的视域却十分宽阔，论文的选题涉及文化社会学、农村社会学、身体社会学、社会心理学、城市社会学、教育社会学等不同领域。正是因为题域的宽泛，我竟无法轻易地将这11篇论文加以归类，以便叙述其基本的叙事及其意义。

…………

需要说明的是，本文集的遴选和编辑工作主要是由文军教授组织华东师范大学社会发展学院完成的，吴越菲博士更是付出了艰苦的劳动，博士研究生吕洁琼也协助文军教授做了很多技术性的工作。文集的出版获得了华东师范大学社会发展学院"城市社会与文化研究丛书"的资助，而邱海滨董事长及上海证大喜玛拉雅集团则一如既往支持了长三角社会学论坛的运作，他们为11位作者和他们的指导教师支付了稿酬，对学生们的学术探索给予了积极的勉励。在此期间，"长三角社会学论坛"主席团暨学术委员会的全体成员也都给予了积极的支持。文军教授早一个月前便将文稿发给我，嘱我尽快写一篇序言，言明"长三角社会学论坛"的缘起与本文集编撰的动因。我一拖再拖，却拖到了今天这个无论对青年一代还是对社会学这一借100年前的"五四"及新文化运动而得以在中国广为播撒种子的新学科都富有意义的日子。我相信，在今天写下的所有文字像100年前的"德先生""赛先生"和"费小姐"一样都会生根发芽，并实现我们在这些文字中融入的理想与期望。而在长三角社会学同仁和同学们的共同努力下，我们的事业会像茁壮的禾苗，继续在八月长江的万里晴空持续的映照之下不断成长。

（本文系为《长三角社会学优秀硕士论文选编（2019）》[文军、周晓虹主编，北京：中国社会出版社2019年版]一书撰写的"序言"。本次收录因篇幅所限删去了对入选论文的具体介绍，谨此致歉）

向天再借五百年

记得十年前,当我第一次阅读陈昌凯的博士学位论文《时间焦虑感——急速社会变迁中的中国体验》初稿时,脑子里就自然冒出了歌手韩磊为电视剧《康熙王朝》所唱的主题曲——《向天再借五百年》。一个统御四海、号令天下的帝王,昂扬抖擞地唱出"向天再借五百年",往好里说,是心中还有雄才大略有待实现,如此走了实有不甘;说得难听一些,则无非是奴才们听话、皇上当得过瘾,内心实在想再续上几辈人生。其实,康熙帝爱新觉罗·玄烨(1654—1722)8岁登基,虽然寿命不过69岁,在今天看来不算太长,却在位61年,是中国历史上执政时间最长的皇帝。但是,人生的怪诞之处就在,时间越长,对时间的渴慕就越是浓稠,由此产生的心理紧张或精神急迫就越是强烈。

上述怪诞,说明时间并不是一种单纯的物理或自然现象,它也是一种以经历者的个人遭遇及生活方式为底色的心理体验。据医学和心理学的研究，起码A型人格和B型人格的人在时间的感受上就有明显差异，进一步这种差异甚至会造成临床上的生理或病理后果——就像昌凯叙述的那样，A型人格的人患冠心病的比例较高；而在现代社会中，尤其是在急剧的社会变迁状态下，时间还是一种基本的社会生活维度：它具有序列性。换言之，因为时间不仅使你的个人成长史总是青春期在前，壮年期在后，而且在社会生活包括剧烈的近代中国变革中也总是"十月革命"的那声炮响在前，接踵而至的马克思列宁主义在后；它也具有持续性，尽管在一个变迁缓慢的社会，社会事件会持续较长时间，而今天一切似乎都变得变动不居——这种变动不居如果说在古代希腊可以像赫拉克利特那样表述为"人不能两次踏入同一条河流"，那么今天你就得承认"人甚至一次都不能踏入同一条河流"。

当然，时间首先是一种心理—物理感知。作为心理—物理感知的时间，能够在它本身毫无羁绊的无休止的延展中放得进你所有的体验：对日出日落的昼夜更迭的体验，对春夏秋冬四季变化的体验，对孱弱无力到身强力壮再到风烛残年的体验，对悬梁刺股到金榜题名再到快道翻车的体验……一句话，年少时莫谈岁月静好，转眼间青丝已成白发。如果要用一句话来表达时间的心理—物理感知，我想最准确的就是"事件在时间中"（events are in time）。换言之，我们的所有人生体验，无论微宏，无论良糗，也无论福祸，都可以纳入你由流失的岁月编织的个人生命史或编年史中，可以简要地描述为"某年某月，愚如何如何……"

不过，我们对时间的个体焦虑，不会仅限于马齿徒增的自然烦恼，否则老子不会在《道德经》中提倡"安其所，遂其生"；潘光旦也不会沿朱熹的思路，提倡"位育"之道；费孝通更不会将这"位育"之道，视为大变革时代解决中国人心态秩序危机的"汉方"。即使是个体，因为他首先是群体或社会中的个体，因此对时间的感受尤其是因时间紧迫而形成的焦虑，不能不受到他人或他群的影响。看得出，昌凯本科时在浙江大学攻读心理学专业时所受的实验科学训练，在处理个体层面的问题时驾轻就熟。在第一章尤其是第二章中，他用实验和测量手段证实了个体的时间价值和主观期望影响甚至塑造了人们的时间焦虑感：一句话，当个体花费时间所做之事没有达到自己欲求的价值，或没有达到自己的主观期望，"这两方面的压力都会最终强化个人的时间焦虑感"[1]。如果要"补刀"的话，无论是个体设定的价值，还是个体形成的主观期望，本质上也是社会生活的产物。

　　受过自然科学训练的人，总体上说叙事逻辑总是清晰的，昌凯也不例外。在完成了对个体焦虑感的验证之后，他知道困难的是如何实现从微观向宏观的过渡，或者说从个体生涯向社会结构的过渡。作为社会学专业的从业者，从彼得·布劳到吉登斯，几乎人人都欲跨越微观与宏观间的沟壑，昌凯也知道自己最终要论述的不是一部个人生命史，更不是一部康熙那样的帝王曲，而是因现代社会的降临而产生的整个社会对时间流逝的总体性焦虑。作为个体和社会之间的过渡，群体似乎是天然的桥梁，于是他

---

[1] 陈昌凯：《时间焦虑感——急速社会变迁中的中国体验》，第83页。

将自己编制的《时间焦虑感量表》的测量从大学本科一年级的学生，扩展到公司和企业的员工，再扩展到职业范围更为广泛的学生们的父母。当然，他发现了不同的社会群体具有不同的时间价值和主观期望，也因此造就了"时间焦虑感的差异"；但是，最具震撼的发现是，在昌凯的研究里"当下中国的青年群体希望在自己34岁的时候就可以达到事业的成功（顶峰），并在同样的年纪获得自己最理想的经济收入"[1]。如果考虑到这样一个时点，不仅离大学毕业参加工作仅仅只有12年，更重要的是距时下通常定义的"退休"还有26年，我们就能以切肤的体验感受到当代中国人尤其是年轻一代，在以怎样急迫的心态焦虑地期待拥抱原本尚有时日才姗姗来迟的遥远未来！

如此一来，当你想到"三十而富"的欲望，想到高校中现时流行的6年准聘期后的"非升即走"的规则，想到攀爬正科、副处、正处甚至副厅的各种年限规定，想到在各类市场逻辑及伪市场逻辑下制定的各种事物或事件的"倒计时"（现在，年轻的一代不用英文deadline常常已经无法准确表达时间焦虑的感受）中人们被不断推搡（push）的窘迫，你就知道在今天这个世界，或者在这个世界上我们对时间的感受，已经从前述"事件在时间中"倏地变身为"时间在事件中"（time in the events）。比如，"愚晋升长聘副教授，用了6年时间"。此时，时间早已不是一种单纯的心理—物理感知，它还是甚至更主要是一种社会—文化建构。你的

---

[1] 陈昌凯:《时间焦虑感——急速社会变迁中的中国体验》，第110、107页。

年纪，或者你感知的岁月沧桑，只有通过你经历的世事才能够获得准确和恰当的表征。我想，这大概"就是社会学中我们常用的'社会时间'的含义"[1]。

进一步，昌凯的叙事毫不拖沓，在完成社会群体的时间焦虑分化后，他的笔锋拾级而上，转向了更为宏观的社会层面，欲图将时间焦虑感的主题浸淫于由工业化及因工业化的快速推进而盘整出的现代性长河之中。在这一更广阔的论域中，他的提问沿着"普适"和"特殊"两大枝蔓铺陈而出：前者关注的是"作为一种现代性体验，社会时间是什么样的？为什么现代社会对时间有普遍性的焦虑？"而后者则聚焦于"为什么中国人的时间焦虑感特别强烈？"

我们说时间是一种现代性体验，并非说远古社会或传统社会的人就一定没有时间感（尽管人类学家确实发现诸如苏丹努尔人部落就没有时间感），过往大多数民族对时间依旧具有心理—物理感知，甚至中国人在春夏秋冬的交替中还总结出了指导农事的"二十四节气"，依据太阳运行的规律制定出时间轮回的序列性，已经赋予时间以社会性。但是，在工业革命之后，作为一种现代性的体验，人们开始期望获得更多的时间，以实现更多的价值。如果说，在农耕社会一个人就那么大的活动半径，一辈子需要打交道的人就那么几十个或至多几百个（可能比现在的我们一天遇

---

[1] 彼得·什托姆普卡：《社会变迁的社会学》，林聚任等译，北京：北京大学出版社2011年版，第43页。

见的人都少），一生的大事除了日复一日脸朝黄土背朝天的耕耘，不过就是造房、娶妻、生子……那么，昌凯在书中所说的个人时间的零碎化，空余时间被工作、社交、娱乐、旅行和冗余信息等侵占的现象，以及由此生成的对时间的透支（钟表的发明造成了人们对时间的算计，而白炽灯的发明则褫夺了人们日落而息的权利），或过度利用（那些开着车还刷手机的家伙是最好的例证），就是与现代性相伴而生的时代症候。进一步，因为时间可以换得金钱，有钱人当然也就能用金钱换得他人的时间，以实现个人的闲暇或对时间的挥霍。由此，凡勃伦在《有闲阶级论》中所说的炫耀闲暇，一如豪门大户的一掷千金。

当然，如果到此即止，大抵还不过是现在那门被称作"时间社会学"的学问已述及的思想，但是昌凯的著作最具创见的是，他用最后的三章将叙事转移到今天人们谈论变迁就不能忽视的中国。而谈论中国，你就能够发现几乎自1840年西方列强敲开东方帝国的大门后，被移入的现代性就开始制造出愈演愈烈的时间焦感，而因这种焦虑感产生的我们民族的追赶意识在1949年的革命后到达高潮。那时深感"一万年太久"，我们曾一再缩短"赶英超美"的时间表，整个中国最豪迈的语言都是和"快"这个与"慢"对应的词相联系的。比如，"大干快上""快马加鞭建设社会主义""一天等于20年"，以及"我们只用了××年就走完了西方几百年才走完的道路"，等等。[1] 尽管此种过度的焦虑曾造成我

---

[1] 周晓虹：《焦虑：迅疾变迁背景下的时代症候》，《江苏行政学院学报》2014年第6期。

们民族空前的危机，但它也确实使一个千百年来变迁缓慢的农耕社会产生了快速改变自己民族面貌的动机，而这种动机在1978年以后尤其是1992年实行市场经济后通过对个人利益的有效激励最终改变了中国的命运。

接下来是我要郑重感谢昌凯的地方，他用自己独具特色的设计和富有想象力的研究，成功地将在中国社会快速的变迁中人们普遍感到的时间焦虑，归纳为我所提出的"中国体验"的一种突出表征。他也敏锐地意识到："'中国体验'虽然是一般经由传统向现代转变的社会都可能出现的人格和社会心理嬗变，但却因为中国特定的人口规模、转型前后的经济与社会结构差异、历史悠久的传统文化、全球化的推动以及变迁的速度之快，而带有一般的精神嬗变所不具备的特点。"[1]它在快速地推动中国社会尤其是中国经济的进步的同时，虽说酿成了人们尤其是中产阶层的焦虑与恐慌，但也催生出"一个又一个财富奇迹，让人们看到了成功与富裕的希望"[2]。我深信，这种希望如果能够成为全体中国人民而不是一部分人的一种普遍经历，那它就是中华民族伟大复兴的题中应有之义。

最后，不该遗漏的是，我应该告诉读者们，本书的作者为他的博士学位论文所做的努力曾让许多社会学家击节称赞，并因此获现时已好评如潮的"余天休社会学优秀博士论文奖"2015年

---

[1] 周晓虹:《中国体验：社会变迁的观景之窗》,《探索与争鸣》2012年第2期。
[2] 陈昌凯:《时间焦虑感——急速社会变迁中的中国体验》,第215页。

度提名奖。事实上，唯因我指导的博士陆远和樊佩佩于2012年和2014年已先后获得过这项奖项，紧随他们之后的陈昌凯才多少有些委屈地与这个奖项失之交臂，这也从某种程度上体现了因时间的先后序列性而可能导致的意义的寡淡性。但是，站在整个人类历史的"风陵渡口"，对一切以文字或研究为生的社会科学家来说，只是因为有了独特的书写，以往的历史才会被记录下来而不仅仅限于活着的人头脑中的记忆。因此，"从最严格的意义上说，历史始于书写"[1]。正是因为陈昌凯以自己独特的方式书写下了这个时代中国人因快速的社会变迁而生的时间焦虑，他也成功地缓释了我们对一本记录时代焦虑的著作尽快面世的心理焦虑。

（本文系为《时间焦虑感——急速社会变迁中的中国体验》
[陈昌凯著，北京：中国社会科学出版社2024年版]
一书撰写的"跋"）

1　Goody, J., "Time: Social Organization", *International Encyclopedia of the Social Sciences*, 1968, Vol.16, p. 39.

薄暮时分留夕照

最早读杜甫的五言律诗《薄暮》之时，插队生活日复一日的单调劳作与无望前景虽将我整个倾覆，但18岁的年纪毕竟如春芽爆枝、夏雨倾盆，其实是不懂当人生进入晚年时心中会有怎样的忧伤和寂寥的。如果说"江水长流地，山云薄暮时。寒花隐乱草，宿鸟择深枝"，这诗中暮景的四句不难理解，那随后暮情的四句——"旧国见何日，高秋心苦悲。人生不再好，鬓发白成丝"对当时的我来说，其实与孟子的"乡者闻之，薄暮而归"的寓意差别不大，不就是天黑该归巢了吗？！不过，接近半个世纪后，当我也在不知不觉中跨进或即将跨进薄暮时分，寒假里畏惧江南阴冷的冬季旅居温暖的清迈，每日写作到下午5点，倚着夕阳，拿出心越的博士学位论文——《薄暮时分：一个中国养老院的民族志研究》细读时，远处素贴山下的薄暮余晖，真的会悄悄浸入你慢慢由明变暗的心境。

虽说以社会学为业已整整40年，但因为研究兴趣的缘故，我其实一直到父亲去世的时候都没有真正接触过养老的议题。父亲去世前五六年，因为二老从20世纪80年代末开始居住的干休所在市郊，加之当年的装修本就简陋（我记得地板是父亲自己用拼接木条铺就的），十几年下来已十分陈旧；恰逢此时原先的单位补了一套离市中心不远的两室两厅的房子给父亲，隔墙东侧就是空司大院，母亲一时兴起想回到离我们原来住过的北京东路57号大院不远的新房去，行伍一生大半在空军服役的父亲自然也十分认同。于是，我帮父母装修新房，他们后来在那里也确实过了几年舒心的日子。但是，2009年父亲一走，寡居的母亲倏地觉得物是人非，加之那院里的邻居来自不同单位，本就不太熟悉，原先干休所的房子又没有装修，老人家就临时起意要去养老院。

子承母命。我在临近军区大院的黄浦路上找了一家养老院，但母亲前后住了不到一年，却"折腾"了好几次：或嫌饭菜单调，或嫌护理阿姨叫不动，再或嫌看病不便；住双人间感到互有干扰，换成单间又觉得冷清孤独……过去住过我家郊外的别墅，并不称心；住过我妹妹家别墅，白天倒有人陪着说话，但因为一层住房和大厅是半米高的错层，母亲又因糖尿病导致白内障和青光眼看不见，结果有天晚上起夜踏空摔倒，跌碎骨盆，痛苦不堪……于是，我只得再将干休所的房子装修好，让母亲重新回到干休所居住……一直到老人家2017年仙逝。

我曾经说过，无论你年纪多大，只要父母安在，别说你不会考虑死亡之事，你甚至对"老之将至"也不会特别敏感。但是，在父亲和母亲先后离世的8年内，我逐渐感受到了心越的博士学位论文所讨论的主题——老之将至所带来的新的困扰：如何在寿命越来越长的现代社会安然地度过漫漫余生，或如何在薄暮之年留住人生最后的夕照？在一个人口日渐老化的社会，这恐怕绝非个人的困扰，已然成为不限于社会学家才会关注的公共议题。

养老成为一个具有社会学意涵的公共议题，其实从吴心越本人甚至其博士指导教师赵刚教授的研究或关注兴趣的转变也能看出。最早，心越在南京大学读的是中文系，毕业以后考入社会学系攻读硕士学位。记得90年代的时候社会学系在心越的老家"永安"[1]办自学考试培训班，她的父亲当时在团市委工作，用自行车驮过我去课堂，所以10多年后当他的女儿选择社会学时，自然就选了我作指导教师。熟悉永安及相邻的阳澄湖的人都知道，不远处的沙家浜是"文革"时期人人会唱的京剧《沙家浜》的原型地，此时在市场经济大潮的冲击下，自然被视为不可多得的"红色旅游圣地"，一时间包括中小学生和年轻的机关干部在内的游客爆棚。在这样的背景下，心越写成《讲述历史的方式——一个红色旅游区的建构与转型》，记得还在我与谢寿光主编的《中国研究》辑刊上发表过。

也是在攻读硕士学位期间，那时海峡两岸互动频繁，同胞之情满满，心越获得了去东海大学社会学系交换的机会，指导教师

---

[1] 在心越的博士学位论文中，她将老家所在的小城以学名"永安"相称，在这里我们继续沿用。

恰是我的或往大了说是大陆社会学界的老朋友——高承恕教授。她在那里待了一个学期，给老师们留下了很好的印象，所以硕士毕业隔了一年，就再度获得去东海大学攻读博士学位的机会，这次她选了早年获美国堪萨斯大学社会学博士学位的赵刚教授做指导教师。小时在眷村长大的赵刚虽从事过眷村文化和新竹的远东化纤罢工（1989）等田野研究，但对与全球化、多元文化和社会运动相关的理论更为倾心，从他那本《左眼台湾——重读陈映真》（北京大学出版社，2016）中对理想主义、"保钓"运动和重建左翼的讨论，就能够瞥见其中的思辨与激进色彩。记得2015年春我访问东海大学，做过一场"文化反哺：网络时代的代际关系"的讲演，主持人就是赵刚，评论起来还是一样的激进与犀利。那时，心越刚刚读博不过一两年，像所有"嘴馋"的小姑娘一样，读书之余常常会流连于东海大学附近的逢甲夜市，但几年后竟在赵刚教授的指导下写出这样一本完全以老人和老年生活为主题的博士学位论文（据说"薄暮时分"的标题就出自赵刚的点睛），不禁让人感叹：这世界变化快！

在变化迅疾的世界（不仅限于包括海峡两岸在内的中国），由于医疗和生活条件的改善，一个人的寿命越来越长，尤其是从退休到真正离世的时间也越来越长，自然会遇到如何打发余生的问题。如果说这个问题在身心尚且健康的"第三龄"还不是难事，那么到了心越所说的衰弱、失能的"第四龄"或耄耋之年时，就不可避免地会触碰到晚年生活最残酷的真相。中国是一个传统悠久的国家，在几千年的封建社会中，为了维护宗法制度一直强调"尊老"和孝悌伦理,并将孝道视为日常生活中处理血缘亲子关系的基本准则。既然"善父母者为孝"(《尔雅·释亲》),虽然旧时的中国不免也有过"弃老"习俗,但主流的叙事却一直是孟子所云的事亲、尊亲和顺亲;一旦老人无力土中刨食,在物质生活贫乏的时代,强调"差序格局"的乡土社会又缺乏公共意识和相应的场域,养老所能采用的自然只能是家庭主义即子代看护亲代的照料模式。从这一模式转到心越所讨论的当今以养老院为代表的机构养老模式,不仅与工业化或改革开放以来价值观念的变迁、公共资源的丰富及民间资本的介入相关,更涉及人口出生率的降低、平均寿命的提高尤其是深度老龄化社会的到来所烘托出的养老需求的高涨。

尽管"一个中国养老院的民族志研究"在心越的博士学位论文中是副题,但实际上却是这一研究的主题所在。民族志(Ethnography)在人类学中又称人种志,是一种常见的研究方法和叙事文本,它的完成需要在较长时段的田野调查基础上、通过研究者切身的观察甚至参与实现某个群体或民族共同体的文化描述,并由此提出对特定社会及其运作模式的解释和理解。从投身社会学不久,我就从玛格丽特·米德的《萨摩亚人的成年》一书的翻译中,领略过一本优秀的民族志通过对生活纹理的极致深描所能呈现的活泛景观,它堪与现代顶级光学镜头能够捕捉到的全息微妙竞相媲美。2020年,在新冠疫情开始的那几个月里,我甚至每天在自己居住的小区微信群里忙碌地"截屏",曾想通过对"C栋出事"(发现了新冠病毒感染者)、"×国人来了"(仙林地区来自某邻国的管理和技术人员很多，他们在那年春节后回来引发了小区居民的惊恐）和"二代们回来了"（由于欧美国家也开始流行新冠疫情，小区里留学的二代开始回国）等日常生活事件的虚拟或网络民族志描摹，讨论各式各样的传言所引起的恐慌对一个中产阶级社区的影响。

当然，心越没有我那么闲适，她的民族志研究先后花了两个暑假和2018年的半年时间（足够的时间甚至两次以上的田野是现代民族志的基本要求），而且她的身份是"小阿姨"，"每周工作五到六天……（做）一些最简单、轻松的工作，比如扫地、擦桌子、打水、发放餐点、喂饭……旁听聊天"。因为不是正式的护理员，她没有参与"洗澡、换尿布这些进行直接身体接触、需要一定技术性的工作"，为此，严格的赵刚教授还认为"这可能是田野工作中一个不小的缺憾"。针对导师所说的"缺憾"，受过专业训练并且天性敏感的心越也意识到，这种身体的接触无论对女性护理员还是对被护理的老人（当然异性尤甚，但有时同性间的接触一样存在尴尬与不适），都会因污秽（如便溺处理）和性别、身体等带来尴尬、羞耻和厌恶情绪。尽管心越通过观察，也发现了护理员们处理性别与身体界线的"划界策略"——展演专业、维系身体界线、"去性化"及重建道德论述，但要真正站在主位（emic）立场去理解界线背后的社会意涵却并非易事。

不过，你读《薄暮时分》，也能够感到正是因为始终处在叙事的客位（etic），才保证了心越的整个民族志叙事从研究者的立场上看具有清晰的思路与完整的结构。她从人生临暗这一所有人躲不过去的话题入手，谈及养老模式或照料方式的变迁，尤其是孝道的"外包"。走入养老院，观察年长者的"余生漫漫"，他们如何在丧失行动能力的同时，连带丧失自我尊严；并接着展开了养老院这一新的社群中的集体与自我间的融合与张力，在叙说入住老人相互间的"轧道"（交往）甚至"黄昏恋"时，依旧没有忘记在养老背后的主要存在于城乡间的不平等和异质性，让我们理解"特定背景下的制度和政策则仿佛是给一个人的命运所限定的框架或轨道，它是渺小的个体难以超越的"。

在讨论完被照料者之后，心越叙事的焦点转移到照料者"阿姨"们身上，被分为"合同工"和"临时工"的这两类女性，作为"孝道外包"的市场受雇者，先前或是农民，或是乡镇企业女工，这些"苦命"的基调不仅型塑了她们"今日的照料实践"，事实上也为她们的未来铺就了比养老院的被照料者更为"不安的晚年"。紧接着能够想象，在中国第一批"孝道"外包的老人和第一批专职"外包"孝道的下层女性之间，匆忙间建构起的自然只能是"脆弱的照护"；为了修补这一"脆弱"，正常的家庭其他成员都会持续地深度参与到养老院的生活世界之中，"成为照料服务的监督者、管理者，同时又以日常的礼物馈赠不断修补、维系着照护关系和家庭纽带"。

文末，在迈向照料的公共化的议题下，心越将薄暮之年的脆弱性带入一个从社会结构到价值观念都在迅疾变化的时代背景下予以讨论，并揭示出建设人类相互依存的"关怀伦理"的重要性（我想这一讨论及其灵感或许来自她近几年在东南大学伦理学专业从事博士后研究的经历）。此时，有关人类脆弱性的讨论，将伦理学的考量与民族志的深描交织在一起："把我们带回日常生活的粗粝质地，甚至回到饮食、排泄、穿衣、行走这些人类最基本的需求，触摸真实的身体和生命，并在这一过程中重返自身。"

最后，在感叹生命的脆弱和自身正一步步踏入薄暮之年的双重忧虑之中，我也在想，从事这样一项本身充满忧伤、凄惶的研究会给研究者本人带来怎样的后继性影响？心越的年纪只稍稍多于我的年纪的一半，她人生最美好的画页还没有打开，在养老院中度过的前后近一年的时间会给她本人带来什么？一如其本人所言，"直面人的衰老、失能、死亡，并且去感受他人的孤独、局限和苦闷"，不能不使她"把更多的关注放在日常伦理的困境"之中。不过，唯一让我感到宽慰的是，在我即将掩合这篇值得夸赞的博士学位论文之时，我们的看似柔弱的作者最终以坚定的语气，借威斯坦·奥登之口发愿："但愿我，虽然跟他们一样／由爱若斯和尘土构成／被同样的消极和绝望围困／能呈上一柱肯定的火焰。"

2024年冬春之交
写于清迈与金陵的游途之中

（本文系为《薄暮时分：一个中国养老院的民族志研究》[吴心越著，华东师范大学出版社即出]一书撰写的"序言"）

过往的浮标

大学、同侪群体与现代性的建构

谈及人类文明,无论在东方还是西方,包括大学在内的学校和更为古老的制度——家庭,也许还有教会或庙堂,一直是人类文明传统的承继者,同时也是最古老的社会制度之一。如1968年在欧美青年运动狂飙突进之时担任风暴中心的法兰克福大学校长吕埃格(Walter Rüegg)教授所言:"大学的使命是研修和传递所有得到精心研究的精神领域的知识瑰宝。"[1]虽然自19世纪之后,"教育发生了巨大的变化……大学增加了发现这一任务",但是自人类历史上出现学校以来,"传递和解释过去的成就"就一直是其公认的基本功能。[2]

---

[1] 瓦尔特·吕埃格主编:《欧洲大学史》第1卷,张斌贤、贺国庆等译,石家庄:河北大学出版社2007年版,第9页。

[2] 爱德华·希尔斯:《论传统》,傅铿、吕乐译,上海:上海人民出版社1991年版,第240页。

学校这一社会系统的出现，无论在中国还是在西方，一开始都不是专门或独立的教育机构。在中国，最早的"学校"出现在西周，称之为"辟雍"，是奴隶主贵族读书、乡饮、骑射或祭祀之地；后来又先后被称之为庠、序、学、校、塾，所谓"古之教者，家有塾，党有庠，术有序，国有学"（《礼记·学记》），在读书的同时，兼为习射和养老之地。唐代的办学达到鼎盛时期，其后因为科举制度的推动，学校机构日益发达。清末，开始兴办近代教育，在光绪二十八年即南京大学的源头——三江师范学堂建立的1902年，清政府颁布的《钦定学堂章程》中始称之为"学堂"；辛亥革命后1912—1913年民国政府教育部公布新学制——《壬子学制》之时始称"学校"。

在西方历史上，广义的"学校"可以追溯到苏格拉底时代。那时，一些四处游历的智者和哲人来到雅典，依靠教导市民为生。其后，柏拉图在雅典近郊的树林中开办了后来延续了数百年的"柏拉图学园"。不过，这个学园并不以教授知识为主，它采用活泼的对话方式，注重参与者的相互探讨，与现代意义上的"沙龙"更为相似。真正意义上的或狭义的具有"校制"的"学校"出现于中世纪，除了一部分法律学校和文科学校外，更多的是以教授宗教知识为主的教会学校，这些教会的附属品后来为最初的大学提供了雏形：建于1088年的意大利博洛尼亚大学和1292年的法国巴黎大学就是其中的佼佼者。再往后，先是文艺复兴，后是启蒙运动，面向公众和社会推动了教育的发展和大学的进步。尤其是启蒙运动的成功降低了神学的重要性，它推动了大学和教育的世俗化，宣布了经院哲学的结束，也使各门科学开始转到经验主义和实际应用的方向上。

一如社会学家库利所说，家庭是"人性的养育所"，我们这里论述的学校尤其是大学不仅是传统的传递者，自现代以来它也成了"'青年'的养成所"。我们所以说学校是"青年"的"养成所"，是因为作为一种社会类别，而不单单是一种生理发展阶段，"青年"实际上是工业革命以来越来越普及并且越来越延长的现代学校教育的产物。比如，在中国这样的传统农业社会中，一个刚刚进入生理发育期的十三四岁的孩子，明天就可能加入父母们的劳作队伍，在孩子和成人之间并没有一个漫长的过渡期。在近代中国，"青年"的出现与近代教育形成的学生群体的不断壮大有关，1909年即废除"科举制度"不过4年，在新型学校中就读的学生已经达到156万，其中还有一部分就读的是以美英为参照的"寄宿学校"，留学人数也不断扩展，单单留学日本的就超过1万人。[1] 学生群体就是从这时开始脱离家庭和父母的制约，脱离原本早熟的人生，成为与社会有一定距离的所谓"青年"，并被梁启超、陈独秀、胡适寄予了改造旧中国的期望。

显然，在工业社会尤其是后工业社会，正规学校教育时间的延长改变了我们定义"青春期"和"青年"的方式，不仅在欧美等发达国家，即使在中国这样一个快速变化的发展中国家，近

---

[1] 费正清、刘广京：《剑桥中国晚清史（下卷，1988—1911）》，中国社会科学院历史研究所译，北京：中国社会科学出版社1993年版，第440、406页。

几十年来越来越多的年轻人在完成中等教育之后进入大学或学院继续他们的学业，由此延缓了向成人的工作和家庭角色过渡的时间。改革开放之前，除了1966—1969年大学停招之外，连同94万工农兵大学生在内，24年培养的大学生不过300余万人，只是现在一年招生数700余万人的一半。这说明，自1977年以后，在受教育年限增长、大学从精英教育转向大众教育的同时，中国年轻人进入工作领域的时间也明显推后了。如此，越来越多的学校和越来越长的受教育年限，不仅制造出了越来越多的"青年"，也使"青年"的年龄上限不断提高。

如果说学校通过将年轻人"拉出"家庭，在相当程度上瓦解了家庭传统，形成了自己越来越广泛的影响，那么在学校规模越来越大、年轻人越聚越多、包括电子媒介在内的沟通手段越来越多样化的今天，随着师生间交往在频数和支配性方面的下降，围绕学校形成但扩展到学校以外的同侪群体的影响力也在不断上升，并且毫无疑问反过来也在瓦解学校的旧有"传统"或建构新的传统。这证实了希尔斯的想法，如果父母和教师的影响力下降，就必然导致"子女只能自己去规定标准；这意味着，他们接受的将是最有影响力的同代人的标准"[1]。

1950年，美国社会学家戴维·里斯曼等人在《孤独的人群》一书中，就敏锐地注意到：伴随着现代社会的越来越迅速的变迁，原先在青少年社会化中占有至尊地位的长辈，开始丧失他们

---

[1] 爱德华·希尔斯：《论传统》，傅铿、吕乐译，第231页。

至高无上的影响力,让位于现在越来越丰富多彩、形形色色的同侪群体(peer group)。为此,里斯曼指出,要解释现代社会的性格变动,就必须"强调同侪群体和学校在青少年性格形成中的作用,即使这有可能低估成年期经验对性格变动的影响"[1]。

在里斯曼的论述中,他人突破传统和自我,一步步成为人们行为的决定性影响因素,而这个"他人"对青年一代而言最重要的现代组成就是peer group,即所谓同侪群体或同辈群体。同侪群体是由地位相近,年龄、兴趣、爱好、价值观和行为方式大体相同的人组成的一种非正式群体。在这里,尽管年龄是一种关键变量,社会经济地位、种族以及性别等差异的影响也不容忽视。诸多社会学的研究都证实,在现代社会同侪群体对个人社会化的影响力日渐提高:不但美国和欧洲的高中生每周和同龄人在一起的时间要两倍于和父母或其他成年人,而且美国的青少年和同龄人在一起的时候情绪更好;同样,中国的孩子也更愿意将心里话告诉自己的同龄人,甚至在中国学生中,同侪群体在学业成就方面也有相当的同质性。

最早感悟到同侪群体的影响力并对其予以经验研究的,是美国社会心理学家西奥多·纽科姆(Theodore Newcomb)。自1939年起,纽科姆费时数年,完成了有关美国贝宁顿女子学院女生的学院经验和社会政治态度关系的调查。研究发现,在位于佛蒙特州

---

[1] Riesman, David, Nathan Glazer & Reuel Denney, *The Lonely Crowd, A Study of the Changing American Character*, p.xv.

的这所倡导进步主义的大学中，和同学即同侪群体的交往"使得那些来自保守主义家庭的女大学生们的政治和经济态度发生了改变"[1]。具体来说，刚刚进入大学时，那些和保守主义家庭联系密切的低年级学生偏向保守，但此后几年与同学即同侪群体交往的学院经历却使她们在政治倾向和个人生活风格上趋于自由。[2]

第二次世界大战结束以后，伴随着工业化尤其是后工业化向全球各地的推进，形态各异的青少年同侪群体以及青年文化也开始遍布全球；从那以后，如艾森斯塔特（Shmuel N. Eisenstadt）所言，在美国以及欧洲等发达国家，"几乎所有的现代社会发展和社会运动都源起于形形色色的青年群体、同侪群体和青年运动，以及那被称之为青年文化的东西"，而大学或学院正是青年文化的孕育之地。[3]

从完全独立的意义上而言，在中国，姗姗来迟的青年文化出现于1978年以后的改革开放年代，以及1992年以后越来越强大的市场力量的塑造。不过，如果你够敏锐就能发现，1966年的狂飙突进的红卫兵运动和随后而至的知识青年上山下乡运动，其实已经以中国的方式开始为后来出现的围绕同侪群体形成的青年文化

---

[1] LeVine, Robert A., "American College Experience as a Socialization Process", in Newcomb, Theodore M. & Everett K. Wilson(eds.), *College Peer Groups*, Chicago: Aldine Publishing Company, 1966, p. 114.

[2] Newcomb, Theodore M., *Personality and Social Change: Attitude Formation in Student Community*, New York: Holt, Rinehart and Winston, 1943, p. 274.

[3] Eisenstadt, S. N., "Archetypal Patterns of Youth", in Clark, Shirley M.& John P. Clark(eds.), *Youth in Modern Society*, New York: Holt, Rinehart and Winston, 1972, p. 10.

奠定了基础。不仅在这两场运动中，已经围绕"红卫兵"或"知青"这两个标志性称谓形成了具有鲜明的代际认同特点的同侪群体；而且在这两场运动中，已经开始形成青年亚文化的雏形，其最鲜明的标志就是"地下文学"和"知青文学"的出现。[1]这两种特殊的文学体例显示了年轻一代独立思考的开端，并像法国社会学家潘鸣啸（Michel Bonnin）所言，使得他们在社会控制相对薄弱的农村获得了自己的表达空间。[2]

与他们的当过红卫兵和知青的父母一代相比，改革开放后长大的中国青年一代，真正形成了自己相对独立的青年亚文化。与此相应，同侪群体的影响力也开始进一步上升。从这近40年的改革开放历程来看，造成同侪群体影响力上升的宏观制度背景有许多，其中包括：（1）政治环境的宽松、大学教育的普及、职业选择的自由化和多样化为这40年中成长起来的70后、80后、90后甚至00后提供了施展自己才华的舞台，也为他们向包括父母在内的成人权威挑战提供了可能；（2）社会流动的频繁和速率的提高，"异地就学—异地就业"和"离乡务工"两种社会流动模式的主流化，像金一虹教授所言，形成了青年群体在地理边界和旧有关系两方面的"脱域"性流动，并因此削弱了亲代对子代的控制，也使得在异乡甚至异国共同学习、共同生活、共同工作的年轻一代彼此间的影响力持续增长，形成了一种类似玛格丽特·米德所

---

[1] 杨建：《文化大革命中的地下文学》，北京：朝华出版社1993年版。
[2] 潘鸣啸：《失落的一代：中国的上山下乡运动（1968—1980）》，欧阳因译，香港：香港中文大学出版社2004年版，第380页。

言的"并喻文化"——成长中的年轻人开始以他们捷足先登的同伴为楷模;(3)在年长的孩子走向社会的同时,20世纪80年代开始实施的独生子女政策,在相当程度上促成了那些脖子上挂着钥匙的形单影只的未成年的独生子女们,即所谓teenagers,走出家庭寻求同龄群体的友爱、理解与温情,在那些双职工和父母外出打工的家庭,同伴即同侪群体甚至成为孩子们最主要的心理慰藉;(4)大众传播媒介尤其是90年代以来电子媒介的发展,使得年轻一代可以不再通过父母或教师这些传统的信息或知识来源,相互之间交换、分享或宣泄人生真谛、科学知识、生活窍门、情感领悟甚至社会愤懑;如此,在孩子们的社会化过程中,那些稍稍年长的或捷足先登的同学或同伴,代替了父母或老师成为孩子们主动认同的精神领袖或人生导师。

在现代社会中,同侪群体的崛起,或者说这个特殊的"他人"能够成为年轻一代自身的精神偶像和认同对象,除了现代社会的宏观变动之外,还有着深刻而细腻的人格与社会心理基础——认同或社会认同的力量。谈及认同,有两个重要的环节是不能忽视的:第一个环节是在由生理年龄相似而组成的同侪群体中,认同或群体认同这样一种心理过程是如何发生的?如果说一个人在青春期之前其个体认同就像是还未被编织在一起的一块块碎布,那么到了青春期结束的时候,这些碎布将会被织成一整块对于个体而言独一无二的布料。这些"碎布"拼织的过程,所以会发生于青春期阶段,除了个人的生理和神经系统的日臻成熟外,也与此时年轻人开始脱离父母接触他人或社会有关。换言之,正是地位的不稳定性或过渡性,使得他们前所未有地急切寻求认同尤其是群体认同。

接下来第二个环节是，认同这样一种单纯的心理性力量，是如何转化为一种现实的社会存在，从而使同侪群体能够取代父母和教师，成为年轻一代的行为榜样或人生标杆的？对此最简单的回答可以借助于社会心理学家亨利·泰费尔（Henri Tajfel）的"微群体实验"。在实验中，对群体成员身份的意识是产生群体行为的最低条件。换言之，哪怕没有先期的互动关系，只要被试者单纯地知觉到分类时，就会分给自己的群体更多的资源和正向的评价。这种知觉上的分类，会让我们主观上知觉到自己与他人共属，从而产生一种认同感。这说明，主观的群体认同会产生客观的行为后果。回到我们讨论的议题，年轻一代正是基于这种主观的代际认同，意识到了彼此间的相似性和一致性，意识到了彼此间共同的兴趣、偏好和利益，意识到了他们与其他群体尤其是成人群体之间的心理隔膜和现实差异，并最终形成了更能够制约他们的意识和行动的同侪群体及其亚文化。这与英国历史学家爱德华·P.汤普森（Edward P. Thompson）所描述的英国工人阶级的形成有着极大的相似性：那就是一如"觉悟"这种主观的意识在工人阶级的客观"存在"中起到了重要的作用[1]，在青年同侪群体

---

[1] 按照爱德华·P.汤普森的观点，阶级意识是一个阶级及其成员对自己的经济、政治地位以及社会归属的意识，但是阶级意识并不必然是客观经济状态的直接反映，它也是一种文化生成方式。具体说来，"当一批人从共同的经历中得出结论（不管这种经历是从前辈那里得来还是亲身体验），感到并明确说出他们之间有共同利益，他们的利益与其他人不同（而且经常对立）时，阶级就产生了"（爱德华·P.汤普森：《英国工人阶级的形成》上卷，钱乘旦等译，南京：译林出版社2001年版，第2页）。

的形成过程中,"认同"同样举足轻重。进一步,最为重要的是,这种相互间的认同,以及与包括父母和教师在内的成人群体的疏离,无论从生理上还是心理上来说都是工业化或现代化的结果。因为正是工业化或现代化,才使得年轻一代走出家庭,走入学校或社会,并有可能以"群体"的方式共同思考和共同行动。从这样的意义上说,同侪群体或代际认同,本身也是一种现代性,是现代社会与生物性的个人生理成熟阶段相互作用的结果。

至此,我们通过对大学的意义及大学生活中同侪群体的重要性的讨论,触及了现代性及其建构问题。所谓 modernity 即现代性,恐怕是最近几十年来社会科学乃至艺术实践中使用最为频繁的概念,但也是最莫衷一是的概念。但无论如何理解,鉴于现代性出自西方社会从农耕文明向工业社会的转型,我们也可以将其大致理解为因人类历史进程或传统的断裂而产生的一种全新的社会生活和组织模式,以及与此相应的思维习惯与行为逻辑。从宏观的社会生活和组织模式而言,现代性标志着新的世界体系的形成,世俗化社会的确立,世界性的市场、商品和劳动力在全球范围内的流动,民族国家的建立,以及与之相应的以科层制为代表的现代行政组织和法律体系的运行;而从微观的思维习惯和行为逻辑而言,现代性则意味着以启蒙主义的理性原则建立起了对社会历史和人本身的反思性认知体系,由于货币经济的发展既导致了社会生活中的"事本性"原则,也导致了人际关系的计算性;由于神秘性的破除既剔除了社会生活中的巫魅因素,也导致了对人的控制及其对人性的忽视。

基于我们所讨论的题域的局限性，在这里我们对现代性及其建构的触摸将聚焦于人们尤其是年轻一代的思维习惯和行为逻辑。不是我们不关心制度或结构，只是因为相比而言在以往的讨论中人格和心理受到了相对的忽视，而我们赞同罗伯特·N.贝拉（Robert N. Bellah）的观点：现代或现代性不应只被视为"一种政治或经济体系的形式，而且也是一种精神现象或一种心态"[1]。重视心态或精神世界的观点并非仅是西方世界的独语，1992年，具有先知般敏悟的费孝通先生就意识到剧烈的社会转型在改变中国社会的历史命运的同时，也会带来对原有社会秩序的猛烈冲击，甚至带来了"更为迫切的心态秩序的危机"。由此，这位当时已年逾八十的老人认定，我们"必须建立的新秩序不仅需要一个能够保证人类继续生存下去的公正的生态格局，而且还需要一个所有人均能遂生乐业、发扬人生价值的心态秩序"[2]。

就现代人格或心理特征而言，英格尔斯和史密斯的有关六个发展中国家的那项著名研究提出，尽管生活在不同的国家中，但现代性强的人在价值观、生活态度和行为模式等方面却具有十分相似的特征。这些能够显现人的现代性的心理特征主要表现在12个方面：（1）乐于接受新的生活经验、新的思想观念和行为方式；（2）准备迎接社会的变革；（3）思路广阔、头脑开放，尊重并愿

---

[1] 引自英克尔斯、史密斯：《从传统人到现代人——六个发展中国家中的个人变化》，顾昕译，第20—21页。

[2] 费孝通：《中国城乡发展的道路——我一生的研究课题》，《费孝通文集》第12卷，第315页。

意考虑不同的意见和看法;(4)注重现在与未来,守时惜时;(5)有强烈的个人效能感;(6)有计划性;(7)尊重知识;(8)可依赖性和信任感;(9)重视专门技术,有愿意根据技术水平高低来领取不同报酬的心理基础;(10)对教育的内容和传统的智慧敢于挑战;(11)相互了解、尊重和自尊;(12)了解生产及其过程。[1]

我们认为,同父母或教师这些年长一代的影响相比,今天的年轻一代尤其是大学生彼此间形成的同侪群体对他们自身的现代性建构可能更为重要。不错,孩子们是进入校园来接受教授们的指导的,但这仅就文化和知识的传承而言是正确的,但对现代人格和社会心理的养成而言则未必尽然。这是因为:(1)青年一代是中国的未来,要实现中华民族的伟大复兴,显然首先必须铸就能够堪与时代比肩同时超越年长一代的年轻一代,就像100多年前梁启超所言:"少年强则国强","少年雄于地球则国雄于地球"。[2] (2)尽管英格尔斯说过,一个人的现代性"在成年之后也能发生实质性的改变"[3],大多数社会科学家还是认为,青春期是锻造价值观的重要时期,因为这一时期的社会化为一个人的成长做好了自然铺垫。因此可以认为同年长一代相比,年轻一代与时代更为贴切,他们本身也体现了更多的现代性。(3)除了上述两点,更

---

[1] 英克尔斯、史密斯:《从传统人到现代人——六个发展中国家中的个人变化》,顾昕译,第25—30页。

[2] 梁启超:《少年中国说》,《梁启超全集》第二卷,第411页。

[3] 英克尔斯、史密斯:《从传统人到现代人——六个发展中国家中的个人变化》,顾昕译,第403页。

需要强调的是，一个真正能够支撑一个民族的伟大复兴的现代价值体系和社会心理的建构，需要通过不断的反思、交流和吸收，而历史终将证明，年轻一代及其同侪群体才能够完成这一时代重任。

同侪群体所以能够成为建构年轻一代之现代性的载体，在于其相互间的影响和互动最易触发彼此间的反思或反省。我们说这种反思或反省所以重要，是因为缺乏这种反观自照，就会继续沉溺于对原有文化或行为模式缺憾的浑然不觉和孤芳自赏之中，当然就不会产生重建的愿望或渴求。同侪群体间的高度认同，决定了他们对来自他人的回应最为敏感，也最易接受，决定了他们对那些触及最敏感的自我形象和自尊心问题的内在因素具有客观反省和定性的能力；如果说现代人的一个重要标志即在于能够对自我加以持续不断的分析，那么同侪群体便是你最佳的"镜中自我"，它保证了高度认同的另一方能够借此做出有效的自我矫正。

同侪群体所以能够成为建构年轻一代之现代性的载体，也在于其相互间的交流或沟通最为便捷和有效。交流或曰沟通在社会进步中的作用人所共知，没有交流，任何技术和发明不会扩展开来；没有交流，也不会有盛唐时之中国；没有交流，同样不会导致近代以来传统中国的最后崩溃，一个朝向现代的新中国的出现；没有交流甚至不会有人类社会，一如齐美尔所言，持续稳定的交流或互动，是人类社会形成的基本条件。交流不仅能够交换物品、交换信息、交换价值观念，而且能够为人们的反思提供比较的可能。同侪群体间的交流是后来者向捷足先登者学习的最佳途径，它不仅能够增进同侪间的理解、情感和认同，而且更能够通过对他人的了解，为自身的价值观、生活态度和行为模式的改变提供契机。

同侪群体所以能够成为建构年轻一代之现代性的载体，还在于其相互间的吸收或借鉴没有根本性的障碍，它保证了在每一个不起眼的孩子后面都有可能站着一个个紧密联系的同侪群体，他们不仅能够同舟共济，而且能够成为子代"反哺"父母或师长的知识"蓄水池"或"扩展内存"。几年前，当我在撰写《文化反哺：变迁社会中的代际革命》一书时，就注意到同学尤其是大学同学已经成为一种十分重要的同侪群体，并且正在成为塑造年轻一代的重要的社会化力量。[1] 由此，大学在由年长一代向年轻一代传授知识的同时，也一定能够通过年轻一代彼此间的影响和对年长一代的"文化反哺"，体现出其创造性的力量。

（本文为2017年9月27日在南京大学社会学院2017级新生开学典礼上的讲演）

---

[1] 周晓虹：《文化反哺：变迁社会中的代际革命》，第249—286页。

汽车大潮与中产阶级的兴起

自我们跨入21世纪的门槛的那天起,这几年来,几乎所有手上有点儿闲钱的中国人都将购买的目光投向了房产和汽车:各式各样的房展和车展的开展密度和火爆程度,在大多数患有"GDP嫉羡症"的国人眼中,几乎成了一个城市现代化的表征;而一个家庭拥有房产的数量、面积和档次,以及一个家庭是否拥有汽车及其档次,自然也是判定一个家庭现代化程度的最直接指标。在房产和汽车快速进入普通家庭,并成为我们拥有的主要财产的同时,那个我们曾一度摒弃甚至视为罪恶的 middle class 即所谓"中产阶级",也开始频繁地出现在各种现代媒介以及最古老的媒介——我们的嘴皮子上,它也许会成为21世纪上半叶中国社会最流行的语言之一。在短短的20余年的改革开放之后,在突然间拥有的房产和汽车面前,"突然中产"在我们缺乏准备并因此多少有些局促不安的心里激起的眩晕,大概是托夫勒所说的"未来的振荡"（future shock，在这里可以解释成"穷怕了"的中国人因企盼了几辈子的幸福生活突然不期而至而多少有些晕头转向）最好的中国版本。

我们知道，在西方，工业化及向后工业社会的转变是中产阶级产生的社会背景，但在中国，自1949年起大规模的工业化本身并没有对中产阶级的孕育产生积极的影响。我们看到，工业化的背景是在1978年开始的改革开放及由此引发的大规模的社会转型下才发生作用的。

这样说的基础是，尽管在1949—1978年的30年，中国的工业化也取得了举世公认的成就，但是，除了遏制中产阶级滋生等政治手段外（政治上的做法包括两个似乎对立的方面：一是在工人农民的对立面维持了一个"符号性"的剥削阶级达30年之久；二是在所谓"人民"的范围内实现平均主义的"去分层化"［destratification］策略），另一些经济方面的原因，也使中国中产阶级的产生即使在经济上也是一个梦想。这些因素包括：由于受苏联经济模式的影响，中国工业化的道路是以优先发展重工业为前提的，因此与国民消费生活有关的轻工业和服务业一直严重滞后于人们改善和提高生活质量的需求；由于在农业中贯彻"以粮为纲"的原则以及人民公社本身的半军事化的管理原则，农民的社会流动受到限制，而包括粮食在内的农副业消费品也一直处在严重的短缺状态；由于先后与美国、印度和苏联的军事对峙，国防开支一直占到国民收入的相当比重；这一切都使得中国普通百姓的收入在1952—1980年没有什么实质性的增长。

变化发生在1978年以后。自党的十一届三中全会以后，中国开始了大规模的改革开放。这一政策首先从农村的联产承包责任制开始，然后转向城市的诸多经济领域。在此后的20余年内，中国经济的发展取得了举世瞩目的成就。中国改革开放的总设计师邓小平在党的十二大上提出的在1980—2000年的20年，国民生产总值翻两番的战略目标也提前5年实现。现在的中国已经成为世界上第六大经济强国，而按麦迪森运用购买力平价方法进行的测算，中国更是已成为世界第二经济大国，它的GDP总量占世界总量的12.9%。

如果说中国经济在20世纪最后20年的迅猛发展，为中国人民生活的改善奠定了最基本的物质基础的话，那么中产阶级的出现和成长还与1978年以后出现的中国社会的转型有着最为直接和密切的联系。在这里，我们所说的中国社会的转型包括三个最主要的方面：其一，沿着1949—1978年的工业化道路，继续实现从以农业为主导的社会向以工业和服务业为主导的社会的转变；其二，尤为重要的是，从指令性的计划经济向现代市场经济的转变；其三，从高度中央集权的政治体系向社会主义民主政治体系的转变。正是这种社会转型及下述由这种转型带来的社会生活多方面的变化，使中国中产阶级的出现和成长成为现实。

变化之一是政治的清明和宽松，国家和社会关系的重新调整，使得市民生活在相当的程度上从国家的政治生活中分离出来，哈贝马斯所称的公共领域在一定范围内的出现，这是中国中产阶级出现和成长的条件之一。

变化之二是经济的持续稳固的发展，经济结构的调整，第三产业规模的扩大，市场化程度的提高，以及城市化进程的加快，也是中国中产阶级出现和成长的条件之一。对造就中国的中产阶级来说，经济的增长是一个基础，但国民收入的提高及提高的幅度更是一个直接的因素。事实是，1980年我国居民收入占GDP的比重为57%，1993年上升到71%，预计到2010年将上升到81%，这意味着国家的经济成就将更多地转化为民众手中的财富。不但对私有财产的保护已经写进宪法，国家推行的发展私有个体经济的政策，也取得了明显的效果；而且对普通城市居民来说，国家推行的房屋改革政策也在事实上使私有财产的拥有合法化。在房价为全国之最的北京，仅一个房改就使那些拥有地段较好房屋的市民成为"百万富翁"。

变化之三是文化的多样化和精英教育向大众教育的转变也为中产阶级尤其是新中产阶级的出现和成长提供了文化和精神基础。在有关中产阶级的研究中，许多研究者都提及了文化表征对中产阶级的重要性，事实上，英文中"Class"这个词本身就既具有阶级、阶层的含义，也具有文化上的品位和格调的含义。

我们这里所谈的每一条，其实都和文章标题所指的论题有着最为密切的联系。换句话说，中产阶级在中国的重新出现（1949年以前它曾有过十分短暂的一段蜜月时光），不仅与经济的发展，而且与政治的宽松和文化的多样化有着密切的联系。而且我们很快就会谈到，这其实也是10年前我们这个每万人只有5辆轿车的国度现在出现了"汹涌"的私家车大潮的基本前提。

中产阶级的崛起与汽车大潮间的联系,在美国、欧洲,以及日本等东亚国家表现得淋漓尽致。在美国,自由农场主和小业主分化出来成为新中产阶级的历史始于19世纪中叶,到1940年由经理、技术和公务人员等组成的新中产阶级达到全部就业人口的25%,而这最后的40年恰恰也是美国汽车工业狂飙突进的岁月。亨利·福特的一生是这一历史的见证:1908年,在福特公司成立仅仅5年后,他就推出了以美国新崛起的新型中产阶级为消费对象的T型车,而到20世纪30年代,福特公司产生的V-8型汽车的售价只有465美元,不到教师平均年薪的60%。今天,如果有人问,美国什么东西最多?我想所有去过美国的人都会不假思索地回答:汽车。是的,一般的美国人家里总有2—3部汽车,即使穷人的家庭也常常会有一辆汽车。美国的汽车之多不仅是美国现代化程度的标志,其实本身就已经成为美国和美国文化的一种象征。

在美国,公里数位居世界第一的高速公路四通八达,而公路上到处跑的都是四个、八个或十六个轮子的各种汽车。除了我们熟悉的奔驰、林肯、凯迪拉克、福特、雪佛兰、丰田、本田等轿车外,还有两种在美国十分普及但在国内很难见到的车:一种是大型的货运车,这些由十来个轮子支撑的车架上载的都是封闭严实的集装箱。尽管车身庞大,但因马力大,加之开这种车子的都是一些车技娴熟的彪形大汉,所以这种车在公路上从来就是风驰电掣。刚开车的新手从反光镜中看到这种车追上来都不免会有心虚的感觉,因为那庞然大物压过来简直就像一座山。但是,就是这一座座移动的"山"所代表的物流，拉动了美国经济的命脉。另一种是驮着游艇或移动房屋的旅游拖车。美国人喜欢旅游，更喜欢运动，因此夏日里一家人常常会开着旅游拖车到海边或湖边住上个三五天。到了深秋，退休的老人会成群结队，各自开着各家的旅游拖车从北部的缅因、麻州、明尼苏达奔赴佛罗里达避冬，就像一年一度南飞的大雁。据说也有些老人退休以后干脆卖了房子，买上一辆配有卧室、洗手间、浴室、水电和电器设备的旅游车，老两口儿自此浪迹天涯。

美国是一个经济发达的现代化国家，它消耗了世界上三分之一的能源（从这个意义上说，我们这个世界实在"养"不起两个美国），而美国的汽车又消耗了美国所消耗的总能源的三分之一。有人计算过，在美国人开车的总行程中，30%是用于上班的往返行途，30%是用于购物和接送孩子，30%是去参加各类闲暇活动，其他则与用餐或个人爱好有关。正因为美国人对汽车的依赖程度如此之大，所以它对美国人的生活方式形成了相当的影响。以美国人的闲暇为例，像杰弗瑞·戈比所说，除了在家看电视以外，几乎所有的闲暇活动都是从跨入车内开始的。确实，美国人不仅开车去会朋友、开车去影剧院看电影戏剧、开车去博物馆、开车去健身……还开车到郊外去散步、去骑自行车。所以，自行车在美国与其说是代步工具，不如说是健身设备。

汽车的普及和汽车工业的发达，也造就了美国独一无二的汽车文化。不仅汽车的造型不断反映着社会文化甚至思潮的变迁，成了真正意义上的时尚物品，而且人们也不断将自己的价值观、生活态度和行为方式投射到汽车之上。街角的靓仔可能把自己的美洲豹称作Charles或Mike，贵族学校的淑女则会把自己的红色法拉利称作Mary或Linda。在美国，每一个州都将本州的特色或自己推崇的价值观浓缩成一句座右铭印在车牌上，比如："林肯的土地"（伊利诺伊州，林肯在赴华盛顿任总统时曾在此任律师）；"冠石之州"（宾州）；"美国精神"（麻州）；"宪法之州"（康州）；"花园之州"（新泽西州）；"大湖之光彩"（密歇根州）；"海洋之州"（罗得岛州）和"美国的牛奶场"（威斯康星州）。当然，我最喜欢的还是新罕布什尔州的"不自由，毋宁死"（Live Free or Die）。确实，不仅在新罕布什尔州的州民眼中，即使对整个美国人民（那里中产阶级占到总人口的80%）来说，一辆可以四处行驶的汽车常常就是自由的象征与保证。

20世纪在美国上演的这场大剧，它的舞台正移向21世纪的中国。现在，在中国任何一个城市，在经济增长的同时，私人汽车正在快速进入家庭：据统计，2003年年底的南京已拥有私人轿车7万余辆，这超过了10年前中国拥有的轿车之总和；而据估计，2004年国内汽车的生产总量将超过400万辆，中国将成为美国、日本和德国之后的世界第四大汽车生产国。毫无疑问，这一数据还会被不断改写，因为其一，中国的经济还在不断地强劲增长；其二，包括龙永图在内的中国政府官员都乐观地估计，到2010年，中国中产阶级人口的数目将达到4亿人以上。

在西方有关中产阶级功能的全部论述中，政治后卫与消费前卫是最为普遍的一对说辞。其实，在中国，中产阶级尤其是现在越来越壮大的新中产阶级的政治态度同样是后卫的。具体说来，他们是1978年改革开放的直接受益者，是为数不多的能够接受精英教育的人，并且因此获得了良好的教养和体面而收入较高的"白领"工作。不过，尽管他们一方面反对社会动荡，但另一方面却不会拒绝社会变革，他们希望在稳定的社会秩序下实现社会的不断进步。因此，中产阶级是现代社会稳定的奠基石。从某种意义上说，中国社会未来的稳定，也取决于中产阶级能够以何种速度迅速地成长起来。

与中产阶级后卫的政治姿态相比，他们在消费上则是前卫的，这也一直是社会学家津津乐道的主题。如果说老式中产阶级尚存在通过积蓄资金，扩大生产规模的动机，新中产阶级通过在他人公司或国家公务机构中工作、获取薪水的工作—收入的人生模式，决定了他们的消费一般不会在生产资料领域，而只能在生活资料领域，所以，有房、有车常常是他们有"产"的重要标志。加之他们看重社会声望，用米尔斯的话说，存在着强烈的"地位恐慌"（单是这一个"地位恐慌"，就使我们的有车一族会不断滋生强烈的"换车冲动"）；同时又常常是时尚性传播媒介的主要受众，因此他们同其他阶层的群体相比消费上的前卫性是十分明显的。在中国，中产阶级在消费上的前卫姿态在车市和房市的火爆上已经凸显出来。尽管西方有学者认为，中国中产阶级在生活和消费方式上对普通民众的引导性，与他们在推动民主政治上的作为不大有关，但你必须承认，与先前那个"短缺经济"时代相比，中国出现了表征中产阶级出现和壮大的"消费革命"。

不过，需要指出的是，尽管中产阶级消费的前卫性对经济发展与社会进步有着不言而喻的进步意义，但也有着福塞尔嘲弄的虚饰和浮夸的一面。单以汽车在中国的火爆为例，不仅人们对私家车及其档次的趋之若鹜增添了无以计数的超前消费的"负翁"，拥挤的马路上平添了多少技术不过关的"马路杀手"，而且使得我们的环境污染和能源缺乏成为现代化进程中的突出问题。有人计算过，如果中国的轿车拥有量达到德国的比例，将会有6.5亿辆车在大路上奔驰。在未来的25年内，中国大陆的石油消耗将增长5倍之多。这应了我们的温总理的一句话，在中国，任何小问题乘以13亿人，都是惊世骇俗的大问题。正因此，在这篇短文的最后，希望我们中国人（尤其是其中以有文化品位而自夸的中产阶级或"小资"们），在过完操纵"方向盘"的瘾之后，尽一切可能丢掉我们的车，为我们的国家和后代，用双脚多来一些"环保之旅"。而人生的最高境界也只有用我们的手足能够攀缘到顶。

（原载《东方文化周刊》2004年3月号《汽车与生活》专刊）

中国中产者：从浮现走向精神存在

你中产了吗？谁，我吗？

是不是这话听起来耳熟？当然。仔细想来，这些年来，你可能不止一次回答过别人的这类问话，话题就是从你的钱袋子鼓起来后发生的那些看得见和看不见的变化。

看得见的变化包括你购买了宽大甚至有些奢侈的房子，学着邻居家的样子置了清一色的美克·美家，开上了原来想都不敢想的别克君威或宝马3系；你的妻子今天买了一件挡风的"伦敦雾"，明天又在想怎样攒钱买一个路易·威登。

看不见的变化可能更多：你不仅大学早已毕业，而且也读完了MPA或EMBA；你关心自己社区的业主委员会的选举程序，也关心哪些人新当选为党或国家的领导人，当然更会关心2008年年初的雪灾和紧随其后的汶川大地震；你还计划着或者再做些投资，或者在官场上再上个台阶，或者写本现在看的人越来越少的小说或干脆就没有人看的学术著作,你告诉自己人生不能闲着;当然,"熏陶"了30年,你也懂得了什么叫作品位:咖啡馆比茶馆常常更有品位,听歌剧比看电影也有品位,肖邦或莫扎特同样也比刘德华或"黑鸭子"有品位。

你还不算"中产"吗?

尽管中国的经济在30年中一直开着顺风车,年GDP从2650亿美金一路攀升到3.5万亿美金,2008年已经超过德国,在这个世界上名列美国和日本之后。但不要忘记,它有13亿人口。用共和国总理的话来说,再大的成绩除以13亿都显得微不足道。那么,在一个人均GDP尚不过3000美金的国家中,如果你已经有了品质越来越好的住宅和一辆性能尚可的私家车,还有一份年收入在5万甚至10万以上的稳定工作(这还没有包括你妻子或丈夫的收入),你当然已经中产。

印度:5000卢比一样中产

但你还是怀疑,你怎么一不小心弄了个中产是不是?在你的眼中,中产阶级,比如美国的中产阶级,都有自己的别墅(single house),一家起码也有两三辆车,冬天去佛罗里达,夏天去缅因度假什么的。

你好像还记得,在著名的《中国社会各阶级的分析》一文中,毛泽东说过,中国的中产阶级包括民族资产阶级和小资产阶级。民族资产阶级,你想到了荣毅仁;小资产阶级,比如作家张爱玲。无论是荣毅仁还是张爱玲，你好像都挨不上，所以你底气不足。

2005年我去孟买访问，下榻的Heritage酒店有一个附设的餐厅。一天，和餐厅的经理聊天儿，问的是："在印度，像你这样的经理算是中产阶级吗？"也许问话触及了自尊，彬彬有礼的经理觉得我有些白痴："当然，你不知道印度是中产阶级国家吗？"联想到在飞往新德里的新加坡航班上看到一篇文章，说印度有7亿中产阶级，看来文章的作者确实是以全体印度人民的自信为基础的。

更有意思的是，那位经理告诉我，印度中产阶级的月收入恰巧也是5000，最低限度2000也行。不过，这既不是人民币，更不是美元，而是卢比。3年前，5000卢比换1000人民币。也就是说，印度人民对中产阶级的标准并不苛求。我曾说过，也许这和印度使用英语有关，因为middle class的"middle"本意就是中等的（这要看和谁比较），不像汉语的"中产"天生就有着对财产的苛刻要求。

从布尔乔亚到白领：欧美的中产景观

当然，中产阶级最初的出现不会和财产无关。

还记得法国大革命前的"第三等级"吗？这应该就是最早的中产阶级的雏形。在1789年以前的法国，除了教士、贵族以外，所谓"第三等级"，用托克维尔的话说，包括了"最有钱的商人、最富足的银行家、最干练的工业家、作家、学者同小农场主、城市小店主以及耕种土地的农民"。所以，真正属于中产阶级的是第三等级中那部分可以称之为布尔乔亚（bourgeoisie）的人，他们中的多数人因从事工商业和金融投资而拥有财富，但与教士和贵族相比，却既没有政治权力也没有社会地位。

其实，在18世纪之前，布尔乔亚不过就是"市民"的意思。此后，资本主义兴起，布尔乔亚又有了两种新的含义：在工人眼里是老板；在宫廷及其他上流社会人士眼里是缺乏教养的人（说来可笑，我们常常将"布尔乔亚"视为一种教养，在毛泽东时代还可能因这种"教养"接受思想改造），它实际上表明了主流社会对向上攀爬的资产阶级的嘲弄态度。

为了争取自己的政治权力和地位，第三等级成了1789年法国大革命的主力军，这是我们都熟悉的历史。我们不太熟悉的历史还包括，布尔乔亚们也通过另一条道路，通过自己的财富、通过消费的彰显，获得社会地位和声望的提升。他们置地、买房，学着贵族将色彩艳丽的墙纸和织物覆盖在墙上，挂镜、时钟、油画、塑像当然还有时装，都开始从贵族流向布尔乔亚家庭，他们一掷千金的气势开始令没落贵族自愧不如。还记得莫里哀在《贵人迷》中塑造的那个布料商茹尔丹先生吗？不要嘲笑，这就是中产阶级的先锋形象。

中产阶级的标准从单纯的经济收入向包括职业在内的多重因素的转向发生在第二次世界大战后的美国。因为战后资本主义的发展，尤其因为工业社会向后工业社会的转变，我们前述的包括小农场主、小企业主和小商业主在内的所谓老式中产阶级人数越来越少，而大批与技术和服务有关的职业如经理阶层、专业技术人员以及从事社会管理的人员越来越多，这些米尔斯所说的"白领"阶层构成了20世纪中产阶级的主要景观。

其实，不仅这些新中产阶级失去了土地或商铺这些财产，而且由于美国为人们实现商业梦想留下了太大的余地，加之大众传播媒介的政治消解作用，新中产阶级们也远远没有法国第三等级当年的政治热情与气概。他们安于现状、独善其身，以致激进的左派社会学家莱特·米尔斯会借用希腊人的话反讽说："白痴就是独善其身者。"但从社会稳定的角度看，这大批持政治后卫态度的中产阶级，就是资本主义制度的"马其诺防线"。

中国中产阶级的前世今生

中国的历史要沉重得多。千百年来我们这个国家就是一个充斥着小农的国度，自然条件的恶化和统治阶级的横征暴敛，使得大多数人连温饱都难以企及，更何况中产。

近代以来，首先在上海，后来在北京、南京、广州等沿海地区，随着西方资本主义的进入和中国现代化的展开，这些城市和地区出现了第一批中产阶级，并且在20世纪30年代即民国政府的黄金岁月达到顶峰。这其中包括大大小小的荣毅仁以及给他们打工的经理阶层，在洋行里工作的小"买办"或第一代外企"白领"，大学教授、律师、艺术家以及像鲁迅、张爱玲那样的作家。

当然，随着现代民族国家的形成，也出现了第一批现代公职人员。不过，这些人数量非但不多，而且因为1937年日本全面侵华而陷入巨大的生存危机之中。

1949年的革命胜利给中国带来了新的希望，但对中产阶级却是一场灭顶之灾。因为革命信奉"均贫富"的信念，以及革命之后实行的消灭私有财产的公有制，中产阶级虽然没有像地主阶级那样遭受包括肉体消灭那样的"待遇"，但无论是民族资产阶级还是小资产阶级，在将自己常常并不算多的生产资料交给国家之后，也一直在接受革命带来的精神上的"洗礼"——包括承认自己的生活方式也是一种剥削或一种罪恶，用当时流行的语言叫"不劳而获"。

在那之后的近30年中，中国的工业化尤其是以军事工业为核心的重工业化获得了长足的发展，但立志消灭阶级差异的决心，以及勒紧腰带建设的方针，却无法造就一个和工业化相称的中产阶级。在改革开放前，中国人基本没有自己的私有财产，全国职工平均月工资不过50元人民币，而农民的收入还不及这三分之一。

变化就出现在1978年的改革开放之后。谁都记得，邓公的"让一部分人先富起来"的政策造就了改革开放后第一批中产阶层。1985年，我还在天津南开大学读研究生。记得有一个系里的会计去劝业场购物中了万元大奖，听到喜讯晕倒在商场大厅里。消息传来，谈论的人都说，我要是有1万元就干脆不工作了。考虑到那个年头银行利息是11%，而一个副教授月收入不过100元，此话应非戏言。

我们的中产经历，就是从当"万元户"开始的。

中产，不仅仅是消费前卫

从万元户到现在的百万或千万，尽管中国的大多数人刚刚解决温饱，但起码也有20%以上的人口已经达到中产，他们中的小部分人甚至对收入的直线增长感到麻木，而消费或凡勃伦100年前嘲笑的那种"炫耀消费"，成了慰藉这种麻木的吗啡。

不相信吗？你一定知道前几年房地产市场的人潮汹涌，在北京、上海、深圳、杭州和南京，那里的房屋价格几年前就已经超过了每平方米1万元，而一套中产阶级居住的140平方米以上的高档公寓一般都在100万—300万元；原先骑自行车的道路上一下子爬满了奔驰、宝马和别克，开车人的神情以最直露的方式告诉你，什么叫"人一阔，脸就变"。在我这次会后的欧洲旅行中[1]，巴黎的一站自然会去俗称"老佛爷"的Lafayette百货公司。当我跨进大楼的那一霎间，汹涌的人潮再一次告诉了我，什么叫中国的力量！几乎每一节柜台都写着"我们提供中文服务"——中国的发展看来也为旅法华人制造了就业机会；几乎每一节柜台前都

---

[1] 汉堡大学2008年11月28—30日为纪念1968年欧洲青年大造反运动四十周年，举行了"1968：德国大学——历史背景、重大事件及深远影响"的国际研讨会。90岁高龄的德国法兰克福大学前校长（1965—1970年在任）吕埃格教授出席了会议，并送给我他任欧洲大学联盟主席期间主编的四卷本的《欧洲大学史》（中文版由河北教育出版社出版）的前两卷。

拥满了导游带领的中国团队，退税柜台前黑压压的更都是中国人的脑袋；不止一个人请我为他们再买一个限购的LV（路易·威登），一个手上已经抓着三个LV包包的男子对我说，"太便宜了，每个只要500欧！"

如果你知道在中国的一些省份，这500欧元或4000多人民币，是很多农民一人或一家的年收入，你就不会有"中国人已经站起来"的兴奋。你也许就会去考虑，富裕起来的中国中产阶层在奔驰、宝马和路易·威登之外，是不是应该有更多的尤其是精神方面的追求？

诚然，我们在年初的雪灾和后来的汶川地震中，已经看到了一些征兆：在2月的大雪覆盖了中国南方，造成许多人有家难回的时候，成群的私家车车主在他们的倒车镜上挂上了绿色的飘带，免费接送无法回家的人；在5月的大地震救灾中，我的那位现在已经名满天下的朋友，带着自己的60台大型机械和解放军同时到达重灾区，他在那里拼了56天的命，以致自己收购而未来得及出手的7000吨废铜的价格从每吨2.5万元跌到1.2万元。其实，中产阶层做的事情还有很多，比如，为孙志刚之死抱不平以至最终促使国家废除了"收容法"；再比如，为农民兄弟遭受的不平等"鼓与呼"，促使国家一再出台新的惠农政策；还比如，从捍卫物权、反对"市容"的野蛮管理，到为国家献计献策如何应对全球经济萧条。只是他们是改革开放的第一批受益者，历史使他们成为国家的"宠儿"，也希望他们为这个国家，尤其是为这个国家中更多的人民也成为中产做出更多的贡献。

30年后但愿大家都中产

其实，使更多的人民都成为中产阶层或中等收入群体不仅是我们的希望，现在也是党的近期理想或奋斗目标。

在经历了几十年的阶级斗争的风雨之后，国家所以会将扩大中等收入群体或我们所说的中产阶层作为奋斗目标，除了对社会主义认识的改变——拜邓公之勇气，他首先说出了"贫穷不是社会主义"——以外，也有社会稳定或建设和谐社会的现实要求。

前几年，在播放电视剧《太平天国》的时候，我有一次乘坐出租车，一上车司机就和我大谈太平天国。谈完了精彩的剧情之后，那看上去还算忠厚的司机郁郁说了一句，"唉，现在再要有太平天国就好了"。我听了以后大吃一惊，忙问为何。"杀贪官，均贫富啊！"我听后连说"师傅，你的情绪不对"，引得他对我的身份大表怀疑："你是当官的？"我告诉他我不是，并且问他知不知道，那个以杀"狗官"始的太平天国，最后制造"狗官"的速度比它要推翻的清王朝还要快？历史知识大多来源于电视的司机考虑得自然不会这么多，但他相信了我的史学博士学位的身份，也半信半疑中国也许确实不能再有一场"推倒重来"的"革命"。

你不必用"阶级斗争"的眼光分析司机的出格的言语，但他确实反映了弱势群体或普通大众要求分享改革开放的经济与社会成就的朴素愿望。党和国家看到了这种愿望，所以才会出台一系列政策，力图缩小阶层间的差异，缩小城乡间的差异，让共同富裕成为社会主义的基本目标。

你认为这一切和你无关吗？确实，一般说来，中产阶层的收入来源于自己的勤奋工作、来源于自己的专业技能，但你不要忘记，在整个社会的"蛋糕"分配中，你拿走的那块虽然不是最大，却比普通的工人农民大得多。加之，普通大众与上层社会隔了十万八千里，但他们生病要看医生、孩子上学要找老师、打官司要请律师和法官、有事要找政府，日常生活还会遇见形形色色的大小经理。对他们来说，中产阶层就是"有钱人"，而如果碰巧他又目睹了这个"有钱人"为富不仁——比如，医生开刀收受病人红包或老师变着法让学生送礼——他能不把社会不公的原因归结在中产阶层头上？所以，我说过，如果改革失败，中产阶层有可能会成为社会问题的替罪羊。

那么，出路何在？出路当然是让大多数人都成为中产，成为改革开放的受益者。不过，按现在每年1%的增长速度，在中国，即使60%的人成为中产，也还需要30年。

尾声，或"全民中产"还有那些障碍？

尽管要用30年，但像美国和其他发达国家那样，成为"橄榄型"的"全民中产"社会毕竟还是一种美丽的前景。问题在于，在中国这个13亿人口的国家中，除了人多以外，我们究竟还有什么可以依赖的发展资源？在成为"橄榄型"社会的过程中，我们又会遇到怎样的障碍？

不说你也知道，首要的障碍来源于现在越来越严重的社会分配不公。中国的人均GDP本来就少得可怜，这少得可怜的GDP偏偏又被政治和经济上的强势集团以各种明的和暗的方式拿走的太多。明的从收电费的和收过桥费的月薪8000元，到平安保险的马明哲之辈年薪6000万元；暗的从变相的权钱交易到直接的收受贿赂。事实很清楚，如果不能遏制这一趋势，被剥夺的就不仅是底层社会的老百姓，中产阶层一样难以健康成长。

和社会分配不公一样严重的，还有农民问题。确实，改革开放使得农民在市场上流动起来，他们不必再像从前那样守着几亩薄田艰难度日。但是，无论是住房还是医疗和孩子上学，城市对我们的农民兄弟设置的门槛越来越高。按照工业化的一般逻辑，农民先成为"蓝领"产业工人，再通过教育使自己或下一代成为"白领"工人。但问题是，在现有的制度安排下，有几个农民和他们的子女，能够侥幸走完这个全过程？但农民不能被现代化所顺利接受，中国的问题就无法真正解决，"橄榄型"的中国也不会到来。

除了这些客观的难题以外，我们现在所说的中产阶层的精神存在同样是一个瓶颈。如果我们也只知道"独善其身"，只关注如何使自己的生活变得更好，我们就会失去作为一个整体存在的精神意义。我承认，中国已经有了庞大的中产阶层，但是只要有一天，我们的中产生活是以另一大群人的非中产生活为代价的，这就仍然不是一种理想的生活。

在我们的物质生活丰富起来之后，精神之花就一定会枯萎吗？

（本文写于2008年12月汉堡—布鲁塞尔—巴黎"巴黎之星"国际列车上，原载《中国新闻周刊》2008年第46期）

在母校寻找逝去的青春

欢迎大家在深秋与初冬的交替之季,在枫叶染红了栖霞寺的禅房和仙林校区的屋檐之时,回到古城南京,来到我们充满温情也洋溢着生命活力的社会学院,在母校寻找逝去的青春。今天大家相聚在孙本文—潘菽讲演厅,庆祝我们的社会学系重建30周年暨社会学院成立10周年。非常抱歉的是,我因为22日下午才从学院的教师微信群中看到这个消息,后来也知道学院还安排了我讲话,但我已经在此前一天踏上了东瀛日本的土地。为此,在不安与遗憾的心情之下,我抽空草就了几段话,委托现任社会学系的主任、教育部长江学者特聘教授翟学伟老师代为宣读,以慰我的思念之情与失约之歉。

我们知道南京大学的前身——中央大学——的社会学系在1949年以前是中国最好的社会学系之一,我们也知道包括南京大学的社会学在内整个中国社会学1953年的遭遇。感谢40年前在邓小平主导下的改革开放在彻底扭转中国社会的走向、改变13亿中国人民命运的同时，也使社会学这样一门在中国被取缔30年之久的学科枯木逢春。在中国社会全面开放的大背景下，南京大学的社会学也于1988年重建，一步步走到今天，并于2008年成立了包括社会学、心理学、人类学、社会工作和社会政策等系所在内的社会学院。在最近15年教育部主持的全国四次学科评估中，南京大学社会学一级学科的排名步步上升，连续10余年保持在全国前三的水平，持续不辍的进步带来了社会学院的发展和兴旺。

南京大学社会学院的每一点进步都是与每位教师、每位同学、每位关心社会学和心理学学科发展的社会人士的支持分不开的，同样和每位院友的支持休戚相关。从2001年到2017年，在我担任社会学系系主任和社会学院院长的16年里，大家给予的支持多之又多。比如，那些从事学术的院友们常常会回到学院，带来他们对社会和人生的深邃思考；再比如，杨雷院友在2012—2016年为学院捐建了青葱咖啡馆，那里曾是老师和同学们的流连忘返之处。尤为重要的是，自2010年起，有"中国首善"之称的福建福耀集团董事长曹德旺先生前后三次共向社会学院慨然捐资人民币3900万元，使我们不仅建起了目前堪称国内社会学界"第一"的"河仁楼"（据说中国人民大学的社会学院正在他们的校友刘强东的支持下，要建成一座能够超过我们的大楼——能够成为国内社会学院的赶超对象，也是我们对中国社会学的另类支持）；而且也为我们的科研、教学、公益慈善研究、学生培养和奖助学金提供了强有力的支持。说句俗套的话，今天的社会学院已经进入"有大楼"急需培养"大师"的阶段。

各位院友、各位来宾、老师们、同学们，在以往30年中，尤其在以往10年中，南京大学社会学院在各个方面取得了不俗的成绩，从2017年起社会学院的接力棒递到了成伯清、吴愈晓、陈友华等教授的手上，他们面临着也许是更大的压力和挑战。这种压力和挑战首先来自我们伟大的变迁时代，这40年的改革开放在使中国社会发生翻天覆地的变化的同时，也向我们提出了许许多多需要研究和解释的问题，而我们面对这些现实的问题常常显得手足无措；这种压力和挑战也来自现在坐在课堂里的学生，由这个风云际会的时代培养出的年轻人比我们这一代人更多理想、更多才华，也更富有创新精神，而我们面对他们的疑问和求知的眼光也常常会显得底气不足；这种压力和挑战同样来自在座的院友们，你们中的许多人在国内外从事社会学及其他相关学科的研究，还有许多人从事我们的国家只要日日进步就不能缺少的各行各业，和你们的业绩相比，我们这些按部就班的老师们常常"压力山大"、如坐针毡。我们希望，我们都能够直面这些压力和挑战，大家一起相互砥砺、携手同行，以使我们的努力能够不愧对时代对我们的期望！

谢谢大家！欢迎大家再来，也保证我下次不再缺席。

（本文为2018年11月24日在社会学院院友返校日上的讲演，由翟学伟教授代为宣读）

我的学生凯琳

  2019年南京大学按教育部部署，推广"双一流"学科建设计划，我申请了"社会学理论与中国研究"项目并获批准。紧接着，我将计划的后半部分"中国研究"分为两大块便于操作的课题：一块是新中国工业建设口述史，另一块是新中国人物群像口述史。所以没有选择新中国农业建设口述史，只是因为有关农业、农村和农民即所谓"三农"研究在社会学领域获得了相对广泛的关注，我自己的博士学位论文《传统与变迁——江浙农民的社会心理及其近代以来的嬗变》（生活·读书·新知三联书店，1998）就是以苏南昆山的周庄镇和浙南（温州）乐清的虹桥镇为田野基础写成的，因此我希望这次能够以工业建设为研究主题，而2019年又正好逢中华人民共和国成立七十周年，而正是1949年以后中国最初在苏联的援助下，开始了大规模的工业化建设。

  说来真巧，虽然原先我也带过留学生，但还没有带过来自俄罗斯的学生。而2019年，当我带领团队大规模地采集新中国工业建设口述史时，凯琳（Karina）来了。虽然凯琳自己说她的汉语不够好，但其实她的汉语在中国学习和交流完全没有问题。记得2019年秋季开学不久，我们团队的老师和学生一起去昆明，借参加抗战时期成立的云南大学"魁阁"研究室成立80周年纪念会之便，顺访1968年下乡的云南知青，其中有一些年轻时还参加过"缅共"游击队。他们年轻的时候正是古巴革命的领袖切·格瓦拉的理想主义盛行于世的年代，因此大多数人对过去的苏联也都有浓厚的兴趣，会唱许多苏联歌曲，像《莫斯科郊外的晚上》或《红莓花儿开》……自然也对来自俄罗斯的凯琳有一种"自来熟"的感情。我记得，大概是我们住的那家酒店不能接待外国学生，所以凯琳一个人住在另一家酒店，每天早上赶到我们的酒店吃早餐，然后去不同的地方参加访谈、记笔记、整理录音，当然也包括旅行、参观，晚餐后再回自己的酒店，每天忙得四脚朝天，但她却在美丽的昆明生活得如鱼得水。她喜欢中国，喜欢中国人民，就像我们也喜欢她一样。

从昆明回来后不久，她的几位师姐要再去洛阳涧西区的几家工厂补充访谈资料，那里有20世纪50年代苏联援建的156项大中型工业项目中的7项，包括大名鼎鼎的第一拖拉机厂和焦裕禄工作过的洛阳矿山机械厂。凯琳想去，年初我们第一次去时她还没有来，我就把她托给了几位博士生。凯琳没有想到，在洛阳，尤其在第一拖拉机厂她受到了已经进入耄耋之年的那些老人们的由衷欢迎。他们中的有些人20世纪50年代去过现在属于乌克兰的哈尔科夫拖拉机厂见习,另一些人即使没有去过,但都见过苏联专家,甚至在他们指导下学习或工作过。第一拖拉机厂向她敞开了大门,凯琳也在那里见到了和哈尔科夫拖拉机厂的建筑一模一样的"孪生兄弟"——第一拖拉机厂,见到了一拖生产的各式各样的新型拖拉机,见到了那些曾令中国人激动过的"结束了耕地用牛的历史"的红色铁马。回来以后,她对我说:"周老师,我这次去洛阳又高兴又难过。"我以为她在那里遇到了不快,就问:"为什么难过?"凯琳告诉我:"我高兴的是当年我的祖国援建中国的拖拉机厂还在高效地生产,我难过的是哈尔科夫拖拉机厂却关门了。"在那一刹那,我理解了凯琳,也理解了全世界每一位爱国者的感情,谁不希望自己的国家兴旺发达?

凯琳和她的先生在南京待了整整一年,一直到2020年的夏天她和我说:"周老师,我想回家看妈妈了。"我理解每一位游子的思乡之意,也理解这位20多岁的小姑娘对母亲的思恋之情,尤其是那时俄罗斯新冠疫情也开始蔓延,她不能不担心家人的健康。当时,我痛快地对她说,"那就回家看看再来",还请她选一两件中国的东西带回去送给她的妈妈和婆婆。凯琳选了中国的茶叶和茶具,她知道那是中国文化的最佳象征。记得是2020年的9月8日,他们夫妇回到了西伯利亚城,到家后她给我来了微信,还发了照片,告诉我两位妈妈谢谢我的美意。她知道那年的秋天我们要去鞍钢做口述史访谈,专门和我说是否可以在访谈大纲中加一两个有关苏联专家的问题。凯琳告诉我,她对鞍钢有兴趣,她刚刚读到一本介绍马钢的书,这个马钢就是毛泽东反对"一长制"时提到过的苏联的马格尼托哥尔斯克钢铁公司。凯琳告诉我，一如马钢支援过鞍钢，其实，20世纪30年代美国的钢铁专家也帮助过马钢。她希望有机会能够做一个比较分析。

令人遗憾的是，自那以后疫情继续蔓延，它隔断了凯琳回南京的路，不过它却没有隔断凯琳对中国的关注。2020年11月，她又来信告诉我，她去了圣彼得堡大学，在那里完成了博士学位论文的开题，这个原本以建筑史为主业的学生，这次开题的题目是《第一个五年计划期间中苏文化与技术的交流》。我知道，中国已经在这个俄罗斯女孩子心里生了根。

2021年1月，我又给凯琳发过去国家汉办年度奖学金项目的申请信息，凯琳告诉我她要申请，要回到南京大学攻读博士学位，还让我写了新的推荐信。2月，我们合作的有关费孝通与社会学中国化的论文在俄国出版了，我没有让她寄给我，因为我们的文章虽然只有10余页，但这本杂志足足有700页！只让她发给了我论文的电子版。到3月的时候，国家汉办告诉我，凯琳的新的申请已经成功！虽然因为疫情，她暂时不能回中国，但这项资助会保留到能够进入中国的时候。凯琳虽然不能回中国，但她却和我，和她的那个研究小组一直保持着密切的联系。有意思的是，那个研究小组的四位中国同学在留学基金委的支持下，有三位几个月前刚刚去了德国弗莱堡大学访学一年，而凯琳也告诉我她也将有机会去德国莱比锡大学短期访问。我不知道，在莱比锡冯特做实验的实验室里，或是在弗莱堡韦伯发过呆的哲学系大楼里，这些年轻的学子是否还有机会来一次异国重逢，重弹他们的中国"老调"？

我想，也许可能。因为这是一个新冠疫情也未必能够阻挡住的全球化时代。而我，依旧在南京，在六朝古都的松柏下和城墙边，等着这些游子归来。

(原载《问道中国：我的新汉学之路》[教育部中外语言交流合作中心与中国人民大学编，北京：中国人民大学出版社2022年版]，作为凯琳的《漫步于建筑与历史之间》一文的"导师寄语")

我与商务印书馆的非商务性往来

时间过得真快。一转眼,上回去北京参加商务印书馆120周年庆典已经五年。那年我正好60岁,和商务印书馆差了整整一个甲子的时间。

因为自小喜爱读书,虽说在中学时代和下乡的两三年内要读到一本好书非常困难,常常是借到手的书第二天就要归还,但商务印书馆的大名在心中却一直神圣异常。后来,"文革"结束,考上了大学,尤其是20世纪80年代在"文化热"开启的年代我又弃医从文,接着考上了南开大学攻读社会学硕士学位,买进的商务版图书究竟有多少实在难以记清,但最初那些年"汉译世界学术名著"基本上都是见一本买一本,说句笑话,和这家大名鼎鼎的印书馆的"商务性"往来十分频繁。从最初黑格尔的《精神现象学》《哲学史讲演录》《美学》,到后来弗洛伊德的《精神分析引论》、墨菲和科瓦奇的《近代心理学历史导引》、波林的《实验心理学史》，再到最后涂尔干的《自杀论》、托克维尔的《旧制度与大革命》、曼海姆的《意识形态与乌托邦》……不同学科的商务版图书的买进，不但反映了这些学科在改革开放前后的中国恢复繁盛的先后顺序，也反映了我本人的学术兴趣的演进过程：从一开始的哲学和美学，到中途的心理学，再到后来的社会学。

对学者来说，买书只是其个人生涯的奠基工程，类似于这些年火爆的房地产业的"三通一平"。究竟要买多少书才能成为学者，自然因个人的天然禀赋和用功程度而异。于我而言，如果从1978年上大学常规购书开始，到1987年硕士毕业正式入职南京大学，大概用了10年左右的时间，不过如果从1984年发表第一篇学术论文起算可能要更短一些。当然，虽说从1984年以后我已经开始常规性地撰写并发表学术论文，也开始出版著作和译作，但在相当长的时间里是不敢往商务印书馆这样的出版社投稿的，所以我与商务印书馆的"非商务性"往来要比商务性往来（购书）延后许多。

大概是2007年，用孔老夫子的话说此时的我已经迈入知天命的年纪，北京大学的高丙中教授要为商务印书馆编辑一套人类学的译著，我与李姚军教授合译的美国人类学家玛格丽特·米德的《萨摩亚人的成年》有幸忝列其中。最早翻译这本书时，我和李姚军都在南开大学攻读硕士学位，潘建国编辑来南开为"文化研究丛书"组稿，就选中了这本书和米德的另一本《三个原始部落的性与气质》（宋践译）。记得我先是翻译了米德的《文化与承诺：一项有关代沟问题的研究》（河北人民出版社1987年版），但后翻译的《萨摩亚人的成年》出版顺利，不仅在交稿的第二年就由浙江人民出版社出版，而且次年就介绍到海峡对岸，由台北的桂冠图书公司出版了繁体字版。一时间在两岸人类学界都小有影响，1990年前后投身人类学甚至社会学科的人大多读过这本著作。

米德的这本著作是以1926年在美属萨摩亚岛上9个月的田野研究为基础写成的，那时她和后来写出了《菊与刀》的本尼迪克特都师从人类学大师博厄斯，在哥伦比亚大学攻读人类学博士学位。在米德之前，美国心理学家斯坦利·霍尔根据他对西方社会青年的研究，率先于1900年在两卷本的《青春期》一书中提出了著名的"青春期危机"的理论。霍尔从"个体发生概括了种系发生"的重演论的角度出发，认为青春期象征着人类的一个动荡的过渡阶段。青春期的出现是一种"新的诞生"，意味着个人心理形态的突变和危机。沿着霍尔的思路，斯普兰格把青春期誉之为"第二次诞生"，而霍林沃思更是形象地喻之为"心理断乳"。但是，种种发轫于心理学的青春期理论都在重复着同一个主题：遗传决定的生理因素引起了人的心理反应。因此，青春期的特征具有生物学的普遍性。

在萨摩亚的9个月生活，使米德具备了依赖丰富的民族志资料向先前的理论挑战的勇气。尽管她并未完全否认生物学因素对青春期的影响，但她指出文化因素对发育有着更为重要的意义。例如，那些身穿草裙的萨摩亚姑娘在青春期并不存在紧张、抗争和过失的阶段。鉴于他们只有一种简单的生活方式，因此不会为前途的选择所困扰；生活的意义是既定的，因此也不会对人生发出痛苦的质疑；甚至在性的方面他们也有着较大的自由，因此同样不会有文明社会的一般年轻人都有的那种骚动和压力。

萨摩亚之行是米德整个人生的里程碑。自此之后，从东部的波利尼西亚到西部的新几内亚，太平洋地区形态殊异的原始文化牵动着她此后整整50年的情愫。在她的早年生涯中留下的诸多民族志研究，包括《萨摩亚人的成年》和前述《三个原始部落的性与气质》，都被人们公认为是由人类学家对社会心理学所做的又一次严峻的挑战，它使得社会行为解释的后天论对先天论获得了一次完胜。

当然，众所周知，米德去世五年之后，她的著作受到了澳大利亚人类学家弗里德曼的批评。在《米德和萨摩亚：一个人类学神话的制造与幻灭》（1983）中，弗里德曼对米德著作的真实性提出了质疑。虽然就像我的同事人类学家范可教授为商务版《萨摩亚人的成年》撰写的译序所说的一样，尽管米德的研究不乏"不尽如人意和值得商榷之处，但它所呈现的资料之真实性不容置疑"，但于我而言米德的一生的发现和见解的意义还另有一层：那就是1970年在美国青年大造反运动刚刚退去之时，这位70岁的老人就代沟问题写下的《文化与承诺》，后来影响到我的"文化反哺"概念的提出，也因此再续了我与商务印书馆的非商务性往来。

我提出"文化反哺"概念时，刚刚译完《文化与承诺》不久。1988年在家中过春节，三年前强烈反对我穿西服的父亲，拿出一套新买的西服和一根领带，让我教他如何打领带。联想起三年前老人家从补发的离休军人服装费中拿出200元给我买衣物，但规定不准买西装，到现在他自己穿西装、打领带，这一转变确实令人惊讶。在1978年改革开放后的最初10年里，整个国家阴霾尽扫、人心雀跃，加之国门洞开、西风东渐，一系列新鲜事物出现在越来越开放的社会当中。父亲的转变其实只是原本刻板保守的老一代人无数转变中的一种，却在我敏感的心头酝酿出充分的想象。经验现实的变化，加上米德理论的启发，很快促使我提出了"文化反哺"这一颇具本土特色的概念，并写成了最初那篇万字长文。

感谢我们这个丰富多彩的时代。1992年以后，整个社会因朝向市场的转型发生了更加意想不到的变化，尤其是家用计算机的普及和网络时代的到来，开始进一步影响到中国社会的代际关系，也使我们关于文化反哺的思考变得前所未有的紧迫起来。1998年，同样和商务印书馆多有联系的好友周宪教授在与同事讨论计算机应用时无意中的一句"我儿子说……"就像十年前父亲让我教他打领带的事件一样，犹如开闸之水汹涌奔腾，再一次激发了我的社会学想象力。我开始思考如何通过焦点组访谈来获取经验性资料，再对文化反哺做一番探究。在这一促动下，我完成了五大城市77户人家的访谈，先后在《中国社会科学》和《社会学研究》上发表了多篇论文，并撰成50万字的著作《文化反哺：变迁社会中的代际革命》，同时顺利入选"国家哲学社会科学成果文库"。

接下来，万事俱备。我与商务印书馆又一次发生了令人难忘的非商务性往来：2015年《文化反哺：变迁社会中的代际革命》一书由商务印书馆出版，并在不久之后又入选"中华学术外译项目"，2020年由英国老牌出版商罗特里奇出版公司分上下两卷出版。更有意思的是，"文化反哺"概念在社会学界发酵的同时，也成为日常生活中讨论青年文化的流行词汇，并于2010年被选作浙江省高考作文试题，2016年又入选浙江省初中英语选读课文。

大概是上述铺陈做得顺畅，这几年，我与商务印书馆的非商务性往来日趋频繁。2018年，受南京大学"双一流"建设卓越研究计划委托，我主持开启了"社会学理论与中国研究"项目，并与商务印书馆签订了一系列相关书系的出版协议；2019年我指导的博士研究生陆远获首届"余天休社会学优秀博士论文奖"的著作《传承与断裂：剧变中的中国社会学与社会学家》，作为"社会学理论与中国研究"书系的第一本著作出版，一时间好评如潮。2021年，我和谢寿光共同编辑了15年的《中国研究》移至商务印书馆，改由我和翟学伟教授主编，立志继续"让中国研究听到中国的声音"；同年，在访问海内外40位社会学家的基础上，由我主编的上下两卷共110万字的《重建中国社会学：40位社会学家口述实录（1979—2019）》一书也由商务出版，《中国新闻周刊》发表主编专访，探照灯、凤凰网、新京报等多家媒体也将该书列入年度好书推荐榜单。接下来，在不久的将来，"新中国工业建设口述史丛书"和包括《重建中国社会学》《弄潮三十年——30位下海知识分子口述史》在内的"新中国人物群像口述史丛书"也将由商务印书馆陆续推出。看来，我与商务印书馆的非商务性往来不过刚刚开了个头,而接下来的日子也因此而会变得充满意义……

(本文为庆祝商务印书馆125周年庆典所作,原载《商务印书馆一百二十五年》[商务印书馆编辑部编,北京:商务印书馆2022年版])

校庆120周年贺

我们大家都知道，在人类的历史上，庆典最容易被人们铭记。因为我们用庆典的方式来标记我们的历史，我们的记忆，我们的感受，以及我们对未来的期望。所以在人类的早期，每一次狩猎活动之后，每一次丰收来临之时，每一次战争胜利之际……人们都会举行庆典，来表现自己的群体、自己的共同体、自己的民族和国家所取得的每一个进步。这些进步像人类文明历史上的结晶体或珍珠，串起了人类的辉煌。法国社会学家埃米尔·涂尔干在《宗教生活的基本形式》一书中，通过澳洲土著的庆典实践，分析了他们定期聚集在一起，举行各种仪式，一方面完成世俗与神圣两种不同生活周期或场景的转换，另一方面通过这种狂热的仪式实现个体对社会神圣的分有。在这种"集体欢腾"（corrobbori）的场合，"当他们一旦啸聚成群，彼此的接近就会产生一种强烈的电流，使其达致极度的癫狂状态"[1]。

当然，聪明的涂尔干意识到，这种癫狂的"集体欢腾"一方面具有巨大的群体凝聚作用，另一方面也同样具有对社会的破坏或对道德的威胁后果。从这样的意义上说，在有史以来的人类长河中，不到1000年的大学历史或许是各种具有集体欢腾气息的庆典中最文明也最富有华彩的一个篇章。[2]因为只有在大学的篇章中，没有血腥，没有暴力，没有癫狂，有的只是文化的彰显，有的只是人类的独创性，有的只是文明的进步和思想的凯旋。同时，大学的庆典还能彰显甚至制造共识，将千差万别的想法或头脑用相互能够接受的方式表达出来。从这样的意义上说，我们可以把每一场庆典尤其是校庆庆典都看成是寄托我们的理想和希望的演示场。

从这样的角度说，今天我们恭逢盛世。120周年正好是两个甲子，而我们大家知道，每一个甲子都是中国人汉历纪年史上、干支纪年史上第一年的开端。这一次南京大学是第二个纪年的结束，它意味着明年开始我们的学校将翻开新的历史的一页，而这

---

[1] Durkheim, Emile, *The Elementary Forms of the Religious Life*, Translated by Joseph Ward Swain, New York: The Free Press, 1965, p. 247.

[2] 我的朋友、曾在欧洲1968年的暴风雨期间担任地处"震中"的法兰克福大学校长的瑞士社会学家瓦尔特·吕埃格（1918—2015），将1088年创建的博洛尼亚大学或始自1208年的巴黎大学作为大学制度诞生的标志（参见瓦尔特·吕埃格主编：《欧洲大学史》第1卷《中世纪大学》，张斌贤、贺国庆等译，第6—7页）。当然，略早于此，如果算数的话，与此相似的中国书院制度始于唐代。唐玄宗开元六年（718）设丽正书院，十三年改称集贤书院。而号称我国最早的一所讲学式书院，则是庐山白鹿洞书院，它的前身是南唐升元（937—943）年间创办的庐山国学，宋初才改称书院。

一页或第三个甲子的开始我相信将会比今天更加多彩,因此也更加辉煌。尽管像刚才邹志刚院士所说,或许包括我们在内的许多人都没有办法等到第三个甲子的结束,但是在我们今天的心灵世界中,我们都会持有对第三个甲子,乃至对若干个甲子的憧憬和期望,我们知道未来会更好。从这样的意义上讲,120周年的校庆,起码在三个方面具有值得我们且行且书且歌且舞的价值。

第一个方面涉及文化记忆。通过120周年的校庆,我们用各种历史和现实的手段,把120年来南京大学乃至最早从三江或两江师范学院到东南大学再到中央大学的辉煌的历史,通过各种形式,通过典籍、文化、讲演,通过我们的记忆表达了出来,我们表达了一个伟大的大学,在过去120周年里取得的能够跟中国这样一个文明古国相匹配的辉煌。今天在回忆这种辉煌的时候,我们每一个人实际上都会融入自己的记忆,用自己的记忆去填补南京大学的记忆中间那一块块的空白。我们的记忆具有为南京大学的历史补白的作用,但它又不止于单纯的补白,从它既存的历史来说,作为学校成员的记忆就是大学本身,或者说建构了南京大学的百廿历史。

当然,我们称之为"辉煌"的东西,不单单只有幸福,也有苦难,或因苦难而生的承受苦难的精神。在这两方面,我们都有一系列值得书写的历史或曰事件:1905年,刚刚成立三年的三江师范学堂更名为两江优级师范学堂,校长(学监)李瑞清提倡"嚼得菜根,做得大事"。1915年设立体育科,为中国高等体育教育之开端;紧随其后,1917年设立的商科四年后迁至上海扩充为商科大学，是中国第一所商学院；而1920年开设的心理学系也是中国大学中的第一家，是中国这个文明古国朝向现代性的后果之一。[1]同样重要的是，1920年六位女生入校，在中国国立高等学府中首开"女禁"，引领男女同校之风。1921年，柳诒徵、刘伯明、梅光迪、吴宓、胡先骕创建学衡社，次年创办《学衡》月刊，推开现代中国文化复兴运动；其实，10多年后，在1937年日寇逼近南京时，月薪不过80元的中央大学牧场场长王酉亭先生和几位农工，赶着1000多头良种牲畜颠沛流离耗时一年徒步"西迁"重庆，如我们曾经的校长罗家伦所言，更是堪称现代"苏武牧羊"的典范。[2]而1943—1944年，后来狼狈不堪的蒋介石也曾兼任中央大学的校长，以此为背景写成的话剧《蒋公的面子》[3]则创下了10年中海内外连演400场的佳绩。

　　第二个方面涉及文化表征，我们通过刚才谈哲敏常务副校长介绍的校庆期间的所有活动，无论是年轻人的活动，还是年长者的活动，无论是海外校友的活动，还是海内校友的活动，无论是男性的活动，还是女性的活动——尤其今年非常重要，在南京大学任教的女教师们第一次独立地发出了她们自己的声音[4]……我

---

[1] 2020年12月28日，作者曾在南京师范大学、南京大学和东南大学联合举办的纪念中国第一个心理学系成立百周年大会上发表即兴讲演"第一个心理学系与中国现代性的成长"。

[2] 杨小民编绘：《向西，向西》（南大故事5），南京：南京大学出版社2014年版，环封。

[3] 《蒋公的面子》编剧系时为南京大学中文系戏剧专业三年级学生温方伊，导演为吕效平教授。

[4] 2022年5月18日，为纪念校庆120周年，南京大学举行了首届"百位女教授学术讲演"，而我也有幸受邀担任了主旨讲演的评论嘉宾。

们通过这些活动表征了一所伟大的大学对这个社会的影响。这一影响从1902年起,虽时大时小,但一直被及当下。它说明,我们不是一所仅仅存在于东南一隅的学校,一所local university,我们是跟中国这个伟大的国家相匹配的大学,而这样的大学在中国并不多见,是我们自己的"第一个北大、清华、复旦、浙大、南大等中国著名学府"[1]中的一个。因此,我们不遑多让,同样我们自己也为能够躬身其间而感到无比的骄傲。我们这样的骄傲一点没有虚幻之处,我们不得不骄傲,因为我们只有骄傲了,我们才能无愧我们先贤的历史,我们也才能告诉我们的先贤,我们未来还会沿着他们的道路,让南京大学的旗帜更加高高地飘扬。

最后,第三个方面则涉及文化自觉。最早在1997年,费孝通先生在北京大学举办的第二届"社会学人类学研讨班"开幕式上提出了现时已广为流传的"文化自觉"的观念,而我有幸在现场聆听了先生的讲演。虽然先生的吴侬软语充满端午时节的青糯糍才有的口感,但先生的语气却是坚定的,他将"文化自觉"定义为:"生活在一定文化中的人对其文化有'自知之明',明白它的来历、形成过程、所具的特色和它的发展趋向。"[2]我一直以为,如果说1990年费孝通提出"各美其美、美人之美、美美与共、天下

---

[1] 2014年5月4日,习近平总书记在北京大学师生座谈会上指出:"世界上不会有第二个哈佛、牛津、斯坦福、麻省理工、剑桥,但会有第一个北大、清华、浙大、复旦、南大等中国著名学府。我们要认真吸收世界上先进的办学治学经验,更要遵循教育规律,扎根中国大地办大学。"
[2] 《费孝通文集》第14卷,第196页。

大同"的"十六字箴言"时,思考的是面对全球化的浪潮,世界上不同的民族和国家如何"在欣赏本民族文明的同时,也能欣赏、尊重其他民族的文明",由此创造一种"持久而稳定的'和而不同'"的"美好社会"[1],并因此呈现了能跟亨廷顿的"文明冲突论"竞相媲美的东方智慧,那么,他的"文化自觉"概念,则主要关注的是,我们能否对自己的文明进行反省,做到有"自知之明",或者说"在西方文化的强烈冲击下,现代中国人能不能继续保持原有的文化认同?"[2]一句话,具有伟大传统和悠久文明的复兴中的中国能否在21世纪的世界民族之林中找到自己应有的位置。

昨天也是在这个地方,我做了另外一场讲演。[3]我们大家知道今年5月是南京大学120周年的校庆,而且就在这120周年校庆的时候,我们不错空间,我们不输时间,恰如其分地提出了南京大学的精神——"宽德养士,至乐成学,吾道在国,与世恒新"。我昨天在讲演中提出,我们千万不要仅仅将它视为一个口号,一个空洞的但无误的口号。否!它是南京大学人第一次用文化自觉的方式,对我们自己120周年的历史进行了一次系统的回顾。我们知道我们从哪里来,我们也知道我们想到或将到哪里去,因此这一

---

[1] 费孝通:《全球化与文化自觉——费孝通晚年文选》,方李莉编,北京:外语教学与研究出版社2013年版,第32、25—29页。
[2] 同上,第46页。
[3] 指2022年7月4日举行的第三届"南京大学文科大会",在此次会议上笔者做了"转型时代与文化自觉:社会科学话语体系的建构"的学术讲演。

精神的提出，如果由南京大学过往和未来的历史来验证的话，句句恰如其分，我们能够看到它会受到时间的淬炼但不会受到时间的侵蚀。

我也相信，因为我们有这样敏锐的文化自觉意识，我们既知道我们所长，我们也将知道自己的所短。我们因知道我们之所长，故而毫无羁绊地会发扬它；我们也因知道我们之所短，才能无须袒护地去克服它。这样的学校，就是世界上最具文化力和影响力的学校应有的模样。

恭喜南京大学，恭喜我们自己的母校！谢谢！

（本文系2022年7月5日作者应邀作为教师代表，在南京大学120周年校庆总结大会上发表的即兴讲演，本次收录有修改）

跋　六六之年，或重启新的人生

在中国悠久的传统中，六十六为六六寿，七十七为喜寿，八十八为米寿，九十九为白寿。六十六由两个三十三组成，在我们的文化里，只有不能用一或二来表达的数字才用三，所以"三"为大、为多，在"人生七十古来稀"的时代，六十六当然是一个很大的数字，它象征着一个人一生的顺畅与吉祥。虽然我农历的生日在2月2日，66周岁也早已过去半年以上，但我还是愿意在我们社会学院成立15周年的日子，当着参加今天的捐赠仪式的邹亚军副校长和各位老师与同学，简单回顾自己66年的人生，并拨弄一段新的心曲。

感谢邓公开启的改革开放，它让我们这一代人经历最初的"上山下乡""经风雨见世面"的历练之后，赶上了一个艳阳高照的好时代；在这个时代里，我在南京医学院、南开大学和南京大学分别获得了自己的学士、硕士和博士学位，并在哈佛大学和名古屋大学担任过访问学者或访问教授；尤其在南京大学任教36年之久，苦读书、下田野、做研究、勤写作……也在2001—2008年担任社会学系主任，并于2008年10月26日创办了有三系一所的社会学院，直至2017年10月去职，担任首任院长9年之久。

15年前的今天，我们在学校的支持下，在原社会学系的基础上，成立了包括社会学系、心理学系、社会工作与社会政策系、社会人类学研究所在内的社会学院。办公和科研空间，也从我2001年5月16日接手社会学系时鼓楼校区西南楼的256平方米，当年9月扩大到逸夫管理科学楼的整整一层（800平方米），2007年再扩大到两层（1600平方米）；最后，在2012年9月搬进10 500平方米的河仁楼，那时我们是整个中国甚至世界上面积最大的社会学学科大楼。[1]我们的社会学学科也从2012年起，一直位于全国三甲之列。

我很高兴在南京大学这样一所名满华夏的高校中度过自己最美好的年华，从2017年10月不再担任行政职务后，依靠学校"双一流"建设卓越研究计划的支持，带领一支有理想又有干劲的师生团队，凭借社会学理论研究和两套口述史项目的推进，产生了

---

[1] 现在，中国社会学学科科研和办公大楼面积第一的当推中国人民大学社会学与人口学院，他们在自己的系友刘强东的资助下"一步登天"，建成包括地下室在内20 000余平方米的大楼；第二的当属贵州民族大学，因为接手了贵州医科大学刚刚建成没几年的新校区的缘故，社会学院的科研和办公大楼面积也达到15 000平方米。当然，在中国，大楼与大师的关系从20世纪30年代起就一直是一个争议不休的话题，而争议时人们也无不引用清华大学校长（1931—1948年在任）梅贻琦的那句"所谓大学者，非谓大楼之谓也，有大师之谓也"。

广泛的学术影响。具体来说，我们小小的团队推动了"社会学理论与自主知识体系"研究[1]，开展了"新中国工业建设口述史"、"新中国人物群像口述史"两项大型口述史项目，完成了1200余人的口述史访谈。尤其是《重建中国社会学：40位社会学家口述实录（1979—2019）》[2]一书中英文版的出版，在海内外都产生了很大影响。

但我知道，我和我们团队的理想还没有完结，因此我将66岁视为一段新的研究生活的开启之年。

在过往的岁月中，我最要感谢的是"中国首善"、福耀玻璃董事长曹德旺先生，他在我担任院长期间，先后向南京大学及社会学院捐赠三次，总计达人民币3900万元，不但建起了以其父曹河仁先生命名的"河仁楼"，而且建立了南京大学河仁慈善学院学术基金。他的无私与奉献，不仅支持了我们这所百廿名校，支持了社会学院，也在我的心里种植了大爱之心。

我还要感谢在过往的几十年中支持过我的许许多多有情有义的企业家朋友，他们支持了南京大学和社会学院的建设，也扶持了我所创立的非营利机构——群学书院。[3]这间书院在它的鼎盛时期，获得过时任江苏省委常委、宣传部长王燕文，南京市委常委、宣传部长徐宁，以及苏州吴江七都镇从查旭东到蔡建忠多位

---

1 参见周晓虹：《文化自觉与社会科学的中国化》，北京：商务印书馆2024年版。
2 周晓虹主编：《重建中国社会学：40位社会学家口述实录（1979—2019）》，北京：商务印书馆2021年版；Zhou, Xiaohong(ed.), *The Reconstruction of Chinese Sociology, An Oral History of 40 Sociologists(1979-2019)*, Singapore: Macmillan, 2022。
3 因某些原因，2023年我与朱虹教授退出群学书院，交由陆远博士独自打理。

书记和镇长们的大力支持；它在南京中山陵永慕庐和吴江七都镇老太庙两处院址，开设了数百场人文社会科学学术讲演，也推动了长三角社会学学科的发展和有200余年历史的孙本文故居的重新修缮。

我还要感谢薛光林、薛光春兄弟，1995年他们通过王昆博士找到我，支持了南京大学100万元人民币，解了那时困顿万分的南京大学的"燃眉之急"；2010年后来追随刘林元教授攻读博士学位的薛光林董事长，又慨然赞助1000万元人民币援建了哲学系的光林楼。

我同样要感谢郑刚董事长（校友）、杨雷董事长（院友）、侯国新董事长、李建平董事长、周吉董事长和诸菁董事长等的支持，他们以不同的方式或注资南京大学郑刚及贝杉"访问学人计划"，或开办了为期五年（2017—2021）的青葱咖啡馆，再或通过提供资金和书籍支持了群学书院的有效运作。

我以为，在全世界的大学里，除了图书馆、实验室、博物馆、教室和讲演厅外，咖啡馆也是最基本的学术标配。1914年以后，从战场上归来的心理学家勒温回到柏林大学，在学院对面的瑞典咖啡馆（Schwedische Café）定期召开的"漫步与闲谈群体"吸引了诸多优秀的学生，并发现了著名的"蔡加尼克"效应。

基于此，在南京大学社会学院成立15周年之际，在对六年前青葱咖啡馆里浓郁的咖啡清香的回味中，我决意捐建一座咖啡馆，让我们的教师和学生们重有一块自由遐想的空间。感谢我的博士研究生、上海萌泰数据科技有限公司创始人李军对我的设想第一时间予以了积极的回应、赞同与襄助。他一句"老师，你出多少，我就出多少"的质朴之言，刹那间圆梦了我六年的期盼，也缓释了我六年的焦虑。最后，我们商定：每人出资人民币50万元，共计100万元，在南京大学社会学院和我近年参与学科建设的西部高校——贵州民族大学社会学院同时捐建两座"群学咖啡"（馆）。[1]我希望在这两座咖啡馆里的交流不仅能培养出奇妙的社会学想象力，也能孕育出曹德旺等上述一众企业家们所持的大爱之心。[2]

感谢香港中文大学原校长、著名社会学家金耀基教授为"群学咖啡"慨然题字；若干年前他为南京大学当代中国研究院、《中国研究》杂志和"群学书院"的隽秀飘逸的题字，至今仍旧飘着悠远的文化清香。

这本文集不算是六六之年的重启之作，却是往昔之日的一次回望。而回望是为了更好地重启。本来文集想以六辑的规制，每辑选11篇长文短篇，正好纪念六六之年，但等真正编辑起来才发现自己过往的文字中长文过多，短篇不足，如果这般收录体量过大。于是只能将《异域的体验》一辑11篇全部删去，再将剩余五辑每辑减到9篇，而九在中国文化中是阳数的极限，具有"多"

---

[1] 有必要说明的是，我和李军的微薄善意也带动了贵州民族大学的同仁们：社会学院院长包智明教授、由北京大学来挂职的贵州民族大学副校长卢云峰教授、民族学院郝亚明教授和社会学院周怡特聘教授，也于2023年10月28日第四届"迈向人民的中国社会学"开幕之际，向贵州民族大学共同捐赠人民币50万元，建设"教师健身中心"。

[2] 曹德旺先生的大爱之心最充分地体现在他的个人生命史著作《心若菩提》（北京：人民出版社2015年版）之中。

和"不能再多"两层含义；但编辑出来依旧超过"光启文库"规定之篇幅，于是只能再次压缩至每辑7篇。如此，第1辑《想象的锻造》，有的是回忆、有的是讲演，也有的是随笔，但大多涉及社会学想象力的再造。第2辑《阅读的快乐》，基本上都是书评，但无论是发表在《读书》或《中国图书评论》上的文章，还是作为自己或他人著译的序言，都体现了阅读或翻译时的愉悦感受。第3辑《学术的踪影》，收录了不同时期的7篇相对较短的学术论文，但为了与文集的主题相吻，都限于社会心理学的单一领域。第4辑《理解的艰涩》，都是为友人或学生的著述作的序，其中《性格就是命运》《找回对土地的感觉》和《向天再借五百年》写完后都一时颇受好评。第5辑《过往的浮标》，主题则相对繁杂，涉及个人的生命史，也涉及与他人的相遇，同样涉及过往的事件。虽然我没有按照时间的先后来编撰，但是如果足够细心，或文集真的值得读者有耐心去寻觅，通过每一篇文章下标明的时间，还是能够清晰地把握我66年的心路历程。

我没有专门为本文集作序。一是想选的过往文章已经太多，不必再写新作；二是现在选作"代序"的这篇《社会心理学家是一种生活方式》，既准确地表达了自己的学术志向、研究兴趣和关注领域，也说明了在不同时期我曾遇到过的激动与欣喜、困惑与彷徨，同样还体现了我选作志业的社会心理学这门学科的独特品质。我还清楚地记得，近10年前就是在南京大学仙林校区，在中国社会心理学换届大会上，我以此为题做了"就职讲演"，并宣称："今天中国社会心理学家对'中国体验'的'背书'越加详尽，我们未来在世界社会心理学的讲坛上所具有的话语叙事能力就越强。而这，就是中国社会心理学家无法回避的历史宿命。"

时间过得飞快，转眼66年过去了。虽达成的现实离自己心中的知识目标越来越远，但我内心的学术兴趣却越来越高。我依稀记得，费孝通先生1979年受命重建中国社会学时已年近70岁，他在课堂上形象地自嘲口袋里还有20块钱（指还有20年寿命），他要精打细算地花。现在到了我的口袋里也只有20余块钱的时候了，虽说大抵已经知道无法挥霍无度，但遇到合适的主题或惬意的选择，我真的希望依旧能够任性地"一掷千金"。

癸卯年末于金陵东郊寓所

（本文为作者2023年10月26日在南京大学社会学院成立15周年纪念与捐赠仪式上的讲演，本次收录时根据本文集的编撰思路，增加了后半段的说明）

光启随笔书目

（按出版时间排序）

《学术的重和轻》　　　　　　　　　李剑鸣 著
《社会的恶与善》　　　　　　　　　彭小瑜 著
《一只革命的手》　　　　　　　　　孙周兴 著
《徜徉在史学与文学之间》　　　　　张广智 著
《藤影荷声好读书》　　　　　　　　彭　刚 著
《生命是一种充满强度的运动》　　　汪民安 著
《凌波微语》　　　　　　　　　　　陈建华 著
《希腊与罗马——过去与现在》　　　晏绍祥 著
《面目可憎——赵世瑜学术评论选》　赵世瑜 著
《中国的近代：大国的历史转身》　　罗志田 著
《随缘求索录》　　　　　　　　　　张绪山 著
《诗性之笔与理性之文》　　　　　　詹　丹 著
《文学的异与同》　　　　　　　　　张　治 著
《难问西东集》　　　　　　　　　　徐国琦 著
《西神的黄昏》　　　　　　　　　　江晓原 著
《思随心动》　　　　　　　　　　　严耀中 著
《浮生·建筑》　　　　　　　　　　阮　昕 著

《观念的视界》	李宏图 著
《有思想的历史》	王立新 著
《沙发考古随笔》	陈 淳 著
《抵达晚清》	夏晓虹 著
《文思与品鉴：外国文学笔札》	虞建华 著
《立雪散记》	虞云国 著
《留下集》	韩水法 著
《踏墟寻城》	许 宏 著
《从东南到西南——人文区位学随笔》	王铭铭 著
《考古寻路》	霍 巍 著
《玄思窗外风景》	丁 帆 著
《法海拾贝》	季卫东 著
《走出天下秩序：近代中国变革的思想视角》	萧功秦 著
《游走在边际》	孙 歌 著
《古代世界的迷踪》	黄 洋 著
《稽古与随时》	瞿林东 著
《历史的延续与变迁》	向 荣 著
《将军不敢骑白马》	卜 键 著
《依稀前尘事》	陈思和 著
《秋津岛闲话》	李长声 著
《大师的传统》	王 路 著
《书山行旅》	罗卫东 著

《本行内外——李伯重学术随笔》	李伯重 著
《学而衡之》	孙　江 著
《五个世纪的维度》	俞金尧 著
《多重面孔的克尔凯郭尔》	王　齐 著
《信笔涂鸦》	郭小凌 著
《摸索仁道》	张祥龙 著
《文明的歧路：19—20世纪的知识分化及其政治、文化场域》	梁　展 著
《追寻希望》	邓小南 著
《译路探幽》	许　钧 著
《问道东西——纽约聊斋随笔》	洪朝辉 著
《问学于中西之间》	张西平 著
《缘督室札记》	方广锠 著
《人来人往》	金圣华 著
《社会心理学家是一种生活方式》	周晓虹 著